X 1306
A 2

REMARQUES

DE

M. DE VAUGELAS

SUR

LA LANGUE

FRANÇOISE.

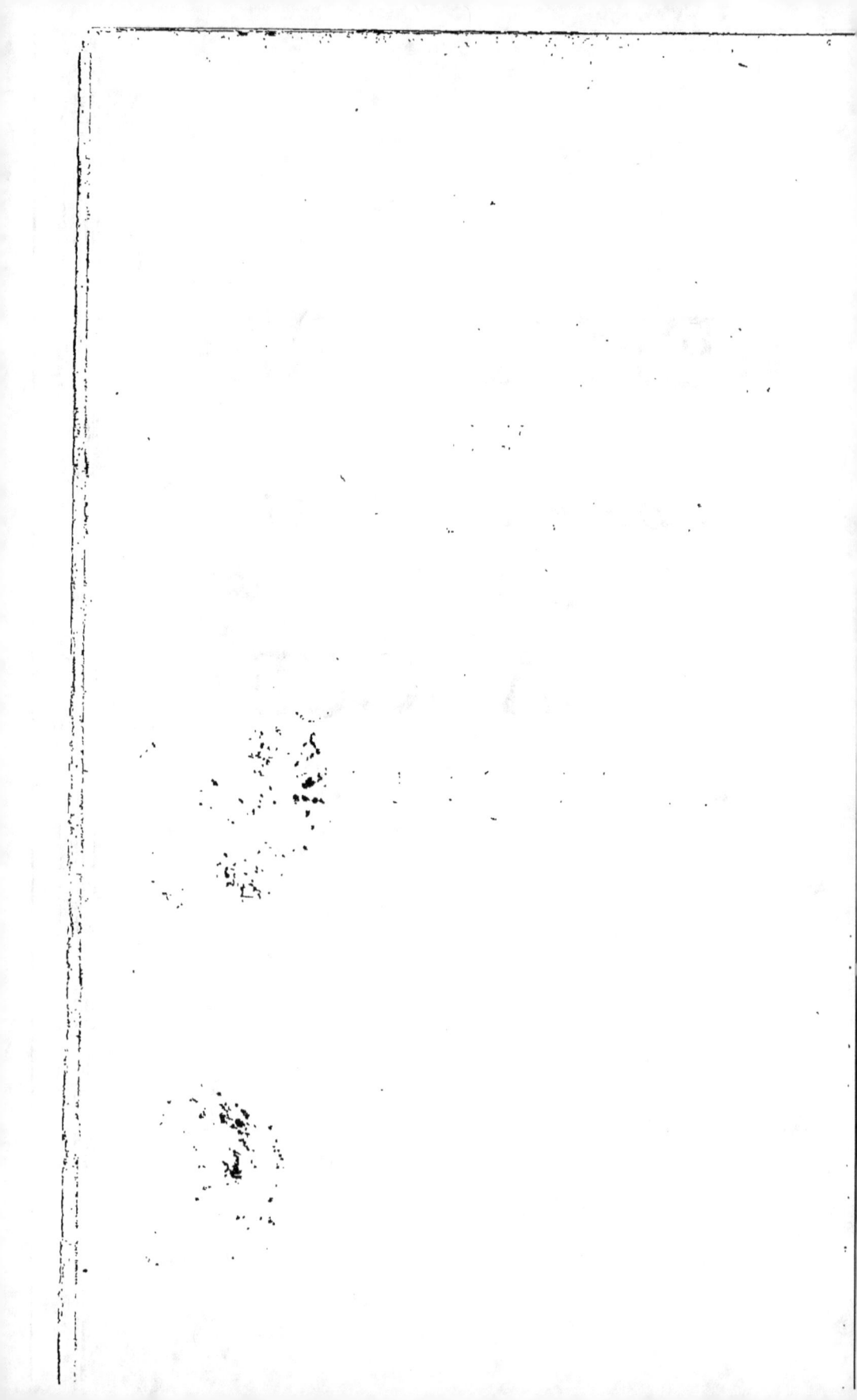

REMARQUES

DE

M. DE VAUGELAS

SUR

LA LANGUE

FRANÇOISE,

Avec des Notes de Messieurs PATRU, *& T.* CORNEILLE.

TOME SECOND.

A PARIS, rue S. Jacques,

Chez HUART, près S. Severin, à la Justice.

M DCC XXXVIII.

Avec Privilege de Sa Majesté.

REMARQUES

SUR

LA LANGUE

FRANÇOISE

CLXXX.

Devers.

Ette prépofition a toûjours été en ufage dans les bons Auteurs ; par exemple , *il fe tourna devers lui , cette ville eſt tournée devers l'Orient , devers le Midi ,* & ainfi des autres. Mais depuis quelque temps ce mot a vieilli, & nos modernes Ecrivains ne s'en fervent plus dans le beau langage. Ils difent toûjours *vers ,* comme *fe tournant vers lui , vers l'Orient , vers le Midi.*

Tome II.   A

NOTE.

On ne dit plus du tout aujourd'hui *de-vers*, il faut dire fimplement *vers.*

CLXXXI.

S'il faut dire, il y en eut cent tuez, *ou* il y en eut cent de tuez.

NOus avons de bons Auteurs, qui difent l'un & l'autre. M. Coëf-feteau y met ordinairement l'article *de.* M. de Malherbe la plufpart du temps ne l'y met pas, comme quand il dit, *il y en eut trois condamnez; il n'y avoit pieu fi ferme, qu'avec peu de peine ils n'arrachaffent, & depuis qu'il y en avoit un arraché.* Néan-moins en un autre lieu, il dit, *il y en avoit déja trente d'achevez*, parlant de vaiffeaux. Aujourd'hui le fenti-ment le plus commun de nos Ecri-vains, eft qu'il faut toûjours mettre le *de;* car en parlant, jamais on ne l'omet, & par conféquent c'eft l'Ufa-ge, qu'on eft obligé de fuivre auffi-

bien en écrivant, qu'en parlant, fans
s'amufer à éplucher pourquoi cet article eft devant le participe paffif, &
après le nombre. C'eft la beauté des
Langues, que ces façons de parler,
qui femblent être fans raifon, pourvû
que l'Ufage les autorife. La bizarrerie n'eft bonne nulle-part que là.

N O T E.

M. Chapelain dit que le *de* fuperflu eft
une élégance de l'ufage ; je croi que quand
le fubftantif eft devant le participe, ce
n'eft point une faute que de fupprimer *de:*
Il y eut cent hommes tuez, il y eut vingt fol-
dats bleffez en cette rencontre ; mais qu'il eft
mieux de le mettre quand la particule relative *en* fe rencontre dans la phrafe, *il y*
en eut cent de tuez, vingt de bleffez, il y
avoit trente vaiffeaux achevez, il y en avoit
trente d'achevez.

CLXXXII.

Que c'eft.

ON ne dit plus gueres maintenant *que c'eft*, comme l'on difoit
autrefois. On dit, *ce que c'eft*. Par exemple, M. de Malherbe dit, *Il n'y a point*

de loi qui nous apprenne que c'eſt que l'ingratitude. Aujourd'hui l'on dit , *qui nous apprenne ce que c'eſt que , &c.*

NOTE.

M. Chapelain condamne l'exemple de Malherbe *Que c'eſt* pour *ce que c'eſt ,* comme une façon de parler très-vicieuſe , quoiqu'elle ait été encore employée depuis trente ans par de bons Auteurs.

CLXXXIII.

Du depuis.

JE connois un homme fort âgé , & fort ſçavant en notre Langue , qui dit que lorſqu'il vint à la Cour jeune garçon , il y avoit beaucoup de gens qui diſoient & écrivoient *du depuis ,* & que déjà dès ce temps-là ceux qui entendoient la pureté du langage , condamnoient cette façon de parler , comme vicieuſe & barbare, ne permettant pas ſeulement aux Poëtes d'en uſer comme d'une licence poëtique , pour s'accommoder d'une ſyllabe, dont ils ont ſouvent beſoin; mais que nonobſtant cela on n'a pas

laiſſé depuis cinquante ans de conti-
nuer toûjours la même faute, quoique
l'on ait auſſi continué de la reprendre, juſque-là, qu'encore aujour-
d'hui une infinité de gens diſent &
écrivent *du depuis*, contre le ſentiment de tous ceux qui ſçavent parler
& écrire. Il remarque donc qu'il n'y
a point de terme en notre Langue,
qui ſe ſoit tant opiniâtré pour s'établir, ni qui ait été tant rebuté que
celui-là. Il faut toûjours dire *depuis*,
& jamais *du depuis*, ſoit qu'on le faſſe
prépoſition, ou adverbe ; car il eſt
l'un & l'autre, & c'eſt la raiſon qu'alleguent les plus ſçavans de ceux qui
diſent *du depuis*, que c'eſt pour marquer la différence des deux, parce que
par exemple, quand on dit *depuis un
an*, là *depuis* eſt prépoſition ; & lorſqu'on dit *depuis*, *je n'y ſuis pas retourné*, ou *je n'y ai pas été depuis*, il eſt
adverbe. Mais on répond en un mot,
que le bon uſage a banni cette locution, à quoi il n'y a point de replique.
Outre qu'à le prendre même par la
raiſon, il eſt très-rare que *depuis* adverbe, ſe trouve ſitué en un lieu,

A iij

où il puiſſe faire équivoque, ou être pris pour la prépoſition, non plus qu'aux exemples que je viens de donner ; & ſi par hazard il engendre quelque équivoque, on n'a qu'à mettre une virgule après, pour le ſéparer du mot qui ſuit, bien que la conſtruction entiére faſſe aſſez connoître, s'il eſt prépoſition ou adverbe.

N O T E.

Non ſeulement on n'écrit plus *du depuis*, mais même ceux qui parlent bien, ne le diſent point dans la converſation la plus familiére. J'ai lû depuis peu une Élégie dans laquelle étoit ce vers,

> *Depuis que je vous vis, je ſentis dans*
> *mon ame.*

Il falloit dire, *ſi-tôt que je vous vis*. Cela m'a fait remarquer qu'on ne ſçauroit mettre *depuis que* devant un prétérit indéfini. Par exemple, on parleroit mal en diſant, *depuis que je le mene chez vous, je n'ai point entendu parler de lui* ; il faut dire par le prétérit défini, *depuis que je l'ai mené chez vous.* De même on ne dit pas, *depuis que nous vous eûmes quitté, il nous arriva des choſes qui*, on doit dire, *après que nous nous vous eûmes quitté.* Il me paroît que beaucoup de perſonnes ne prennent pas aſſez garde à la différence qu'il y a entre *depuis que* & *après que.*

CLXXXIV.

De l'uſage des participes paſſifs, dans les prétérits. (1)

EN toute la Grammaire Françoiſe, il n'y a rien de plus important, ni de plus ignoré. Je dis *de plus impor-*

(1) Il eſt mal-aiſé, pour ne point dire impoſſible, de donner des règles certaines en la matière des participes dans les préterits ; & mettant à part les exceptions qui ſe trouvent en toutes les règles que nos Grammairiens ont remarquées, il ſe rencontre des endroits où l'oreille eſt le ſeul Juge de la manière dont il faut en uſer. Ramus en ſa Grammaire Françoiſe, liv. 2. ch. 1. a traité cette matière ; mais il n'a point touché aux principales difficultez. La Grammaire générale qu'on ne ſçauroit aſſez eſtimer, la traite au chap. 20. en l'article du verbe *avoir*, pag. 131. & en l'article qui a pour titre : *Deux rencontres où le verbe auxiliaire* être *prend la place du verbe* avoir, page 134. M. Menage le traite en ſes Obſervations, chap. 22. Les nouvelles Remarques l'ont traité, page 360.

Mais avant que d'entrer en la queſtion, il eſt à propos d'avertir que quand nous diſons *tant*, à caufe du fréquent ufage des participes dans les prétérits , & *de plus ignoré*, parce qu'une infinité de

ici que le participe eft gerondif, nous en-tendons dire qu'il eft indéclinable, & n'a ni genre ni nombre , & qu'il n'eft participe qu'en apparence.

Je dis donc premierement : Il faut autant qu'il fe peut , réduire ces participes prétérits au gérondif, parce qu'autrement , hors à la fin de la conftruction, par-tout ailleurs ils font au féminin très-languiffans , & choquent ou laffent l'oreille , fur-tout quand il s'en trou-ve deux de fuite au milieu d'une conftruction.

Et cette réduction des participes prétérits au gérondif , eft en effet du génie de notre Langue , & cela fe reconnoît à deux mar-ques : la 1. que hors un très-petit nombre , tous nos participes actifs ne font , à vrai dire , que des gérondifs aufquels on a ôté la particule *en*, qui eft la marque du gérondif, que néan-moins on fuppofoit fouvent ; par exemple , *faifant*. La feconde , c'eft que le verbe auxi-liaire , *être*, qui eft d'un fi grand ufage dans la Langue , ne prend jamais en fon participe paffif, ou comme paffif, qui eft , *été* , ne prend , dis-je , jamais ni genre ni nombre , & demeure toûjours au gérondif, foit au mi-lieu, foit à la fin de la conftruction ; car on dit toûjours *été* , & jamais *étée*.

En fecond lieu , il faut faire différence en-tre les prétérits actifs & les prétérits paffifs ;

gens y manquent. Ne laiſſons rien à
dire en ce ſujet, & voyons toutes les
façons dont ces participes peuvent

car comme les participes dans les prétérits actifs ſont gérondifs en toute la conjugaiſon ;
Elle a aimé, ils ont aimé ; auſſi ne quittent-ils
pas ſi aiſément cette qualité de gérondif : au
lieu que les participes dans le prétérit paſſif,
gardent par-tout leur nature de participes.
J'ai été aimé, ils ont été aimez : ils ne prennent pas ſi aiſément la qualité de gérondifs, &
ne la prennent quaſi jamais que pour obéïr à
l'oreille.

Coëffeteau, Hiſt. Rom. parlant de la ſeconde bataille de Philippes contre Brutus &
Caſſius, Céſar & autres, dit, *L'Armée victo-*
rieuſe s'étoit écarté çà & là : il falloit dire,
s'étoit écartée, parce qu'en cette conſtruction il n'y a ni nom ni pronom maſculin qui
ait pû tirer ces participes au gérondif. Auſſi en
la Harangue d'Antoine à ſes Soldats avant la
bataille d'Actium, il dit parlant d'Auguſte,
Quand il auroit la même force, & que les guer-
res ne les auroient ni affoiblies ni renduës meil-
leures; & lorſqu'il parle de la mort d'Auguſte,
& parlant de la République, *Il l'avoit* (dit-il)
ſi puiſſamment *établie & renduë ſi floriſſante* ;
car il falloit dire *rendu* en ces exemples. Et
en ſon Florus, page 113. *La fortune des Ro-*
mains s'eſt toûjours montrée plus grande au
milieu des calamitez : il falloit dire, *montré*
plus grande.

être employez , mais par ordre. No-
tez que *participes* & *prétérits* ne font
ici qu'une même chofe.

Il faut excepter de cette règle les verbes
neutres, foit qu'ils fe conjuguent avec le verbe auxiliaire *avoir*, ou avec le verbe *être*.
Coëffeteau, Hift. Rom. *Agrippine* (dit-il)
étant tombée malade, il falloit dire, *tombé*.

En troifiéme lieu, quand le participe paffif
gouverne après foi le cas de fon verbe, il devient alors gérondif & actif, comme le gérondif en *ant*, & quitte la nature de participe
paffif. Cette règle, qui eft de la Grammaire générale, eft fi belle, & d'une fi grande étendüe
en la Langue, qu'à mon avis, il la faut ici
prendre pour principe, & mettre au rang des
exceptions toutes conftructions qui ne s'y accordent pas.

Or pour venir à notre ufage des participes
dans le prétérit, tous nos prétérits, foit actifs,
foit paffifs, fe forment du participe paffif,
avec les verbes auxiliaires, *être* & *avoir : J'ai
aimé*, *tu as aimé*, *il a aimé*, *elle a aimé; nous
avons aimé*, *vous avez aimé*, *ils ont aimé*,
elles ont aimé. Voilà pour le verbe actif. Voici
pour le paffif. *J'ai été aimé ou aimée*, *tu as été
aimé ou aimée*, *il a été aimé*, *elle a été aimée ;
nous avons été aimez ou aimées*, *vous avez été
aimez ou aimées*, *ils ont été aimez*, *elles ont
été aimées*. Voilà l'ordre régulier de la conju-
gaifon, en forte que le prétérit fe trouve au
commencement, au milieu, ou à la fin de la

Premiérement , le prétérit va devant le nom qu'il régit , comme quand je dis, *j'ai reçû vos lettres* , alors *reçû* ,

conſtruction. Il ne faut quitter cet ordre que pour deux raiſons : la premiere , pour la netteté du diſcours ; la ſeconde , pour l'harmonie & la ſatisfaction de l'oreille. Cette maxime que les nouvelles Remarques ont touchée , eſt , à mon avis, le nœud & la clef de toutes les difficultez qui ſe rencontrent en cette matière. A l'égard de la netteté du diſcours , on peut aſſez aiſément la faire connoître ; mais le ſecret de l'harmonie dans le diſcours eſt connu de peu de perſonnes , & pour cela il faut , s'il ſe peut , donner des règles pour la faire connoître en ce qui regarde notre ſujet.

Mais ces participes prétérits , ſelon les différentes ſituations où ils ſe trouvent , prennent ſouvent la nature du gérondif , & ſouvent gardent leur nature de participes , & par conſéquent ont genre & nombre , tellement que toute la difficulté eſt de ſçavoir en quelle ſituation ils deviennent gérondifs , ou demeurent participes.

Cela préſuppoſé , examinons les exemples de notre Auteur. Le premier eſt , *J'ai reçû vos lettres :* cette regle eſt maintenant reçûë de tout le monde ; mais nos ancêtres ne l'obſervoient pas toûjours. Villehardoüin , pag. 13. 14. dit , *Je ai veues vos lettres ,* j'ai vû vos lettres ; *contée la nouvelle ,* s'il lui eût conté

qui eſt le participe, eſt indéclinable,
& voilà ſon premier uſage, où perſonne ne manque. Qui a jamais dit,

la nouvelle, & ainſi en beaucoup d'endroits.
Les vieux Poëtes dont Fauchet rapporte quelques fragmens, en uſent de même, *A par-
finie la Charreſte*, pag. 160. a achevé le Roman de la Charreſte. Le Roman de la Roſe,
Elle avoit faite ſa journée, pag. 12. pag. 66.
elle avoit fait ſa journée : *Dont la flame a éveil-
lée mainte Dame*, a éveillé mainte Dame.
Alain Chartier, *Ils euſſent gaignée la ville*,
pag. 224. & 281. *Comme elle eût miſe ſa main.*
Je n'en trouve point d'exemple dans Villon,
qui vivoit ſur la fin du regne de Charles VII.
& au commencement du regne de Louis XI.
& qui pour la Langue a eu le goût auſſi
fin qu'on pouvoit l'avoir en ſon ſiécle. Les
Cent Nouvelles compoſées, dit-on, par la
petite Cour de Louis XI. pendant ſa retraite
dans les Etats du Duc de Bourgogne, diſent
dans la Nouvelle du Curé à qui on a coupé
tout, *Quand il eut longuement maintenuë
cette ſainte vie.* Seyſſel, & ceux qui ont écrit
depuis lui, en ont uſé ſuivant la règle de
notre Auteur.

   Second exemple, *Les lettres que j'ai reçûës*, c'eſt la règle Marot, qui eſt ainſi ap-
pellée, parce que Marot en a parlé dans
cette Epigramme que notre Auteur rapporte,
& qui à la fin qu'il a ajoûtée, montre aſſez
que cette règle n'étoit pas univerſellement re-

j'ai reçûes vos lettres ? comme 'difent les Italiens depuis peu , *ho ricevute le voftre lettere.*

çûë,& M. Menage en a les autoritez. En effet, tous nos Ecrivains en ufent fouvent contre la règle de Marot ; & fans compter les plus anciens , Seyffel , Amyot , & Marot lui-même n'a pas toûjours obfervé fa règle. Je n'en rapporterai qu'un exemple de chacun ; on en pourra trouver affez d'autres en les lifant.

Et pour commencer par Marot , *Elle aura été reçû* , & non pas *reçûë* , pag. 63.

Seyffel , Guerres civiles , liv. 2. ch. 1. pag. 229. *de la paour* (peur) *que chacun avoit eu* , & non pas *euë.*

Amyot en la Vie de Demofthêne, nomb. 3. *L'injure qu'il lui avoit fait* , & non pas *faite.*

Calvin , Amadis & Coëffeteau ont fuivi la règle.

Mais il faut excepter de cette règle les verbes en *oire* , *oître* , *andre* , *endre* , *indre*, *aindre* , *eindre* & *oindre* , quand il y a des fubftantifs femblables à leurs participes paffifs , foit que ces fubftantifs viennent du verbe , & ayent la même fignification que lui, foit qu'ils foient formez d'ailleurs , & qu'ils foient de différente fignification , comme *croire* , *croître* , *entreprendre* , *méprendre* , *ceindre* , *prendre* , *enceindre* , *feindre* , *peindre* , *complaindre* , *enfraindre* , *épreindre* , *étraindre* , *contraindre* , *craindre* , *poindre* , *empreindre.*

Il faut dire , *C'eft elle qu'on a plaint* , &

Son second usage est, quand le nom va devant le prétérit, comme quand je dis, *les lettres que j'ai reçûes* ; car

non pas *plainte*, c'est-à-dire, dont on a eu pitié. *C'est la violence dont elle s'est plaint*, & non pas *plainte*. Cela vient peut-être de ce que le participe passif *plainte*, est semblable au substantif, & par conséquent fait une espèce de confusion dans l'esprit. C'est à peu près la raison que notre Auteur en donne à propos de *crainte*, en sa Remarque 530. que nous examinerons en son lieu. Tant y a que *plainte* en ces endroits choque l'oreille.

Il en est de même de *craindre*, dont notre Auteur, comme nous venons de dire, parle en la Remarque 530. *C'est une chose que j'ai toûjours craint* ; C'est *la violence qu'elle a craint*, & non pas, *crainte*. *Plus crainte qu'aimée*, se peut pourtant dire par les raisons que notre Auteur en donne dans cette Remarque. A quoi on peut ajoûter que *crainte* en cette phrase n'est pas à la fin ; car si on met *crainte* à la fin, la phrase choque l'oreille, & ne vaut rien : *Moins aimée que crainte*, par exemple.

Item. Il faut excepter les neutres. Coëffeteau, Hist. Rom. pag. 589. *Agrippine étant tombée malade*, il falloit dire, *tombé*, soit que les neutres se conjuguent avec *être* ou *avoir*. On dit pourtant, *Tombée à terre, tombée du Ciel* : mais *tomber malade* est figuré, ou *malade* a trois syllabes, *du ciel* n'en a que deux.

alors il faut dire, *que j'ai reçûes*, &
non pas *que j'ai reçû*, à peine de faire
un solécisme. Cela est passé en règle
de Grammaire, non-seulement aujour-
d'hui, mais du temps même d'Amyot,
qui l'observe inviolablement, comme
on faisoit déja du temps, & avant le
temps de Marot, qui en a fait cette
Epigramme à ses Disciples.

Enfans, oyez une leçon :
Notre langue a cette façon,
Que le terme qui va devant,
Volontiers régit le suivant.
Les vieux exemples je suivrai
Pour le mieux ; car, à dire vrai,
La chanson fut bien ordonnée,
Qui dit : m'amour vous ai donnée.
Et du bateau est étonné
Qui dit, m'amour vous ai donné.
Voilà la force que possede
Le féminin quand il précede.
Or prouverai par bons témoins,

Item. *Croire, croître.*
Item. *Nous voici rendus au port, benè,*
Malherbe.

O Dieu, dont le pouvoir nous a tiré des fers,
benè, Godeau.

La chose n'alla pas comme la belle l'avoit pré-
tendu, estimé, non prétenduë, estimée.

Que tous pluriels n'en font pas moins,
Il faut dire en termes parfaits,
Dieu en ce monde nous a faits,
Faut dire en paroles parfaites,
Dieu en ce monde les a faites,
Et ne faut point dire en effet,
Dieu en ce monde les a fait.
Ne, nous a fait, *pareillement,*
Mais nous a faits, *tout rondement.*
L'Italien dont la faconde
Paſſe le vulgaire du monde,
Son langage a ainſi bâti,
En diſant, Dio noi à fatti, *&c.*

Néanmoins je m'étonne de pluſieurs
Auteurs modernes, qui faiſant profeſſion de bien écrire, ne laiſſent pas
de commettre cette faute.

En troiſiéme lieu, le prétérit peut
être placé entre deux noms, comme *les*
habitans nous ont rendu maîtres de la
ville ; car *ont rendu* eſt un prétérit ſitué entre deux noms, à ſçavoir *nous*
(que j'appelle nom, quoiqu'il ſoit
pronom, parce que cela n'importe)
& *maîtres,* qu'il régit tous deux à
l'accuſatif. Alors le participe eſt indéclinable, & il faut dire, *nous ont ren-*
du maîtres, & non pas *rendus,* comme

on

on devroit dire felon le fecond ufage , que nous venons d'expliquer. Mais il faut prendre garde que nous ne fommes pas ici dans les termes de ce fecond ufage , où nous n'avons confidéré le prétérit après le nom , que lorfque le fens finiffoit avec le prétérit , au lieu qu'ici le prétérit *ont rendu* , né finit pas la période, ni le fens, car il y a encore après , *maîtres de la ville.* C'eft pourquoi l'ufage du prétérit étant différent , il fe gouverne d'une autre façon , & *Maîtres* qui le fuit , marque affez le pluriel , fans qu'il foit befoin que le participe le marque encore.

En quatriéme lieu , le prétérit étant placé entre deux noms , le dernier eft ou fubftantif , comme *maîtres* , dont nous venons de parler , ou adjectif , qui fait le quatriéme ufage ; par exemple , *le commerce nous a rendu puiffans* , & fi nous parlons d'une ville , *le commerce l'a rendu puiffante* ; car en ces exemples il eft indéclinable , & ne fuit ni le nombre , ni le genre des noms.

Son cinquiéme ufage eft , quand
Tome II.   B

le prétérit eſt paſſif; (car juſqu'ici aux quatre premiers uſages nous l'avons toûjours mis comme actif,) par exem-ple, *nous nous ſommes rendus maîtres*, ou *rendus puiſſans*. Alors il faut dire *rendus*, & non pas *rendu*, ce parti-cipe dans le prétérit paſſif n'étant plus indéclinable, mais prenant le nombre & le genre des noms qui le précedent & le ſuivent.

Cette régle qui diſtingue les actifs & les paſſifs, eſt fort belle ; je la tiens d'un de mes amis, qui l'a appriſe de M. de Malherbe, à qui il en faut don-uer l'honneur. Que ſi l'on objecte que M. de Malherbe lui-même ne l'a pas toûjours obſervée, c'eſt ou la faute de l'Imprimeur, ou que lui-même n'y prenoit pas toûjours garde, ou pluſ-tôt qu'il n'a fait cette remarque, com-me dit encore cet ami, qu'à la fin de ſes jours, & après l'impreſſion de ſes œuvres.

Il y a pourtant une exception, quand après le prétérit paſſif il y a un participe paſſif, comme en cet exemple de M. de Malherbe, *la déſo-béiſſance s'eſt trouvé montée au plus haut* point de l'insolence , car il faut dire *s'est trouvé montée* , & non pas *s'est trouvée montée*. Et que l'on ne croye pas que ce soit à cause de la cacophonie que feroient ces deux mots , *trouvée montée* ; car quand au lieu de *montée* il y auroit une autre terminaison , comme *guérie* , il le faudroit dire de même ; par exemple , *elle s'est trouvé guérie tout à coup* , & non pas *trouvée guérie.*

Son sixiéme usage est , quand les prétérits actifs, ou passifs , au lieu d'un nom, ont un verbe ensuite ; car alors ils sont toûjours indéclinables sans exception, comme si je parle d'une fille , je dirai , *je l'ai fait peindre* , & non pas *je l'ai faite peindre* , & , *elle s'est fait peindre* , & non pas *elle s'est faite peindre*. De même au pluriel , *je les ai fait peindre* , *ils se sont fait peindre* , & jamais *faite* , ni *faits peindre*. M. de Malherbe dit , parlant à une femme , *le mauvais état où je vous ai vû partir* , non *vûë partir* , & peu de lignes après , *jusques ici vous eussiez moins fait , que ce que je vous ai vû faire* ; & en un autre endroit , *la Reine la plus accomplie que nous euſſions jamais vû ſeoir dans le Troſne des fleurs de Lys*, non *vûe ſeoir*.

Ce même uſage s'étend encore aux phraſes, où , entre le prétérit & le verbe infinitif qui ſuit , il y a quelque mot, comme , *c'eſt une eſpece de fortification que j'ai appris à faire en toutes ſortes de places* , & non pas , *que j'ai appriſe à faire*. La raiſon de cela, que nous avons déja touchée , eſt qu'il faut aller en ces ſortes de phraſes juſqu'au dernier mot qui termine le ſens , & que par conſéquent c'eſt toûjours le dernier mot des phraſes entiéres , qui a rapport au ſubſtantif précédent, & non pas le participe qui eſt entre deux , ſi ce n'eſt au prétérit paſſif, où nous avons donné l'exemple , *nous nous ſommes rendus maîtres* , ou *nous nous ſommes rendus capables ;* car , ſelon la raiſon que je viens de rendre, il faudroit dire auſſi , *nous nous ſommes rendu maîtres* , *nous nous ſommes rendu capables* , & non pas *rendus*. C'eſt pourquoi force gens n'admettent point la différence de M. de Malherbe , pour cette ſeule raiſon , qu'ils croyent avoir lieu par tout.

Voilà tout ce que j'ai crû pouvoir dire fur ce fujet : mais pour rendre la chofe plus claire & plus intelligible, il me femble à propos de mettre de fuite tous les exemples des divers ufages , & de marquer ceux où
tout le monde eft d'accord , & ceux
où les uns font d'une opinion , les autres d'un autre.

I. *J'ai reçû vos lettres.*
II. *Les lettres que j'ai reçûes.*
III. *Les habitans nous ont rendu maî-
tres de la ville.*
IV. *Le commerce , parlant d'une ville ,
l'a rendu puiffante.*
V. *Nous nous fommes rendus maîtres.*
VI. *Nous nous fommes rendus puiffans.*
VII. *La défobéiffance s'eft trouvé mon-
tée ou plus haut point.*
VIII. *Je l'ai fait peindre , je les ai
fait peindre.*
IX. *Elle s'eft fait peindre , ils fe font
fait peindre ,*
X. *C'eft une fortification que j'ai appris
à faire.*

Le premier & le fecond exemple

font fans contredit. Le troifiéme, quatriéme, cinquiéme, fixiéme, & feptiéme, font conteftez, mais la plus commune & la plus faine opinion eft pour
eux. Le huitiéme, neuviéme, & di-
xiéme, ne reçoivent point de difficulté ; toute la Cour & tous nos bons
Auteurs en ufent ainfi.

N O T E.

J'avouë que je fuis du nombre de ceux
qui conteftent quelques exemples de ceux
qui font rapportez fur la fin de cette Remarque, & je ne le fais qu'en fuivant les
fentimens de plufieurs perfonnes qui fçavent très bien écrire. Dans ceux-ci, *les
habitans nous ont rendu maîtres de la Ville ; le
commerce* (parlant d'une ville) *l'a rendu
puiffante.* M. de Vaugelas dit que le participe eft indéclinable, & qu'ainfi il faut
dire, *rendu maîtres, rendu puiffante,* & non
pas, *rendus maîtres, renduë puiffante.* Dans
ces deux autres exemples, *nous nous fommes rendus maîtres, nous nous fommes rendus
puiffans,* il dit qu'il faut dire *rendus,* &
non pas *rendu,* parce que ce participe n'eft
plus indéclinable, & qu'il prend le nombre & le genre des noms qui le précédent
& le fuivent. Dire fans en donner de raifon, que le participe eft indéclinable dans
les deux premiers exemples, & qu'il ne
l'eft point dans les deux autres, ce n'eft

point, ce me femble, aſſez pour établir
une règle, à moins qu'on ne faſſe voir
pourquoi le participe *rendu* eſt actif dans
les habitans nous ont rendu maîtres de la ville,
& pourquoi il eſt paſſif dans *nous nous
fommes rendus maîtres.* Je prétends que c'eſt
le prétérit actif du verbe *rendu,* qui eſt dans
l'un & dans l'autre exemple, & que *nous
nous fommes rendus maîtres,* n'eſt pas moins
actif que, *les habitans nous ont rendu maîtres;* c'eſt la premiere perſonne du pluriel dans l'un, & la troiſiéme dans l'autre; de forte que puiſqu'on tombe d'accord qu'il faut dire, *nous nous fommes rendus maîtres,* & non pas, *rendu maîtres,* on
n'a aucun lieu de conteſter qu'il ne faille
dire auſſi, *les habitans nous ont rendus maîtres.* Tous les prétérits actifs font compoſez du préſent des verbes auxiliaires *avoir*
ou *être,* & du participe du paſſif, *aimer,
s'aimer, j'ai aimé, je me fuis aimé; rendre,
fe rendre, j'ai rendu, je me fuis rendu.* Dans
le dernier le pronom poſſeſſif *me,* n'eſt pas
moins régi par le préterit actif, que ce
mot, *la lettre,* en eſt régi, quand je dis,
j'ai rendu la lettre. Ainſi je ne comprens
rien à la règle que M. de Vaugelas eſtime
tant, & qui, felon lui, diſtingue les actifs & les paſſifs. Dans tous les exemples
que je viens de rapporter, c'eſt toûjours
le prétérit parfait actif qui eſt compoſé
d'*avoir* ou d'*être,* & du participe paſſif de
rendre, & qui gouverne l'accuſatif. Le préterit parfait paſſif de ce même verbe *ren-*

dre , c'eſt , *j'ai été rendu* , & non pas , *je me ſuis rendu.* Je ne ſçai par où l'ami de Malherbe a pû faire entendre à M. de Vaugelas qu'il falloit diſtinguer les actifs & les paſſifs ; mais je ſçai bien que le participe *rendu* , ne peut jamais être que paſſif , & qu'étant joint avec le préſent d'*avoir* ou d'*être*, précédé des pronoms poſſeſſifs *me,te* ou *ſe ; j'ai rendu, je me ſuis rendu, tu t'es rendu , il s'eſt rendu,* il ne ſçauroit faire qu'un prétérit actif. Par-là je ſuis très-perſuadé qu'il faut dire, *le commerce l'a renduë puiſſan-te,*comme on dit ſans aucune conteſtation, *je me ſuis rendu puiſſant.*C'eſtle ſentiment de M. Menage , qu veut qu'on mette *rendus* au pluriel dans ces deux exemples,*les habi-tans nous ont rendus maîtres de la ville ; nous nous ſommes rendus maîtres ;* cela ſe con-firme par une règle qu'on peut nommer générale. Toutes les fois qu'un rélatif ou un pronom précéde le verbe dont il eſt ré-gi , le participe ſuivant dont eſt compoſé le prétérit actif , doit être mis au même nombre & au même genre que ce relatif ou ce pronom. On dit , *les lettres que j'ai reçuës ;* le participe *reçuës,* eſt au pluriel & au féminin , parce que le relatif *que* , qui eſt employé pour *leſquelles* , & qui précede le prétérit parfait , *j'ai reçu* , dont il eſt régi , eſt au pluriel & au féminin. Il en eſt de même du relatif *le* ou *la ;* on dit en parlant d'un homme , *je l'ai vû au-jourd'hui* , le participe *vû* eſt au ſingulier & au maſculin , parce que le relatif *le ,*

dont

dont l'*e* est mangé par l'apostrophe, est au singulier & au masculin : c'est suivre la même règle que de dire, *les habitans nous ont rendus maîtres*, *le commerce l'a renduë puissante*. Dans la premiere phrase *nous* est au pluriel, & précede le préterit *ont ren-du*, dont il est régi : la règle veut que le participe *rendu*, dont ce préterit est com-posé, soit aussi au pluriel. Dans la secon-de, le relatif *la*, qui précede le préterit, est au féminin & au singulier, & par con-séquent il faut mettre *renduë* au féminin & au singulier. *Maîtres*, qui suit le parti-cipe dans l'une, & *puissante* qui le suit dans l'autre, ne doivent point empêcher que la règle ne subsiste ; du moins il ne me pa-roît aucune raison qui me fasse croire qu'il faille dire, *nous ont rendu maîtres de la ville*, & non pas *rendus*, parce que le préterit *ont rendu*, ne finit pas la période ni le sens, & qu'on trouve encore après *maîtres de la ville*. Ces mêmes mots se ren-contrent aussi dans cette phrase, *nous nous sommes rendus maîtres de la ville*, & M. de Vaugelas veut que l'on dise *rendus*, quoi-que ce préterit, *nous nous sommes rendus*, ne finisse pas le sens. Pourquoi cette dif-ference dans des phrases qui n'ont rien du tout de different ? S'il faut dire d'une ville, *le commerce l'a rendu puissante*, il faut dire aussi en parlant d'une femme, *sa complaisance l'a rendu aimable*, & par où connoîtra-t-on si c'est d'une femme ou d'un homme que l'on parle ?

Tome II.   C

M. Menage tient auſſi qu'il faut dire, *la deſobéïſſance s'eſt trouvée montée*, & je croi qu'il a raiſon. Je ſçai qu'en parlant on prononce, *s'eſt trouvé montée*, mais je ne voudrois pas l'écrire. Pourquoi le ſecond participe empêcheroit-il que le premier ne s'accordât en genre & en nombre avec le ſubſtantif qui le précede ? Il me ſemble qu'on parle très-bien en diſant, *elles ſe ſont trouvées affermies dans la foi par*, &c. au lieu que ſi on dit, *elles ſe ſont trouvé affermies*, on parle contre la règle, ſans que l'on ait aucune raiſon de s'en diſpenſer ; car on ne peut pas dire que ce ſoit l'uſage, puiſque M. de Vaugelas demeure d'accord que cette manière de parler eſt conteſtée. Ainſi il ne s'appuye que ſur une règle que l'ami de Malherbe peut avoir mal entenduë, & que Malherbe n'a pas lui-même obſervée, comme il l'avoüe lorſqu'il dit qu'il n'a fait la remarque de l'actif & du paſſif que ſur la fin de ſes jours, & après l'impreſſion de ſes œuvres. Il eſt certain qu'il faut dire, *elle s'eſt trouvée dans une extrême langueur*, & non pas, *elle s'eſt trouvé*. Si au lieu de ces mots, *dans une extrême langueur*, je mets *languiſſante*, ce mot, *languiſſante*, parce qu'il eſt adjectif, doit-il changer le participe féminin *trouvée* en ſon maſculin *trouvé*, & m'autoriſer à dire, *elle s'eſt trouvé languiſſante* ? C'eſt ce que je ne puis me perſuader.

Je l'ai fait peindre, en parlant d'une fille, & *je les ai fait peindre*, ſont des exemples

qui ne reçoivent point de difficulté. Il
faut mettre *fait* en l'un & en l'autre , &
non pas *faite* au premier , & *faits* au second ; mais ce n'est pas à cause que le
participe *fait* est indéclinable , c'est seulement parce que les relatifs *la* & *les* qui
précedent le préterit *j'ai fait*, n'en sont pas
régis, & que c'est l'infinitif *peindre* qui les
gouverne. *Je l'ai fait peindre, je les ai fait peindre* , veut dire , *j'ai fait peindre elle, j'ai fait
peindre eux.* On peut opposer que les verbes
neutres n'ont point de régime , & que cependant on dit fort bien en parlant d'une
femme , *je l'ai fait tomber dans le piége, je les
ai fait venir,* ce qui donne sujet de conclure
que puisque *tomber* & *venir* ne régissent
point les relatifs *la* & *les* , il faut que ce
soit le préterit *j'ai fait* , qui les gouverne ,
& que par consequent il faudroit dire sur
ce principe , *je l'ai fait tomber* , *je les ai fait
venir.* On répond à cela que le verbe *faire*
influë son action & son régime sur
l'infinitif qui le suit , soit que ce verbe soit actif ou neutre : ainsi on dit ,
faire mourir quelqu'un, faire venir quelqu'un ,
faire tomber quelqu'un ; ce n'est pas *mourir* , *venir* & *tomber* qui gouverne *quelqu'un*, puisque ce sont des verbes neutres.
Ce n'est pas non plus le verbe *faire* qui le
gouverne , puisqu'on ne peut dire , *faire
quelqu'un mourir* , mais il influë son action
sur les verbes neutres, qui se résolvent par
la terminaison active , si on tourne , *faire
mourir quelqu'un* par *faire que quelqu'un*

C ij

meure, vienne, tombe. Si l'infinitif qui suit *faire*, est l'infinitif d'un verbe actif, il se résoudra par le passif, *faire peindre quelqu'un*, *faire que quelqu'un soit peint.* Pour faire voir que le participe *fait* n'est pas indéclinable, je n'ai qu'à apporter deux exemples; l'un du féminin, & l'autre du pluriel : on dit : *Je l'ai faite Religieuse, je les ai faits à mon humeur,* parce qu'en ces deux exemples les relatifs *la* & *les* sont gouvernez par les préterits actifs qui les précedent. Il me semble que les mêmes raisons doivent valoir pour ces exemples, *elle s'est fait peindre, ils se sont fait peindre;* c'est l'infinitif *peindre* qui gouverne le pronom possessif *se,* ce qui est cause que le participe *fait* ne prend ni le genre ni le nombre de ce pronom; car il prendroit l'un & l'autre, s'il y avoit quelque relatif régi par le préterit parfait de *faire,* comme dans ces phrases, *la règle que je me suis faite, les amis que je me suis faits.* On peut dire de même, *elle s'est faite Religieuse, ils se font faits à son humeur,* comme on dit, *elle s'est renduë aimable, ils se font rendus puissans.* Il est vrai qu'il seroit trop rude de dire, *elle s'est faite belle, elle s'est si bien conduite à la Cour, qu'enfin elle s'est faite Duchesse;* cela seroit cependant selon la règle: mais comme en parlant on supprime souvent beaucoup de syllabes, on dit, *elle s'est fait belle, elle s'est fait Duchesse;* s'il falloit l'écrire, j'écrirois *faite belle,* & non pas, *fait belle.*

Pour ces deux exemples de Malherbe,

l'un en parlant à une femme, *le mauvais état où je vous ai vû partir*, & l'autre, *jusques ici vous eussiez moins fait que ce que je vous ai vû faire*, je les trouve entierement differens. Dans le premier je tiens qu'il faut dire, *l'état où je vous ai vûë partir*, parce que le pronom *vous*, qui est féminin en cet endroit, est régi par le préterit actif qu'il précede; ce qui est conforme à la règle générale : mais dans le second, *ce que je vous ai vû faire*, *vous* est au datif, & n'est point régi par le verbe qui le suit ; c'est la même chose que si on disoit, *ce que j'ai vû faire à vous*: ainsi le participe *vû* ne se rapportant point à *vous*, n'a point de nombre ni de genre à prendre. Cela sera évident, si au lieu de *vous*, on employe le relatif *les* au pluriel dans ces deux phrases, *l'état où je les ai vû partir*, *ce que je leur ai vû faire*. Dans l'une *les* est à l'accusatif, & dans l'autre *les* se change en *leur*, qui est un datif.

C'est une fortification que j'ai appris à faire, est très-bien dit, & l'on ne peut parler autrement; le relatif *que* mis pour *laquelle*, est gouverné par *faire*, & non point par le préterit *j'ai appris*: ainsi le participe *appris*, dont ce préterit est composé, ne doit point prendre le genre du relatif *que*. Si au lieu de ces mots, *à faire*, on mettoit ceux-ci, *d'un habile Ingénieur*, alors *appris* seroit mis au féminin, parce que le relatif *que* seroit gouverné par *j'ai appris*, & l'on diroit, *c'est une fortification que j'ai apprise d'un habile Ingénieur.*
C iij

M. de la Mothe le Vayer dit aussi que
M. de Vaugelas s'est trompé en cet exemples, *le commerce l'a rendu puissante*, &
qu'il faut dire nécessairement à cause de
l'*a*, *le commerce l'a rendüe puissante*. Il ajoûte que *la desobéïssance s'est trouvée montée* ou
trouvé montée, ne se disent point tous deux,
& qu'il faut écrire, *la desobéïssance s'est
trouvée avoir monté*; cette manière de s'exprimer ne me paroît pas assez naturelle.

Quoiqu'il faille dire, *les lettres que j'ai
reçûës*; *la liberté que j'ai prise*, & non pas,
que j'ai reçû, *que j'ai pris*, cette règle reçoit
pourtant deux exceptions que M. Menage
a remarquées; l'une est que quand le verbe précede son nominatif, le préterit participe n'est point assujetti au genre ni
au nombre du substantif, dont *que*
mis pour *lequel* ou pour *laquelle* est le
relatif: ainsi il faut dire, *la peine que m'a
donné cètte affaire*, & non pas, *que m'a
donnée*: *les inquiétudes que m'a causé son absence*, & non pas, *que m'a causées*, parce
que *cette affaire* & *son absence* qui sont les
nominatifs de *m'a donné*, & de *m'a causé*,
sont après leurs verbes; car si ces nominatifs étoient devant, il faudroit dire,
donnée & *causées*; *la peine que cette affaire m'a
données*; *les inquiétudes que son absence m'a
causées*. M. de Vaugelas qui n'avoit pas
songé d'abord à cette irrégularité de notre
Langue, en fait une observation particuliere dans un autre endroit de son Livre. L'autre exception qui est dûë entie-

rement à M. Menage , puifque perfonne
ne l'avoit remarquée avant lui , c'eft que
le mot *cela* , fervant de nominatif, quoiqu'il foit devant le verbe , empêche que
le participe ne prenne le genre & le nombre du fubftantif. *Vous ne fçauriez croire la*
peine que cela m'a donné , les inquiétudes que
cela m'a caufé , & non pas , *que cela m'a*
donnée , que cela m'a caufées , quoiqu'il fallût dire , fi le verbe avoit un autre nominatif que *cela* , *les inquiétudes que cet acci-*
dent m'a caufées , la joye que cette nouvelle
m'a donnée.

M. de Vaugelas commence cette Remarque, en difant que dans toute la Grammaire Françoife il n'y a rien de plus important ni de plus ignoré que l'ufage des
participes paffifs dans les prétérits ; c'eft
ce qui m'a obligé d'expliquer dans cette
Note avec un peu d'étenduë, ce que m'ont
appris fur cet ufage des gens très-intelli-
gens , & que je reconnois pour mes maîtres. Chacun peut examiner fi leurs raifons font valables.

CLXXXV.

Etude.

CE mot en toutes fes fignifications
eft féminin , tant au pluriel, qu'au
fingulier ; car s'il veut dire l'*applica-*
tion de l'efprit aux lettres , on dira par

exemple, *après avoir long-temps étudié aux belles lettres, il s'eſt adonné à une étude plus férieuſe.* S'il ſignifie *ſoin*, on le fait féminin auſſi ; comme, *ſa principale étude étoit de ſemer des querelles.* Enfin, ſi on le prend pour *le lieu où les Procureurs & les Notaires travaillent & reçoivent les parties,* il eſt encore féminin, comme, *il a fait faire encore une fenêtre pour rendre ſon étude plus claire.* Au pluriel de même, comme, *il avoit grand regret à ſes études, qu'il n'avoit pas achevées ; les études des Notaires ne ſçauroient être trop claires.* Pour *ſoin,* je ne donne point d'exemple au pluriel, parce qu'il ne ſe dit jamais en ce ſens-là qu'au ſingulier.

N O T E.

M. Menage a marqué que dans la ſignification de *travail,* étude eſt du genre maſculin ; je ne ſçai ce qu'il entend par *travail, étude* me paroiſſant toûjours féminin.

CLXXXVI.

De l'adjectif devant ou après le substantif.

IL y a des adjectifs que l'on met toûjours devant le substantif, & d'autres que l'on met toûjours après, comme les adjectifs numéraux se mettent toûjours devant ; par exemple, *la premiére place*, *la seconde fois*, *la troisiéme fois*, *&c.* car encore que l'on die, *Henri quatriéme*, *Loüis treiziéme*, & ainsi des autres, ce n'est pas proprement une exception à la régle, parce que l'on sous-entend *Roi*, comme qui diroit *Henri*, *quatriéme Roi de ce nom*. Il y a de certains mots, qui marchent toûjours devant le substantif, comme *bon*, *beau*, *mauvais*, *grand*, *petit*. On ne dit jamais *un homme bon*, *une femme belle*, *un cheval beau*, mais *un bon homme*, *une belle femme*, *un beau cheval*. Il y en a encore sans doute quelques autres de la même nature, qui ne tombent pas maintenant sous la plume ; & pour les adjectifs, qui ne

fe mettent jamais qu'après le fubftantif, je n'en ai remarqué qu'en une
feule chofe, dont l'ufage n'eft pas de
grande étenduë, qui font les adjectifs
des couleurs, comme *un chapeau noir,
une robe blanche, une écharpe rouge*, &
ainfi des autres; car l'on ne dit jamais
un noir chapeau, une blanche robe, &c.
quoique l'on die *les Blancs-manteaux,
& du blanc-mangé*, par où il paroît
qu'anciennement on n'obfervoit pas
cela. Mais ce n'eft pas dequoi il eft
queftion en cette remarque, puifqu'il
n'y a point de François naturel, même de la lie du peuple, ni des Provinces, qui manque à cela, ni qui
die, *la chofe premiére qu'il faut faire*;
pour dire *la première chofe, un noir
chapeau, une blanche robe*, comme
parlent les Allemans & les peuples
Septentrionaux. Et notre deffein n'eft
pas de redire ce que les Grammai-
res Françoifes apprennent aux Etrangers, mais de remarquer ce que les
François, même les plus polis & les
plus fçavans en notre Langue, peuvent ignorer.

Il s'agit donc feulement des adjectifs

qui peuvent fe mettre devant & après
les fubftantifs, & de fçavoir quand il
eft à propos de les mettre devant ou
derriére. Certainement après avoir
bien cherché, je n'ai point trouvé
que l'on en puiffe établir aucune règle, ni qu'il y ait en cela un plus
grand fecret que de confulter l'oreille.
M. Coëffeteau eft celui de tous nos
Auteurs, qui aime le plus à mettre
l'adjectif devant, fondé, comme je
croi, fur cette raifon, que la période
en eft plus ferme & fe foûtient mieux,
au lieu qu'elle devient languiffante
quand l'adjectif eft après. Nos modernes Ecrivains tout au contraire,
donnent beaucoup plus fouvent la
préféance au fubftantif, qu'à l'adjectif, fondez auffi, comme j'eftime,
fur ce que cette façon de parler eft
plus naturelle & plus ordinaire, au
lieu que l'autre femble avoir quelque
forte d'affectation. De ces deux contraires fentimens, le jugement & l'o-
reille peuvent faire comme un tiers
parti, qui à mon avis fera le meilleur,
& ce fera de n'affecter ni l'un ni l'autre, mais de régler leur fituation, fe-

Ion qu'elle fonnera le mieux , non-feulement à notre oreille , mais aux oreilles les plus delicates , qui en feront
meilleurs juges que nous-mêmes , fi
nous les confultons. Il faut auffi
prendre garde de quelle façon les
plus célébres Ecrivains du temps ont
accoutumé d'en ufer ; afin qu'en
imitant ceux qui ont l'approbation &
la loüange publique , nous ne crai-
gnions pas de manquer , ni de déplaire , fi nous faifons comme eux.
Voilà toute l'adreffe que je puis donner aux autres , & que je prens pour
moi-même en une matiére , où l'on
ne fçauroit trouver de règle.

Il y en a qui tiennent que , lorfqu'il y a un génitif après un fubftantif & un adjectif , il faut toûjours mettre le fubftantif auprès du génitif ,
comme , *elle étoit mortelle ennemie d'A-
grippine :* mais ils fe trompent ; car encore qu'il foit vrai que pour l'ordinaire il foit mieux d'en ufer ainfi , à
caufe que la conftruction en eft plus
nette , néanmoins on peut fort bien
& avec grace y mettre l'adjectif ,
comme , *une multitude infinie de monde ,*

les peuples les plus farouches, & les plus indomptables de la terre ; & il n'y a pas un bon Auteur qui ne le pratique.

NOTE.

M. de Vaugelas devoit ajoûter à ce qui fait quelque exception à la règle qu'il établit pour les adjectifs numeraux, qui doivent toûjours être mis devant le substantif, que quand on cite un livre, un chapitre, un article, un paragraphe, &c. sans aucun article, l'adjectif numeral se met après le substantif. *Livre troisiéme, chapitre sixiéme,* & non pas, *troisiéme livre, sixiéme chapitre.* Je dis quand il n'y a point d'article ; car quand il est employé, on met ordinairement l'adjectif devant. *Virgile dans le troisiéme livre de ses Géorgiques, a dit que, &c. Dans le sixiéme article du Traité de Nimegue, il est porté que, &c.*

M. Chapelain a écrit ce qui suit sur cette remarque. *Voici ce que j'ai médité & observé sur cette matière, qui est que pour l'ordinaire, l'adjectif qui a une terminaison féminine, va mieux devant le substantif qu'après:* C'est une sage assemblée, une divine éloquence ; *& qu'au contraire l'adjectif qui a la terminaison masculine, va mieux derriere le substantif que devant;* un Royaume peuplé, un mont élevé. *Il y en a pourtant un grand nombre où il est également bien devant & derriere, soit qu'il soit de terminaison mas-*

culine *ou féminine, comme,* Capitaine fameux *ou* fameux Capitaine, richeſſe immenſe *ou* immenſe richeſſe; *& mon obſervation n'eſt que* ut plurimùm. *Ces diverſes ſituations, ſelon la nature des terminaiſons, regardent moins la nature des dictions, que l'agrément de l'oreille.*

Quoique M. Chapelain ait dit, ce n'eſt point à cauſe que *peuplé & élevé* ont la terminaiſon maſculine, qu'il faut dire *un Royaume peuplé, un mont élevé;* mais parce que ce ſont des adjectifs participes qui doivent toûjours être mis après le ſubſtantif, même au féminin; ainſi il faut dire, *une Province peuplée, une montagne élevée,* & non pas, *une peuplée Province, une élevée montagne; un cabinet peint, une table peinte,* & non pas, *un peint cabinet, une peinte table. Infortuné* a ſa terminaiſon en *é* maſculin, mais parce que ce n'eſt point un adjectif participe, on dit fort bien, *cet infortuné vieillard.* Quant aux autres adjectifs, il n'eſt pas aiſé de déterminer ceux qui doivent ſuivre ou qui doivent précéder le ſubſtantif. M. Menage rapporte un endroit d'une des lettres de M. de Balzac conçû en ces termes. *Vous êtes un trompeur inſigne, ou un inſigne trompeur; je dis l'un & l'autre, pour contenter deux Grammairiens de mes amis, qui ne ſont, as d'accord ſur la préſéance du ſubſtantif.* Il ajoûte que M. de Balzac a eu raiſon de ne rien décider, l'adjectif en quelques endroits devant ſuivre le ſubſtantif, & le devant préceder en d'autres; qu'ainsi on dit, *le haut stile & le stile sublime*, & non pas, *le stile haut & le sublime stile*; *les campagnes voisines*, & non pas, *les voisines campagnes*; qu'il voudroit dire, *les bords lointains, les prochains Hameaux*, & non pas, *les lointains bords, les Hameaux prochains*, & qu'enfin en tout cela il n'y a que l'oreille à consulter.

Je ne voudrois pas condamner *les prochains Hameaux*. Il est certain qu'il faut dire, *la semaine prochaine, le mois prochain*. On dit, *un habit neuf, & un vieil habit*.

CLXXXVII.

Va croissant, va faisant, &c.

CEtte façon de parler avec le verbe *aller*, & le gérondif, est vieille, & n'est plus en usage (1) aujourd'hui, ni en prose, ni en vers, si ce n'est qu'il y ait un mouvement visible, auquel le mot d'*aller* puisse proprement convenir : par exemple, si en marchant une personne chante, on peut dire, *elle va chantant*; si elle dit ses prières, *elle va disant ses prières*. De

_____

(1) On dit encore, *Il s'en va mourant* ou *tout mourant, Elle s'en va mourant* ou *tout mourant*, pour, *Il se meurt, elle se meurt*.

même d'une riviére , on dira fort bien ;
elle va ferpentant , parce qu'en effet
elle va , & ainfi des autres ; mais
pour les chofes où il n'y a point de
mouvement local , il ne fe dit plus,
en quoi les vers ont plus perdu que
la profe, à caufe de plufieurs petits
avantages qu'ils en recevoient. Un
grand Poëte a écrit ;

Ainfi tes honneurs floriffans
De jour en jour aillent croiffans.

On ne l'oferoit dire aujourd'hui ;
parce qu'on ne fe fert plus du verbe
aller de cette façon ; & fi l'on s'en fer-
voit , il faudroit dire , *aillent croiffant*,
& non pas , *croiffans* , à caufe qu'il
faut néceffairement que ce foit un
gérondif , qui en François eft indéclinable , & différent du participe ,
qui a divers genres , & divers nombres. On ne dira donc point, *ces ar-*
bres vont croiffant, *fa vigueur alloit di-*
minuant , & autres femblables phrafes,
comme on difoit autrefois.

NOTE.

NOTE.

M. de la Mothe le Vayer a écrit dans une de ses lettres des remarques sur la Langue, qu'il connoissoit beaucoup de personnes qui ne pouvoient souffrir que M. de Vaugelas eût condamné si déterminément cette phrase, *sa vigueur alloit diminuant de jour en jour*, que le même M. de la Mothe le Vayer prétendoit être dans la bouche de tout le monde. M. Menage rapporte plusieurs exemples de Voiture, l'un dans un Rondeau.

> *Pour vos beaux yeux qui me vont*
> *consumant.*

L'autre dans la premiere de ses Elégies.

> *Je vis le mal qui m'alloit tourmen-*
> *tant.*

Et ailleurs.

> *Tandis qu'ils vont doublant mes pei-*
> *nes rigoureuses.*

& il les rapporte pour faire connoître que le mouvement ou de progrès ou de succession suffit en Poësie dans ces façons de parler pour les rendre agréables ; mais quoiqu'il dise que les Poëtes doivent s'oppoſer à ceux qui les en veulent bannir, elles ne ſont pas moins abandonnées préſentement dans les vers que dans la proſe.

CLXXXVIII.

En *devant le gérondif.*

PArce que les gérondifs ont une marque qu'ils prennent devant eux quand ils veulent, qui eſt *en*, comme, *en faiſant cela, vous ne ſçauriez faillir*, & que le plus ſouvent ils ne la prennent point, il faut éviter de mettre *en* relatif auprès du gérondif, comme, *je vous ai mis mon fils entre les mains, en voulant faire quelque choſe de bon.* Ici *en* n'eſt pas la particule qui appartient au gérondif, mais c'eſt un relatif à *fils*; comme le ſens le donne aſſez à entendre. Pour écrire nettement, je crois qu'il faut toûjours fuïr cette équivoque.

N O T E.

Pour éviter l'équivoque que peut cauſer *en* relatif, il faut le mettre après le gérondif, & dire dans cet exemple, *voulant en faire quelque choſe de bon*; alors en ſe rapporte à *fils*, ſans faire aucune équivoque.

CLXXXIX.

Si dans une même période on peut mettre deux participes, ou deux gérondifs, sans la conjon-Ction &.

PAr exemple , *l'ayant trouvé fort malade , j'ai pluſtôt appellé le Con-*feſſeur que le Médecin , aimant mieux ſon ame que ſon corps.* Je dis que dans les termes de la queſtion , on ne peut pas mettre ni deux participes ni deux gérondifs , mais que l'un eſt gérondif, & l'autre participe ; ce qui ſe peut fort bien faire , & dont on ne ſe ſçauroit paſſer dans le ſtile hiſtorique, où il faut narrer. En l'exemple que nous avons donné , *ayant trouvé* eſt le gérondif ; car jamais *ayant* n'eſt employé avec le participe paſſif , qu'il ne ſoit gérondif, & *aimant* eſt le participe ; tellement que ſi j'avois mis l'exemple au pluriel , & que j'euſſe dit , *l'ayant trouvé fort malade , nous avons pluſtôt appellé le Confeſſeur que le Médecin,* il eût fallu mettre *aimans* avec une *s , plus ſon ame*

D ij

que son corps; car les participes ont singulier & pluriel, ce que n'ont pas les gérondifs. C'est ainsi qu'en a usé M. Coëffeteau. *La chose*, dit-il, *passa si avant,*
que les vainqueurs ayant recontré la lit-
tiere d'Auguste, croyans qu'il fût dedans,
la fausserent. Il dit encore en un autre
lieu, *dont Auguste ayant été averti, se*
résolut, ainsi malade qu'il étoit, de se faire
porter à l'armée, craignant que durant
son absence Antoine ne hazardât la ba-
taille. Tous les Historiens en sont pleins,
& l'on ne sçauroit, comme j'ai dit, faire
des narrations sans cela. En faisant l'un
gérondif & l'autre participe, la période
n'est point vicieuse, & la construction
n'a pas besoin d'être liée par la conjonctive *&* ; mais sans cela elle ne
pourroit subsister.

N O T E.

Sur ce que M. de Vaugelas dit dans
l'exemple qu'il apporte, qu'*ayant trouvé,*
est un gérondif, & *aimant* un participe,
qui n'ont point besoin d'être liez par la
conjonctive *&*, M. Chapelain a écrit que
c'est une distinction fine, mais peu solide,
& qui semble n'avoir été inventée que
pour sauver M. Coëffeteau, qui est tombé dans deux gérondifs, dont on déguise

ici l'un en participe pour les faire passer ,
& que quand la distinction auroit quelque réalité , il ne conseilleroit jamais à
personne de se servir de ces deux gérondif & participe en une même période , ne
fût-ce que pour éviter le soupçon d'avoir
employé deux gérondifs , au moins ap-
parens , dans une même période sans conjonction.

J'ajoûterai à la remarque de M. Chapelain , que je suis persuadé que dans cet
exemple *aimant* est gérondif , & non participe. S'il étoit vrai qu'il fût participe ,
& qu'il fallût dire au pluriel , *nous avons*
plustôt appellé le Confesseur que le Médecin , ai-
mans plus son ame que son corps ; ce participe
qui auroit un singulier & un pluriel , devroit aussi avoir deux genres comme tous
les adjectifs. Ainsi en parlant de femmes ,
on seroit obligé de dire , *elles appellerent*
plustôt le Confesseur que le Médecin , aimantes
son ame plus que son corps ; ce qui ne se peut
souffrir. Je conclus de-là qu'il faut dire
aimant , & non pas *aimans* dans cet exemple , & *croyant qu'il fût dedans* , & non pas
croyans dans celui de M. Coëffeteau , puisque si *aimant* & *croyant* n'ont pas divers
genres , ils ne doivent pas non plus avoir
divers nombres. La règle qui veut que
les adjectifs ou les relatifs qui ont divers
genres , ayent aussi divers nombres , semble être établie par M. de Vaugelas , lorsqu'il dit qu'une femme doit répondre à
un homme qui se plaint d'être malade, *&*

moi, je le suis aussi, & non pas, *je la suis
aussi,* parce que si la particule *le* n'étoit pas
indéclinable, & qu'elle changeât de genre,
elle changeroit aussi de nombre, ce qu'elle
ne fait pas, puisque plusieurs personnes
doivent répondre en parlant d'être ma-
lades, *& nous, nous le sommes aussi,* & non
pas, *nous les sommes aussi.* Il faut donc demeurer d'accord qu'*aimant* & ses semblables, sont des gérondifs, quoiqu'on ne
sous-entende point la particule *en,* qui est
toûjours jointe aux gérondifs, ou sous-
entenduë, ou que ces sortes de participes
sont indéclinables. Si l'on n'aime mieux
dire qu'ils peuvent changer de nombre,
mais qu'ils ne sçauroient changer de genre;
auquel cas on dira que la particule *le* peut
changer de genre; mais que cette même
particule qui change de genre ne sçauroit
changer de nombre; ce qui détruira la remarque de M. de Vaugelas, qui semble
être bien fondé à soûtenir que quand un
homme a dit, *je suis malade, je suis cha-
grin, je suis malheureux,* une femme doit
répondre, *& moi, je le suis aussi,* & non
pas, *je la suis aussi.*

Dans cet exemple, *l'ayant trouvé fort
malade, nous avons plustôt appellé le Confesseur que le Médecin, aimant mieux son ame
que son corps,* & dans cet autre, *dont Auguste
ayant été averti, se résolut de se faire porter
à l'armée, craignant que durant son absence,
&c.* on trouve la construction très-bonne, quoique dans l'un *l'ayant trouvé* &

aimant, & dans l'autre *ayant été averti* &
craignant, ne ſoient point liez par la conjonctive *&*, on croit qu'il ſuffit qu'il y ait
un verbe qui les ſépare, comme *nous avons*
appellé & *ſe réſolut* ; mais on croit auſſi
que dans ce troiſiéme exemple, *la choſe paſſa*
ſi avant, *que les vainqueurs ayant trouvé la*
litiere d'Auguſte, *croyant qu'il fût dedans*,
la fauſſerent, il faut dire, *& croyant qu'il*
fût dedans, parce qu'aucun verbe ne ſe
trouvant entre *ayant rencontré* & *croyant*,
la période doit être liée par la conjonctive
&, ſans quoi elle ne peut ſubſiſter.

CXC.

Eux-même, elles-même.

C'eſt fort mal parler, il faut dire,
eux-mêmes, *elles-mêmes* avec une
s, parce que *mêmes* là eſt nom ou pronom, & non pas adverbe. Quand il eſt
adverbe, il eſt libre d'y mettre l'*s* ou
de ne l'y mettre pas ; mais quand il ne
l'eſt pas, comme en ces mots, *eux-mêmes*,
elles-mêmes, c'eſt un ſolécifme d'omettre
l'*s*. C'eſt pourquoi un de nos meilleurs
Poëtes a failli, quand il a dit,

> *Les Immortels eux-même en ſont per-*
> *ſecutez.*

Il n'y a point de licence poëtique, qui puiſſe diſpenſer de mettre des *s* aux pluriels. Ce ſeroit un privilege fort commode à notre Poëſie, où il y auroit lieu d'en uſer fort ſouvent.

NOTE.

Il eſt hors de doute que *mêmes* eſt pronom dans *eux-mêmes* & *elles-mêmes*, & qu'ainſi il doit être mis au pluriel avec une *s*, parce que *eux* & *elles* ſont au pluriel. M. de Vaugelas a donné une règle infaillible pour diſcerner quand *même* eſt adverbe ou pronom : c'eſt dans la remarque qui a pour titre, *même* & *mêmes* adverbe.

CXCI.

S'il faut mettre une s *en la ſeconde perſonne du ſingulier de l'impératif.*

IL y a des imperatifs de trois ſortes : les uns, où d'un conſentement général on ne mettoit jamais d'*s*, d'autres où l'on en met toûjours, & certains autres où les opinions ſont partagées, les uns y mettant l'*s*, les autres non. J'ai compté juſqu'à dix-neuf ou vingt terminaiſons.

terminaifons differentes de ces impera-
tifs ; les voici , *a* , *e* , *i* , *ais* , *ains* , *aus*,
eins , *eus* , *oi* , *ous* , *ans* , *ats* , *ens* , *en*,
ers , *ets* , *eurs* , *ors* , *ours* , *üi*.

Tout le monde eft d'accord que l'on
ne met jamais l'*s* en ceux qui fe terminent en *a* & en *e*.

Que l'on en met toûjours en ceux
qui fe terminent en *aus* , *eus* , *ous* , *ans*,
ens, *ats*, *ers*, *eurs*, *ets*, *ors* & *ours*, où l'*s*
néanmoins bien fouvent ne fe prononce-
ce pas , tellement qu'à les oüir prononc-
cer , on ne peut pas difcerner s'ils ont
une *s* ou non.   o

Et les uns croyent qu'il ne faut point
d'*s* à ceux qui fe terminent en *i* , *ai* ,
ain, *ein*, *oi*, *en* & *üi*, & les autres , qu'il
en faut.

Donnons des exemples de tous , &
par ordre. En *a* il n'y a que *va*, ce me
femble , qui s'écrit & fe prononce *va*,
devant toutes les voyelles, excepté en
deux particules ; à fçavoir *en* , adverbe
relatif , & *y* ; car devant *en* adverbe,
il prend un *t* , comme *va-t-en*, & c'eft
le feul imperatif , de quelque terminaifon qu'il foit , qui prenne un *t* après
lui. Remarquez que je dis devant la

particule *en* adverbe relatif, parce que lorsqu'*en* est préposition, on n'y ajoûte rien. Par exemple, on dit, *va en Italie*, *va en Jerusalem*, & non pas, *vat-en Italie*, *&c.* Et devant *y* il prend une *s*, comme *vas-y*. Mais il faut noter que cette *s* n'est pas de cette nature ; & qu'elle n'est qu'ajointe seulement pour ôter la cacophonie, comme nous avons accoûtumé de nous servir du *t*, en ortographiant & prononçant *a-t-il* pour *a-il*, & comme nous nous en servons encore à *va-t-en*.

En *e*, comme *aime*, *ouvre*, & ainsi de tous les autres de la même terminaison, qui de leur nature n'ont jamais d'*s*, mais en empruntent seulement pour mettre devant les deux particules adverbes *en* & *y*, comme font tous les imperatifs qui finissent par une voyelle.

En *aus*, comme *vaus*, *prévaus*, *&c. vaus autant que ton pere* ; car ici l'*s* est de sa nature, & non pas adjointe, *prévaus-toi*, non *prévau-toi*.

En *eus*, comme *meus*, *émeus*, *veus*, où l'*s* est encore essentielle, & non pas étrangere, tout de même qu'aux autres qui fuivent, où il y a une *s*, *émeus à pitié*, *veus ce que tu peux*, & non pas, *émeu à pitié*, ni *veu ce que tu peux*.

En *ous*, comme *réfous*, *réfous un peu la queftion*, *réfous-toi*, & non pas, *réfou un peu*, ou *réfou-toi*.

En *ans*, comme *répans*, & non pas, *répan*, *répans de l'eau*, *répans-y de l'eau*.

En *ens*, comme *prens*, *rends*, *vends*, & non pas, *pren*, *rend*, *vend*.

En *ats*, comme *bats*, *abbats*, & non pas, *ba* & *abba*.

En *ers*, comme *fers*, *pers*, & non, *fer*, *per*.

En *ets*, comme *mets*, *permets*, & comment le pourroit-on dire autrement?

En *eurs*, comme *meurs*, & non pas, *meur*.

En *ors*, comme *dors*, *fors*, & non pas, *dor*, *for*.

En *ours*, comme *cours*, *fecours*, *recours*, non *cour*, *fecour*, &c.

En *i*, comme *beni*, *fini*, *di*, *li*, *ri*. Les uns difent ainfi : les autres, *benis*, *finis*, *dis*, *lis*, *ris*.

En *ai* ou *ay*, comme *fai*, *tai*. Les uns difent ainfi : les autres, *fais*, *tais*;

cette derniere façon eſt la plus ſuivie.

En *ain*, comme *crain* ou *crains*, qui eſt le meilleur.

En *ein*, comme *fein*, *pein* ou *feins*, *peins* ; ce dernier eſt le plus ſuivi.

En *oi*, comme *voi*, *connoi* ; ou *vois*, *connois* ; le premier eſt le plus ſuivi.

En *en*, comme *tien*, *vien*, ou *tiens*, *viens* ; le premier eſt le plus ſuivi.

En *ui*, comme *fui* ou *fuis* ; le premier eſt le plus ſuivi.

N O T E.

La pluſpart croyent qu'il faut toûjours dire, *crains*, *feins*, *peins*, *viens*, *prens*, à l'imperatif des verbes *craindre*, *feindre*, *peindre*, *venir*, *prendre*, & jamais *crain*, *fein*, *pein*, *vien*, *pren*, & qu'aux verbes, *lire*, *dire*, *rire*, *voir*, *connoître*, *concevoir*, on dit, *li*, *di*, *ri*, *voi*, *connoi*, *conçoi*, ſi ce n'eſt qu'il ſuive le relatif *en* ; car alors il faut néceſſairement ajoûter une s, *lis-en un chapitre*, *dis-en ce que tu voudras*, *vois-en l'importance* : cependant on dit fort bien, *li un chapitre de ce Livre*, *voi à combien de malheurs l'homme eſt expoſé*, quoiqu'il ſuive une voyelle après *li* & *voi*. Les relatifs *en* & *y* ont cela de particulier, qu'ils font prendre une s à tous les imperatifs des verbes terminez en *er*, lorſqu'ils ſuivent immédiatement ces imperatifs :

ainſi on dit, *cherches-en le fin, trouves-y ton compte*, quoique ces imperatifs ne prennent point d's quand ils ſont ſuivis d'autres mots qui commencent par une voyelle, *cherche un moyen plus ſûr, trouve un ami qui t'aſſiſte*, & non pas, *cherches un moyen, trouves un ami*; ſi même il ſuit *en* prépoſition & non relatif, l'imperatif ne prendra point d's, *cherche en lui ce que tu ne peux trouver dans un autre*, & non pas, *cherches en lui.*

CXCII.

Pour l'heure.

CEtte façon de parler pour dire, *pour lors*, eſt bonne, mais baſſe, & ne doit pas être employée dans le beau ſtile, où il faut dire, *pour lors.*

N O T E.

Pour l'heure ne s'écrit plus dans aucun ſtile. Le Pere Bouhours doute avec raiſon ſi on peut mettre *pour lors* en ſa place, il croit que le plus ſûr eſt de dire *alors.*

E iij

CXCIII.

A l'improviste, à l'impourvû.

TOus deux (1) font bons, & fignifient la même chofe ; mais *à l'improviste*, quoique pris de l'Italien, eft tellement naturalifé François, qu'il eft plus élégant qu'*à l'impourvû*.

CXCIV.

Rais.

RAis pour *rayons*, ne fe dit plus de ceux du Soleil, ni en profe ni en vers, mais il fe dit de ceux de la Lune & en vers & en profe. Un de nos excellens Auteurs en ce dernier genre en a ainfi ufé. Hors de là étant ainfi écrit, il ne fignifie que *les rais d'une roüe*, qui néanmoins ne s'appellent ainfi que figurément, pour la reffemblance qu'ils ont avec les rayons.

(1) Amyot dit toûjours, *à l'impourvû*

NOTE.

On ne diroit point préfentement *fe promener aux rais de la Lune*, on diroit *à la clarté de la Lune* : ce mot peut être pourtant encore employé avec grace dans les vers. M. Chapelain a dit dans fa Pucelle, parlant de la Lune,

Et de fes rais fait honte aux rayons du Soleil.

CXCV.

Exemple d'une conftruction étrange.

UN de nos plus célebres Auteurs a écrit, *l'avanture du lion & de celui qui vouloit tuer le Tyran, font femblables*. Comment fe conftruit cela, *l'avanture font* ? C'eft qu'il y a deux nominatifs, l'un exprès, & l'autre tacite ou fous-entendu, qui régiffent le pluriel, comme s'il y avoit, *l'avanture du lion & l'avanture de celui qui vouloit*, &c. *font femblables*. La queftion eft, fi cette expreffion eft vicieufe ou élégante. Les opinions font partagées. Pour moi, je ne m'en voudrois pas fervir.

E iiij

N O T E.

Cette forte de conſtruction ne doit
point être reçûë, il faut qu'il y ait deux
nominatifs exprimez au ſingulier , pour
pouvoir mettre le verbe au pluriel. M.
Chapelain condamne cette phraſe comme
trop hardie, il dit que ce célebre Auteur
qui s'en eſt ſervi , l'a fait pour éviter &
celle de celui, & qu'il falloit mettre , &
celle de l'homme qui , &c.

CXCVI.

De moi , pour moi , quant à moi.

CE dernier ne ſe dit ni ne s'écrit
preſque plus, ſans doute à cauſe
de cette façon de parler proverbiale ,
Il ſe met ſur ſon quant à moi . & qu'ainſi
ne ſoit , on dit fort bien , *quant à lui,
quant à vous , quant à nous.* Pourquoi
donc ne diroit-on pas auſſi *quant à moi* ?
De moi eſt fort bon , fort élégant ; mais
j'éviterois de le mettre ſouvent en proſe
ſe , & me contenterois de l'avoir employé une fois ou deux dans un juſte
volume. Mon uſage ordinaire ſeroit
Pour moi, comme c'eſt celui de tout
le monde , ſoit en parlant, ou en écri-

vant. *De moi*, femble être confacré à la poëfie, & *pour moi*, à la profe. Auffi ne l'ai-je jamais vû en vers ; mais *de moi*, fe met en profe dans le beau ftile, quoiqu'il faille en ufer très-rarement.

N O T E.

M. Chapelain prétend que *quant à moi*, fe peut dire, & que c'eft un fcrupule de s'en abftenir, comme ç'en feroit un con-damnable de ne fe pas fervir de ces mots, *face* & *poitrine*. Le Pere Bouhours con-damne *quant à lui*, *quant à nous* & *quant à vous*, auffi-bien que *quant à moi*. M. Me-nage qui eft de fon fentiment contre tou-tes ces façons de parler, quoique beau-coup d'autres ne veüillent pas les bannir, loüe M. de Vaugelas d'avoir dit que *de moi* femble être confacré à la Poëfie, & *pour moi* à la profe. Il rapporte là-deffus plufieurs autoritez de Malherbe, qui a prefque toûjours dit *de moi* en vers. On pouvoit obferver cela du temps de Mal-herbe ; mais aujourd'hui, fi *pour moi* eft bon en profe, il ne l'eft pas moins en vers, & il n'y a rien de plus commun que de le trouver dans les ouvrages les plus eftimez. Quand Cinna vient rendre com-pte de la conjuration à Emilie, il finit ce grand récit en lui difant :

Pour moi, soit que le Ciel me soit dur
ou propice.

La plufpart tiennent que c'eft comme il
faut parler, & que *de moi* n'a pas tant de
grace en Poëfie.

CXCVII.

H, *afpirée, ou confonne, &* H, *muette.*

LEs lieux où l'on parle bien François, n'ont pas befoin de cette
Remarque; car on ne manque jamais
d'y prononcer l'une & l'autre *h*, comme il faut. Mais elle eft extrémement
néceffaire aux autres Provinces, qui
font la plus grande partie de la France,
& aux Étrangers. La faute qui fe commet en cela, n'eft pas d'afpirer une *h*
muette, comme de dire, *le honneur,*
pour dire *l'honneur; la heure,* pour dire
l'heure; perfonne ne parle ni n'écrit
ainfi; c'eft de faire l'*h* muette quand
elle eft afpirée ou confonne, felon Ramus, & plufieurs fameux Grammairiens
qui l'appellent *afpirée, afpirante* ou
confonne indifferemment; par exemple

de dire *l'hazard*, au lieu de dire *le ha-zard*; *l'hardi*, au lieu de dire *le hardi*; *l'hallebarde*, au lieu de *la hallebarde*. Voilà pour le singulier, où l'on ne sçauroit manquer ni en parlant ni en écrivant, qu'il n'y paroisse; mais pour le pluriel, quand on y manque, ce ne peut être qu'en la prononciation, & non pas en l'écriture. L'exemple le va expliquer. Ceux qui parlent bien, & ceux qui parlent mal, écriront égale-ment bien *les hazards*, *les hardis*, *les hallebardes;* mais en la prononciation il n'en sera pas de même; car ceux qui parlent bien, prononceront *les hazards*, & tous les autres mots de cette nature, comme ils prononcent les mots qui commencent par une consonne après l'article du pluriel; par exemple, *les combats*, *les difficultez*, où l's de l'ar-ticle qui le précede, ne se prononce point; car puisque l'*h* aspirante est consonne, tous les mots qui commen-cent par cette sorte d'*h*, doivent pro-duire le même effet que produisent tou-tes les autres consonnes. Or devant les autres consonantes on ne prononce ni l's, ni certaines autres consonnes qui

se rencontrent immédiatement devant ;
par exemple, on prononce *les combats*,
comme s'il n'y avoit point d's devant
le *c* ; *sont plusieurs*, comme s'il n'y
avoit point de *t* devant le *p*. Il faut donc
prononcer *les hazards*, comme s'il n'y
avoit point d's devant l'*h*, & *sont har-*
dis, comme si devant l'*h* il n'y avoit
point de *t*. Mais ceux qui parlent mal,
prononcent *les hazards*, comme ils
prononcent *les honneurs*, & *sont hardis*,
comme ils prononcent *sont assurez*.

On a grand besoin dans les pays où
l'on parle mal, de bien sçavoir la nature de cette lettre : c'est pourquoi je
me trouve obligé de dire ici le peu que
j'en sçai. Une des fautes principales,
outre celles que j'ai remarquées, se
commet en la prononciation de la lettre
n. Par exemple, ceux qui parlent mal,
prononceront *en haut*, comme ils prononcent *en affaires* ; & cependant il y
faut mettre une grande différence ; car
l'*n* qui finit un mot, & en précede un
autre qui commence par une voyelle,
se prononce comme s'il y avoit deux *n*.
On prononce *en affaire*, tout de même
que si l'on écrivoit *en naffaire*, comme

beaucoup de femmes ont accoûtumé d'orthographier. *En honneur*, comme si l'on écrivoit *en nonneur* ; mais *en haut*, *en hazard*, se doit prononcer comme n'y ayant qu'une *n*, & après l'*n* il faut aspirer l'*h*, à quoi ceux des Provinces qui parlent mal, sur-tout de la Loire, ne songent point.

D'ailleurs, il y a plusieurs consonnes, qui finissant un mot ne se mangent point devant l'*h* consonne ; mais cela étant commun à toutes les autres consonantes, aussi-bien qu'à cette sorte d'*h*, on n'a qu'à suivre la règle des autres. Que si l'on en desire encore quelque éclaircissement, le voici par ordre. Premierement le *b* finissant le mot, se prononce devant un autre mot qui commence par une consonne, comme *Achab ce méchant*, on prononce le *b*. Notre Langue n'a point de mot qui finisse par cette lettre, il faut emprunter des mots étrangers où cette règle se pratique, & l'on prononcera *Achab hardi*, comme on prononce *Achab ce méchant*. Le *c* ne se mange point non plus ; on le prononce en disant *un sac de bled*, & *un sac haut & grand*. Le *d* ne se prononce point, on dit, *un fond creux*, comme si l'on écrivoit *un fon creux* sans *d*. De même on dira *un fond hideux*, comme si l'on écrivoit *un fon hideux*. La lettre *f* se mange, on dit *un œuf de pigeon* & *un œuf hâté*, sans prononcer l'*f* en tous les deux. Le *g* se mange aussi, on dit, *un sang brûlé* & *un sang hardi*, comme si l'on écrivoit, *un san brûlé*, *un san hardi*. L'*l* ne se mange point, on dit, *un cruel traitement* & *un cruel hazard*, ni l'*m* non plus (car comment diroit-on *Abraham*, *Jerusalem* ou *Bethleem*, sans prononcer l'*m*?) ni devant les consonnes, ni l'*h* aspirée; il faut seulement prendre garde de ne pas oublier l'*m* devant l'*h* aspirée, comme on la double devant les autres voyelles; par exemple, on prononce *Bethleem heureuse*, comme si l'on écrivoit, *Bethleem meureuse*, & il ne faut pas prononcer *Bethleem honteuse* de même comme s'il y avoit *Bethleem monteuse*. Pour l'*n*, il en a été parlé. Le *p* ne se prononce point; on prononce *un cou d'épée*, & *un cou hardi*, comme si l'on écrivoit, *un cou d'épée*, *un cou hardi*. Le *q* se prononce, & l'on dit *un coq de Pa-*

roiſſe, & *un coq hardi*, en prononçant le *q*
en tous les deux. *R*, ſe prononce
auſſi, *pour faire, pour hazarder, pur
ſang, pur hazard*, excepté aux infinitifs, car on prononce *aller, courir*,
comme ſi l'on écrivoit, *allé, couri*.
L'*s* & le *t*, ne ſe prononcent point,
comme il a été dit. L'*x* & le *z*, à la
fin des mots ſe prononçant comme
l'*s*, ils ſont traitez tous trois de même façon, & ne paſſent que pour un.
On prononce *les Cieux voutez*, & *les
Cieux hauts*, tout de même comme
s'il n'y avoit point d'*x*, & *loüez généralement, loüez hautement*, comme
s'il n'y avoit point de *z*.

Pour bien expliquer la choſe, il
falloit dire tout cela au long. En voici
l'abregé en peu de mots. L'*h* eſt, ou
conſone, ou *muette*. Si elle eſt muette,
il la faut conſidérer aux mots comme
ſi elle n'y étoit point; ſi elle eſt *conſone*,
il faut faire deux choſes, l'une, *l'aſpi-
rer*, & l'autre, *y obſerver tout ce qui
s'obſerve avec les autres conſonnes*.

N O T E.

M. de Vaugelas a dit dans cette remarque que la lettre *ſ* ſe mange devant une

consonne, & il en donne pour exemple *un œuf de pigeon*, où l'on ne prononce point l'*f* dans ce mot *œuf*. M. Menage qui en tombe d'accord, ajoûte que l'*f* ne se prononce point non plus dans *bœuf* & *neuf*, venant de *novem* ; mais il dit qu'elle se prononce devant les consonnes dans *chef*, *nef*, *fief*, *bref*, *vif*, *naïf* ; *fugitif*, *esquif*, *if*, *juif*, *neuf* de *novus*, *nominatif*, *genitif*, *indicatif*, *imperatif*, &c. & qu'on ne la prononce point du tout en quelque lieu que ce soit dans *cerf*, *clef*, *apprentif*, *Baillif*. Je vois tout le monde de son sentiment, la plusfart écrivent *apprenti* & *bailli* sans *f*.

M. de Vaugelas a raison de dire en parlant de la prononciation de la lettre *n*, quand elle finit un mot, qu'il faut prononcer *en haut*, sans faire sentir l'*n* qui est devant l'*h* de *haut*, parce que cette *h* est aspirée, & qu'on doit la faire sentir dans ce mot, *en affaire*, de même que si l'on écrivoit *en naffaire* ; mais il n'est pas vrai que l'*n* qui finit un mot, & en précede un autre qui commence par une voyelle, se prononce toûjours comme s'il y avoit deux *n*. Cette *n* ne se prononce point dans la plusfart des noms qui finissent par cette lettre, quoiqu'ils soient suivis d'un autre mot qui commence par une voyelle : ainsi on prononce *un vin excellent*, *un dessein admirable*, comme on prononce *un vin hardi*, *un dessein honteux*, c'est-à-dire, sans faire sentir l'*n*, & non pas comme si l'on écrivoit
voit

voit *un vin nexcellent, un deſſein nadmirable.*
Je croi que tous les noms adjectifs ſont à
excepter de cette règle, & qu'il faut prononcer *un malin eſprit,* comme s'il y avoit
un malin neſprit : du moins je ſçai bien
qu'on ne peut ſe diſpenſer d'en faire ſentir
l'*n* dans *commun, bon, certain, vilain,* &
qu'il faut prononcer *d'un commun accord ;
bon ami, un certain avanturier, un vilain
homme,* comme on prononce *en affaire.*
J'ai obſervé que ceux qui ſont en réputation de bien parler, ne font point ſentir
l'*n* dans *mien, tien* & *ſien,* & qu'ils prononcent, *le mien eſt meilleur, je trouve le
ſien auſſi beau,* en étouffant l'*n* de *mien* &
de *tien,* comme dans *en haut ;* ils l'étouf-
fent auſſi dans le mot *bien,* quand il eſt
ſubſtantif, *c'eſt un bien à ſouhaiter,* & la
font ſentir quand *bien* eſt adverbe, *une
nouvelle bien aſſurée, un homme bien heureux.*
Pour ces trois monoſyllabes, *en, on, un,*
ils ont cela de particulier, que tantôt ils
font ſentir leur *n,* & tantôt ils ne la font
point ſentir. Je ne parle point d'*en* prépoſition, qui fait toûjours ſentir ſon *n* devant une voyelle, *il eſt en eſtime, il eſt en
auberge ;* cela eſt indiſpenſable. Je parle
d'*en* relatif, qui étant devant un verbe,
veut qu'on prononce ſon *n, je vous en ai
dit aſſez, vous en a-t-on apporté ; en attendant,* comme ſi l'on écrivoit, *je vous en
nai dit aſſez, vous en na-t-on apporté, en nat-
tendant.* Si *en* ſe trouve placé devant un
nom qui ne ſoit point verbe, on n'y fait

point ſentir l'*n* : *montrez-m'en un* , *envoyez-m'en autant qu'il m'en faut.* Dans ces deux exemples *en* doit être prononcé comme dans *en haut.* A l'égard d'*on* , quand il eſt devant un verbe, & qu'on n'interroge pas, il faut faire ſentir ſon *n : On obſerve, on a dit,* comme s'il y avoit, *on nobſerve* , *on na dit.* Quand on interroge, il n'y faut point faire ſentir l'*n, vous a-t-on écrit? a-t-on obſervé?* ce doit être la même prononciation que dans *on hazarde.* Il me reſte à parler du mono-ſyllabe *un* , qui étant article, fait toûjours ſentir ſon *n* devant une voyelle , *un arbre, un ameublement.* Quand il eſt adjectif nu-meral , il ne la fait point ſentir ; *il y en eut un aſſez hardi.* Dans cet exemple l'*n* du mot *un* ne redouble point devant *aſſez.*

M. de Vaugelas dit encore que le *q* ſe prononce devant une conſonne , & qu'on dit *un coq de Paroiſſe* & *un coq hardi,* en pro-nonçant le *q* en tous les deux ; cela eſt vrai dans le mot de *coq* ; mais le *q* ne ſe pro-nonce pas dans *cinq.* On dit *cinq batail-lons, cinq mille hommes* , comme ſi l'on écri-voit *cin bataillons, cin mille hommes.*

M. Chapelain qui eſt de l'avis de M. de Vaugelas ſur l'*r* finale des infinitifs qui ne ſe prononce point , dit que cela ne ſe doit entendre que des infinitifs terminez en *er* & en *ir, aller, courir,* comme ſi l'on écri-voit *allé , couri,* & qu'il en faut excepter les infinitifs en *oir,* où l'*r* finale ſe pronon-ce fortement , *voir , pouvoir , devoir ;* il fait remarquer que cela n'a lieu que dans la profe , & qu'il faut faire fentir l'*r* de tous ces infinitifs à la fin des vers., & au milieu devant une voyelle.

Il eft certain que l'*s* finale ne fe prononce jamais devant les confonnes , mais même dans l'entretien particulier , on ne la fait point fentir en beaucoup de mots devant une voyelle. On la prononce dans *les* quand il eft article, *les hommes , les arbres* , & dans *nous* & *vous* nominatifs , fi l'on n'interroge point , *vous obferverez que* , &c. *nous avons remarqué*. Mais quand *les* eft relatif, on ne fait point fentir l'*s* finale , *montrez-les à qui vous voudrez* , & dans cet exemple *les* fe prononce comme on le dit , lorfque l'on dit *les hazards*. De même quand *nous* & *vous* font employez en interrogeant, on n'y prononce point l'*s* ; on dit , *avons-nous oublié* , *avez - vous appris* , comme fi l'on écrivoit , *avons-nou oublié* , *avez-vou appris* , & non pas *avons-nou zoublié* , *avez-vou zappris*. On mange toûjours cette *s* finale dans le difcours familier , lorfqu'elle eft jointe à un *e* muet , & l'on prononce au pluriel , *ce font des affaires embarraffantes* , fans faire fentir l'*s* dans *affaires* , comme on prononce au fingulier , *c'eft une affaire embarraffante* ; fur quoi un des plus habiles hommes que nous ayons dans la Langue , a remarqué que cette élifion de l'*e* muet & de l'*s* ne fe fait que dans les noms fubftantifs, *ce font des affair' embarraffantes* , *ce font des affair' où l'on ne voit goute* , ou dans les noms adjec-

tifs qui suivent leurs substantifs, *les pa-*
roles mal-honnêtes ont toûjours déplû, comme
s'il y avoit, *les paroles mal-honnêt' ont toû-*
iours déplu ; mais quand l'adjectif est devant le subîtantif, il en faut prononcer
l's : ainsi l'on dit dans le discours le plus
familier, *les grandes actions, les bonnes œu-*
vres, les plus rares avantures, en prononçant l's de *grandes,* de *bonnes* & de *rares,* &
non pas, *les grand' actions, les bonn' œuvres,*
les plus rar' avantures. On dit de même, *il*
a employé des tromperies inutiles, comme s'il
y avoit seulement *des tromperi' inutiles,* &
l'on dit, *il a employé d'inutiles adresses,* &
non pas, *il a employé d'inutil'adresses.*

CXCVIII.

Règle pour discerner l'h consonne
d'avec la muette.

CEtte règle est fort connuë ; mais
on y ajoûtera de nouvelles remarques. Il est vrai qu'il faut sçavoir le
Latin pour se prévaloir de cette règle,
& ceux qui ne le sçavent pas, ne peuvent avoir recours qu'à l'usage & à la
lecture des bons Livres.

Tous les mots François commençans par *h,* qui viennent du Latin, où
il y a aussi un *h* au commencement, ont

l'*h* muette, & ne s'afpirent point, comme *honneur* vient d'*honor*, il faut dire,
l'honneur, & non pas *le honneur*. Peu
en font exceptez, comme, *heros*, *hen-
nir*, *henniffemens*, *harpie*, *hargne*, *ha-
leter*, *hareng*, felon ceux qui tiennent
qu'il vient de *halec* ; mais il n'en vient
pas : car tous ces mots, & peut-etre
quelques autres, ont l'*h* au Latin, &
néanmoins ils s'afpirent en François.
J'ai ajoûté cette Remarque, qu'il faut
qu'il y ait une *h* au commencement du
mot Latin ; car il y a des mots François commençans par *h*, qui viennent
du Latin, lefquels néanmoins afpirent
l'*h*, comme *haut*, & il n'y a point de
doute qu'il vient d'*altus*, mais parce
qu'au Latin il n'y a point d'*h*, elle s'afpire en François. De même *hache* pour
coignée, s'afpire en François, & néanmoins il vient du Latin *afcia*. On dit
auffi *une hupe*, oifeau, qui vient du
Latin *upupa*, où il n'y a point d'*h*, *hur-
ler* d'*ululare*, où il n'y a point d'*h* auffi,
& *hors* vient de *foras*, l'*f* fe changeant
fouvent en *h*, comme en la Langue Ef-
pagnole ; mais parce que le mot Latin
ne commence pas par *h*, on prononce

hors avec une *h* , confonne & afpirée ; comme s'il n'en venoit point. *Huit* vient auffi d'*octo* , mais *h* ne s'afpire pas en ce mot , quoiqu'elle y foit confonne. Voyez la Remarque de *huit*. Ces mots en font exceptez , *huit* , *huître* , *huile* , *hieble* , qui viennent tous quatre du Latin, où il n'y a point d'*h*, & néanmoins ne s'afpirent point en François.

Mais tous les mots commençans par *h* , qui ne viennent pas du Latin, ont l'*h* confonne , & l'afpirent , comme , *hardi*, *Philippe le Hardi* , *le hazard* , *la hallebarde* , *la haquenée* , *la harangue* , & plufieurs autres femblables. On objecte qu'*hermine* & *heur* ne viennent point du Latin , & que néanmoins l'*h* de ces mots eft muette , & qu'on dit *l'hermine* , & non pas *la hermine* , & *l'heur* , & non pas *le heur*.

On répond premierement que ce font les feuls mots que j'ai remarqué jufqu'ici , qui faffent exception à la règle.

En fecond lieu , il y a grande apparence qu'*heur* vient d'*heure*, d'où eft venu le mot *à la bonne heure* , qui pourroit bien être auffi la vraie étymolo-

gie de *bon-heur* , comme *malheur* , vient
de *mal-heure* , c'eſt-à-dire , mauvaiſe
heure , ſelon l'opinion des Aſtrolo-
gues.

Quelques-uns oppoſent encore à
cette règle le mot d'*helas* , qui ne vient
point du Latin , & qui néanmoins n'aſpire point l'*h* , comme 'il ſe voit dans
nos vers François , où la voyelle qui
précede *helas* , ſe mange toûjours ; par
exemple , *je ſouffre , helas ! un ſi cruel*
martyre.

Je répons qu'ils ſe trompent de dire
qu'il ne vienne point du Latin ; car il
vient d'*heu* , & la ſyllabe *las* , que l'on
a ajoûtée après , n'y fait rien. Peutêtre
l'avons-nous priſe des Italiens , qui diſent *ahi laſſo* ; mais la vraie interjection
conſiſte en la premiere ſyllabe *he* , qui
répond à l'*heu* Latin.

N O T E.

M. Menage ajoûte aux mots *huître* ,
huile , *hieble* , qui viennent d'*oſtrea* , d'*oleum*
& d'*ebulus* , mots Latins où il n'y a point
d'*h* , celui d'*huis* , qui quoiqu'il vienne
d'*oſtium* ſans *h* , en prend une , & néanmoins ne s'aſpire point en François , com-

me *haut* , qui vient d'*altus* , s'afpire. Il croit auffi-bien que M. de Vaugelas , que la conformité qu'a le mot *Heros* , avec celui de *Herault* , qui eft afpiré , eft caufe qu'il a pris une *h* afpirée qui n'eft point dans *Heroïne* & dans *heroïque*, & il ne fçauroit fouffrir qu'on dife qu'on l'ait afpiré pour ôter l'équivoque de *Héros* & de *Zérot* , avec l'article *les* , parce qu'on dit *les zéro* au pluriel , en parlant de chiffre , & non pas *les zéros*. Dans l'obfervation qu'il a faite fur l'*h* Françoife , il donne une lifte de tous les mots qui commencent par une *h* afpirée. Elle n'eft pas feulement utile pour regler la prononciation de ces mots. mais elle eft accompagnée de quantité d'étymologies très-curieufes.

CXCIX.

*De l'*h *dans les mots compofez.*

NOus n'avons confideré l'*h* qu'au commencement du mot ; mais quand elle fe trouve ailleurs dans les mots compofez , elle fe prononce tout de même que fi elle étoit au commencement , chacune felon fa nature. Par exemple , *deshonoré* , fe prononce comme *honoré* en *h* muette , & *enhardir* , *éhonté* , *dehors* , comme *hardi* , *honte* , *hors* ,

hors , en *h* confonne & afpirante ; & il fe faut bien garder de prononcer , *en-nardir* , *efonté* , & *deors* , comme l'on fait de-là la Loire.

Il y a une feule exception , c'eft que l'on dit *haut-exhauffé*, fans prononcer l'*h* , qui eft en *exhauffé* , comme fi l'on écrivoit *exauffé*, fans *h*, & l'on ne met point de différence pour la prononciation entre *exhauffé*, pour les bâtimens , & *exaucé* pour les priéres.

Cela vient fans doute de la difficulté & de la grande rudeffe qu'il y auroit à afpirer l'*h* , immédiatement après l'*x* , qui fe prononçant toujours tout entier en notre Langue, quand il n'eft pas à la fin , ne peut pas fouffrir comme l'*s* , qui fe mange aifément , une afpiration en fuite ; ou bien qu'*exaucé*, ayant été pluftôt connu , qu'*exhauffé* , le premier a fait la prononciation du fecond, comme nous avons dit , que *héraut* a fait celle de *héros*.

CC.

Comment il faut prononcer, & or-thographier les mots François venans des mots Grecs , dans lesquels mots Grecs il y a une ou plusieurs aspirations , en effet , ou en puissance.

POur bien répondre à la question, il faut sçavoir que tous les mots François venans du Grec, ausquels il y a une ou plusieurs *h*, n'en peuvent venir que par cinq voyes. La premiére , quand le mot Grec , d'où est pris le François , commence par une voyelle , ou par une diphtongue aspirée, comme αρμονια , αἵρεσις , que les Latins disent , *harmonia, hærésis* , avec une *h* , & nous de même, *harmonie*, & *héréfie*. La seconde , quand le mot François vient d'un mot Grec, où il y a un ϑ , *thita*, que les Latins & nous faisons valoir *th* , comme θέσις , *thesis* , *these*. La troisiéme , quand il vient d'un mot Grec , qui commence par un ρ , *rho*, que les Latins &

nous faisons valoir *rh*, comme Ρόδℭ, *Rhodes* , ou que ce ῤ , *rho* est redoublé au milieu du mot , car le second ῤ , *rho* vaut *rh* , quoique le premier ne vaille qu'une simple *r* , comme Πύῤῥος , *Pyrrhus* , en Latin & en François. La quatriéme , quand il vient d'un mot Grec , où il y a un φ , *phi* , que les Latins & nous faisons valoir *ph* , comme Φιλόσοφℭ , *Philosophus* , *Philosophe*. Et la cinquiéme , quand il vient d'un mot Grec , où il y a un χ , *chi* , qui vaut *ch* parmi les Latins & parmi nous, comme Χειρουργία , *Chirurgia, Chirurgie*.

Ce fondement posé , examinons maintenant ces cinq voyes l'une après l'autre , & voyons comme notre Langue se gouverne en chacune des cinq. Premiérement pour les voyelles ou les diphtongues aspirées , lorsqu'il y en a au commencement des mots Grecs, d'où les nôtres sont pris, notre Langue y met aussi l'*h* , comme ἁρμονία , *harmonie* , αἵρεσις , *héréfie* , & ainsi des autres. Il est vrai que cette *h* ne s'aspire point , selon la règle que nous en avons donnée , mais elle s'écrit ; & ce seroit une faute insupportable en

notre orthographe, de ne la mettre
pas, & d'écrire, par exemple, *armo-*
nie, & *éréfie*, fans *h*, fur quoi il faut
noter que nous n'avons prefque point
de mots venans du Grec, qui commence par *h*, où l'*h* s'afpire, quand même nous n'aurions pas reçû ces mots-
là par les mains des Latins, mais qu'ils
feroient venus droit à nous ; ce qui eft
bien rare, quoique nous ayons quantité de mots Grecs en notre Langue,
que nous ne tenons point des Latins,
mais immédiatement des Grecs. Il y en
a quelques-uns, comme, *Hierôme*,
Hierufalem, *Hierarchie*, où l'*h* ne
s'afpire pas ; mais la premiere fyllabe
fe prononce comme fi elle étoit écrite
avec un *g mol*, (qu'ils appellent) &
que l'on dit, *Gerôme*, *Gerufalem*, *Ge-*
rarchie. Pour éviter cela, il y en a qui
écrivent *Jerôme*, *Jerufalem*, *Jerar-*
chie, avec un *j* confonne ; mais j'aimerois mieux garder l'*h*, puifqu'ils s'afpirent en Grec, quoiqu'il foit vrai que
la premiere fyllabe de ces trois mots
fe prononce abfolument comme fi elle
étoit écrite avec un *j* confonne.

Pour la feconde voye, qui eft des

mots pris des Grecs, où il y a un θ, *thita*, comme *thefe*, il ne faut jamais manquer de mettre l'*h* après le *t* ; mais cela ne fert qu'à l'orthographe, & ne fert de rien pour la prononciation.

La troifiéme, où il y a un ρ, *rho*, comme *Rhodes*, *Pyrrhus*, tout de même, il ne faut jamais oublier l'*h* pour la bonne orthographe, quoiqu'elle ne ferve de rien pour la prononciation.

La quatriéme, où il y a un φ, *phi*, comme *Philofophe*, il faut l'écrire avec *ph*, & non pas avec une *f*, ni à la premiere ni à la derniere fyllabe, quoiqu'il y en ait plufieurs aujourd'hui qui banniffent le *ph*, & qui mettent toûjours l'*f*, mais mal.

Et la cinquiéme enfin, où il y a un χ, *chi*, fur lequel il y a beaucoup plus à dire que fur les quatre autres enfemble dont nous venons de parler, & qui eft le principal fujet de cette Remarque ; car lorfque nos mots pris du Grec, où il y a un χ au commencement, font fuivis d'un *a* ; comme par exemple, *charaĉtere*, les uns foûtiennent qu'il le faut écrire ainfi pour garder l'orthographe de fon origine :

& les autres au contraire, allèguent
une raison si forte pour n'y mettre
point d'*h*, qu'il semble qu'il n'y a pas
de replique. Ils disent qu'en François
cha ne fait point *ca*, mais *cha*, ainsi
qu'on le prononce en ce mot, *charité*,
comme *che* ne fait pas *que*, ainsi qu'on
le prononce en ce mot, *cherir*; tellement que notre *cha* se prononce comme le *scia* des Italiens ou le *scha* des
Allemands. D'où ils concluent fort
bien que tous les François ou les Etrangers qui sçauront notre Langue, mais
qui ignoreront la Grecque & la Latine,
ne manqueront jamais de prononcer
charactere écrit de cette sorte, comme
s'il étoit écrit en Italien *sciaractere*. Et
de fait, j'en ai vû plusieurs fois l'experience, & en ce mot & en plusieurs
autres, qui étant moins connus que
charactere, sont aussi sujets à en être
plus mal prononcez par les personnes
qui n'en sçavent pas l'origine, comme
sont toutes les femmes & tous ceux
qui n'ont pas étudié.

Je sçai bien qu'on voit *charactere*
écrit avec une *h*, au frontispice de ce
grand Ouvrage, qui fera desormais

nommer son Auteur, *le Génie des paf-
fions*, où la doctrine & l'éloquence re-
gnent également, & où la Philofophie n'a point d'épines qui ne foient
fleuries ; mais je fçai auffi, & de lui-
même, qu'écrivant principalement
pour les Sçavans, il a voulu fuivre l'orthographe des Sçavans, & qu'outre
cela il a quelque vénération pour l'ancienne orthographe, non pas pour
cette barbare qui écrit *un* avec un *g*,
ung, & *écrire* avec un *p*, *écripre*; &
beaucoup d'autres encore plus étranges, mais pour celle que les gens de
lettres les plus polis, & les meilleurs Auteurs du fiecle paffé ont fuivie. Pour
moi, je révére la vénérable Antiquité &
les fentimens des Doctes ; mais d'autre
part, je ne puis que je ne me rende à
cette raifon invincible, qui veut que
chaque lettre foit maitreffe chez foi,
fur-tout dans un Empire auffi florif-
fant, & une Monarchie prédominante
& augufte, comme eft celle de France.
Je veux bien que notre Langue rende
hommage à la Grecque & à la Latine,
d'une infinité de mots qui en relevent,
comme par exemple, pour ne parler

que de la Grecque, nous devons écrire *harmonie*, *hérésie*, *histoire*, *horloge*, *hyperbole*, avec une *h*, & de même tous les mots pris du Grec où il y a un *θ*, *thita*, un *φ*, *phi*, *ρ*, *rho*, comme *these*, *Philosophe* & *Rhodes*, dont la prononciation ni l'orthographe ne choquent en rien notre Langue. Mais pour faire voir qu'on n'ignore pas la Langue Grecque ni l'origine des mots, & que pour honorer l'Antiquité, il faille aller contre les principes & les élémens de notre Langue maternelle, qui veut que *cha* se prononce comme *scia* en Italien, ou *scha* en Allemand, & non pas *ca*, & qu'il faille donner cette incommodité, & tendre ce piége à toutes les femmes & à tous ceux qui ne sçavent pas le Grec, en leur faisant prononcer *charactere*, *sciaractere*, pour *caractere*, *cholere*, *sciolere*, pour *colere*, & *Bacchus*, *Baccius*, pour *Baccus*, comme nous disons *bachique*, *fureur bachique*, & non pas *baquique*; certainement il n'y a nulle apparence, & je n'y puis consentir. Après tout, on doit plus considerer en ce sujet les vivans que les mor , qui aussi-bien ne nous en

fçavent point de gré , & n'y profitent
de rien , & l'on doit plus confiderer
ceux de fon pays que les Etrangers.
Outre que les Grecs ni les Sçavans
n'ont pas de quoi fe plaindre du partage qu'on leur fait en cette rencontre,
puifqu'on leur laiffe les voyelles & les
diphtongues afpirées avec le θ , *thita* ,
le φ , *phi* , & le ρ , *rho* , & que notre
Langue ne fe réferve que le feul χ, *chi*,
pour le prononcer à fa mode.

Il ne refte plus rien à dire , finon que
les dernieres fyllabes des mots François pris des Grecs , s'écrivent tantôt
avec une *h* , comme *Antioche* , & fe
prononcent felon la prononciation
Françoife, & tantôt avec le *qu*, comme *Monarque*. Mais il faut noter que le
χ ne fe change jamais en *que* dans notre
Langue qu'aux dernieres fyllabes; car
par exemple , en ce mot , *Monarque* ,
les deux dernieres fyllabes viennent du
même mot Grec αʼρχος , que nous tra-
duifons en François avec *che* au commencement de cet autre mot *Archevê-*
que , tellement que nous tournons ce
mot Grec en trois façons , à fçavoir
aux deux que je viens de dire , & en

cette troisiéme qui se trouve en la prononciation d'*Archange*, où je ne suis
pas d'avis de mettre une *h*, non plus
qu'à *caractere*. Ce n'est pas pourtant
que tous nos mots pris du Grec, qui
finissent par *que*, expriment toûjours
le χ Grec ; car ils expriment aussi le *x*,
cappa, comme en ces mots, *Logique*,
Physique, *éthique*, *mélancolique*, & une
infinité d'autres.

N O T E.

Toutes les remarques de M. de Vaugelas sont fort justes sur ces mots, *harmonie*, *heresie*, *these*, *orthodoxe*, *Rhodes*, *Pyrrhus*, *Philosophe*. Pour *caractere*, *colere*, &
autres semblables, c'est ainsi qu'on les
écrit présentement, & non pas *charactere*
& *cholere*, pour empêcher qu'on ne prononce *charactere* comme *charité*, & *cholere*
comme *chose*. M. Chapelain qui vouloit
garder cette orthographe, a écrit ce qui
suit sur cet article. *M. de la Chambre dans
son Livre intitulé, les* Charactères *des Pas-
sions*, conserva l'h par mon avis en ce mot,
charactere, *pour n'être pas le premier qui
dérogeât à l'orthographe reçûë de ce mot, pour
la consideration des idiots, qui ne doivent pas
moins apprendre à lire les mots extraordinaires
quand ils se mêlent de lire, que les François
doivent apprendre la prononciation des mots*

Italiens, quand ils veulent apprendre à lire en Italien. Si le raisonnement de M. de Vaugelas en ceci avoit lieu, quoiqu'il l'ait appuyé avec beaucoup d'adresse, il faudroit ôter l'h d'hyperbole, de peur que les ignorans ne l'aspirassent, ne voyant point de différence entre l'orthographe de ce mot & celui de héros, *qui est aspiré, ou ajoûter une marque aux h aspirées, afin qu'ils ne la prononçassent pas comme des h muettes.* M. Menage qui approuve qu'on écrive *caos, caractere, Caron, carites, colere, corde, éco,* &c. sans *h,* dit que les mots qui se prononcent par *ch,* sont *Acheron, Anchise, Archevêque, Archidiacre, Archiduc, Archiprêtre, Archimede, cacochyme, Cherubin, chimere, Chirurgie, Chirurgien, chile, Chymie, Ezechiel, Hierarchie,* & qu'on prononce ceux-ci par K. *Archeanasse, Archelaüs, Archestratus, Archigenes, Chelidoine, Chersonese, Chiragre, Chiromancie, Eschyle, Eschines, Laschés.* Plusieurs personnes prononcent *Acheron* par *k,* comme s'il y avoit *Akeron :* on dit encore *les Archontes* & *Orchestre,* come si on écrivoit *Arkontes* & *Orkestre ;* mais l'on prononce *Architecte* comme *Archidiacre.*

C C I.

Si cette construction est bonne, en votre absence, & de Madame votre mere.

L A plufpart tiennent qu'oui, & que tant s'en faut que la suppreſ-fion de ces paroles *en celle*, qui font fous-entenduës, foit vicieufe, qu'elle a bonne grace ; car, difent-ils, quelle oreille délicate ne fera pas plus fatis-faite d'oüir dire, *en votre abfence & de Madame votre mere*, qu'*en votre abfence & en celle de Madame votre mere*? Quel-ques-uns néanmoins condamnent cette conftruction, non feulement comme contraire à la netteté du ftile, mais comme barbare. Ils trouvent auffi l'au-tre trop languiffante : c'eft pourquoi ils croyent qu'il eft bon de les éviter toutes deux, & de prendre un autre tour. Pour moi, je fuis de cette opi-nion, quoique je n'approuve guéres cet expédient en des endroits où l'on ne peut gauchir fans perdre la grace de la naïveté & des expreffions naturelles

qui font une grande partie de la beauté
du langage.

N O T E.

Tous ceux qui parlent correctement ,
veulent qu'on dife , *en votre abfence & en
celle de Madame votre mere* , quand on ne
veut point prendre un autre tour. M.Cha-
pelain dit qu'*en votre abfence & de Madame
votre mere* , eft une conftruction qui n'eft
guéres bonne , & qu'il aimeroit encore
mieux tourner le fens de cette manière, *en
l'abfence de Madame votre mere & en la vôtre*;
ce qui reviendroit à la même chofe , mais
qu'il n'y auroit aucune élégance.

C C I I.

N'ont-il pas fait,& ont-ils pas fait?

TOus deux font bons pour exprimer la même chofe ; car comme
notre Langue aime les négatives, il y
en a qui croyent que l'on ne peut pas
dire , *ont-ils pas fait?* & qu'il faut toûjours mettre la négative *ne* devant , &
dire, *n'ont-ils pas fait ?* mais ils fe trompent , & il eft d'ordinaire plus élégant
de ne la pas mettre. Depuis,m'en étant
plus particulierement informé de di-

verſes perſonnes très-ſçavantes en notre Langue, je les ai trouvé partagées.
Tous conviennent que l'un & l'autre
eſt bon ; mais le partage eſt en ce que
les uns le tiennent plus élégant ſans
la négative, & les autres avec la négative.

NOTE.

Pluſieurs perſonnes fort intelligentes
dans la Langue, prétendent non ſeulement que *n'ont-ils pas fait*, eſt meilleur que
ont-ils pas fait ; mais que le dernier ne ſe
dit plus par ceux qui écrivent bien. Il n'y
a en effet aucune raiſon d'ôter la négative,
& *peut-il pas dire*, me ſemble beaucoup
moins bon que *ne peut-il pas dire*. Ce peut
être une commodité pour les Poëtes; mais
ils doivent donner un tour aiſé à leurs
vers, ſans que ce ſoit aux dépens de la
véritable conſtruction. M. Menage s'eſt
déclaré pour la négative, & rapporte ce
vers de Malherbe, qui a préferé, *n'ai-je
pas* à *ai-je pas*.

N'ai-je pas le cœur aſſez haut ?

M. Chapelain dit auſſi qu'il eſt pour
n'ont-il pas fait, & qu'il a peine à trouver
ont-ils pas fait, ſupportable.

C C I I I.

De la premiere perſonne du préſent de l'indicatif, devant le pro-nom perſonnel, je.

EXemple, *aimé-je ſans être aimé?* Je dis qu'*aime* premiere perſonne du préſent de l'indicatif en cette ren-contre, ne s'écrit ni ne ſe prononce pas comme de coûtume ; car l'*e* qui eſt au féminin *aime*, ſe change en *é* maſcu-lin, & ſe doit écrire & prononcer *ai-mé-je?* Cette remarque eſt très-néceſ-ſaire pour les Provinces de de-là la Loire, où l'on écrit & où l'on prononce *aimé-je?* tellement que ceux qui en font, ont bien de la peine, quelque ſé-jour qu'ils faſſent à la Cour, de s'en corriger. Mais elle ne laiſſera pas de ſervir encore aux autres, en ce que d'ordinaire on orthographie ce mot de cette ſorte, *aimai-je,* au lieu d'*aimé-je*; car qui ne voit qu'*aimai-je* fait une équivoque avec la premiere perſonne du prétérit ſimple ou (1) défini, &

(1) *Simple ou défini.*] Indéfini, aoriſte.

qu'en écrivant *aimé-je* , il fait le même
effet pour la prononciation, en allon-
geant l'*e* , & de féminin ouvert qu'il
étoit , le faisant masculin & fermé, sans
qu'on le puisse prendre pour un autre?

Il y a encore une remarque à faire ,
même pour ceux qui sont de Paris &
de la Cour, dont plusieurs (2) disent,
menté-je , pour dire , *ments-je ; perdé-je* ,
pour dire , *perds-je ; rompé-je* , pour
romps-je. Nous n'avons pas un seul Auteur , ni en prose ni en vers , je dis des
plus médiocres , qui ait jamais écrit ,
menté-je , ni *perdé-je* , ni rien de semblable.

> *Que de tragiques soins, comme oiseaux*
>   *de Phinée ,*
> *Sens-je me dévorer !*

dit M. de Malherbe , & non pas , *sen-
té-je.* Ce qui donne lieu à une si grande
erreur , c'est que d'ordinaire devant le

(2) *Plusieurs disent , menté-je , &c.*]
Voyez la Grammaire générale du Port-Royal,
pag. 139. Je ne suis point de l'avis de la Remarque , & l'usage est au contraire. Si en
joüant à la boule , vous demandiez , *Le perds-
je ?* on ne vous entendroit pas.

je ,

je il y a un *é* masculin & long, de sorte qu'ils ne croyent pas pouvoir jamais joindre le *je* immédiatement au verbe, qu'en y mettant un *é* masculin entre deux. Mais il faut sçavoir que jamais cet *é* long ne se met que pour changer l'*e* féminin qui n'est qu'aux verbes, où la premiere personne du présent de l'indicatif se termine en *e*, comme *aime*, *couvre*, & non pas aux autres, comme *perds*, *romps*, &c.

A quoi il ne sert de rien d'opposer que *ments-je*, *perds-je*, *romps-je*, font un fort mauvais son ; car ceux qui disent qu'il faut parler ainsi, n'en demeurent pas d'accord, & trouvent au contraire que c'est *menté-je*, *perdé-je*, *rompé-je*, qui sont insupportables à l'oreille, aussi-bien qu'à la raison. Mais la coûtume qu'en ont pris ceux qui parlent ainsi, est cause qu'ils trouvent cette locution douce, & qu'ils trouvent dure & rude celle qu'ils n'ont pas accoûtumée.

N O T E.

Il n'y a rien de plus commun dans nos Romans les plus estimez, que cette manière de parler, *Auſſi ne prétendai-je pas*; il faut aſſurément dire, *auſſi ne prétens-je pas*, ce mot n'ayant rien de rude : mais pour *ments-je, perds-je, romps-je, ſents-je, dors-je,* ceux qui parlent bien ne les peuvent ſouffrir, non plus que *menté-je, perdé-je, rompé-je, ſenté-je, dormé-je,* qui ſont tous formez contre les règles de la Grammaire, ils veulent que l'on prenne un autre tour, & qu'on diſe, *eſt-ce que je ments ? croyez-vous que je mente ?* ou quelque choſe ſemblable.

CCIV.

Conjonĉture.

CE mot pour dire, *une certaine rencontre, bonne ou mavaiſe, dans les affaires,* eſt très-excellent, quoique très-nouveau & pris des Italiens, qui l'appellent *congiontura.* Il exprime merveilleuſement bien ce qu'on lui fait ſignifier, de ſorte qu'on n'a pas eu grand' peine à le naturaliſer. Je me ſouviens que du temps du Cardinal du Perron & de M. de Malherbe, on le trouvoit déja beau ; mais on n'oſoit pas encore s'en ſervir librement. Au reſte il ſe faut bien garder de dire *conjointure,* comme diſent quelques-uns ;

car encore que l'on die *jointure*, & non pas *jonĉture*, si est-ce qu'en beaucoup de mots il n'y a point de conséquence à tirer du simple au composé, comme on pourra voir en quelques endroits de ces Remarques.

NOTE.

On dit fort bien, *en cette conjonĉture, la conjonĉture étoit favorable*; mais comme ce mot est un de ceux que l'on remarque aisément, il faut prendre garde à ne le repeter pas sans nécessité.

CCV.

Se conjoüir, féliciter.

J'Ai vû ce premier mot en plusieurs Auteurs approuvez; mais il ne me souvient point de l'avoir jamais oüi dire à la Cour. On dit plustôt *se réjouir*, quoique l'autre soit plus propre, parce qu'il ne signifie que *se réjouir avec quelqu'un du bonheur qui lui est arrivé*, au lieu que *se réjouir* est un mot extrémement général. M. de Malherbe, *Il a envoyé ici vers leurs Majestez un Ambassadeur extraordinaire pour se réjouir avec elles.* Depuis peu on se sert d'un mot, qui auparavant étoit tenu à la Cour pour barbare, quoique très-commun en plusieurs Provinces de France, qui est *féliciter* : mais aujourd'hui nos meilleurs Ecrivains en usent, & tout le monde le dit, comme *féliciter quelqu'un de*, *&c. je vous viens féliciter de*, *&c.* ou simplement, *je vous viens féliciter.* C'est à peu près le μαχριζειν des Grecs. *Si ce mot n'est François cette année, il le sera l'année qui vient*, dit de bonne grace dans l'une de ses lettres, celui à qui notre Langue doit ses nouvelles richesses & ses plus beaux ornemens, & par qui l'éloquence Françoise est aujourd'hui rivale de la Grecque & de la Latine.

N O T E.

On ne dit plus du tout *se conjoüir.* Pour *féliciter*, c'est un fort bon mot. M. de Balzac paroît l'avoir introduit dans notre Langue, & l'endroit d'une de ses lettres qui est rapporté dans cette Remarque, fait voir qu'il n'étoit pas encore entierement établi de son temps. Cette lettre est adressée à M. l'Huillier ; voici comment il lui parle. *Je vous félicite d'avoir M. de Roncieres.*

*pour Gouverneur, M. Rigaut pour confrere, &
Mademoiselle Califte pour maîtreffe, ou pour éco-
liere. Si le mot de féliciter n'eft pas encore
François, il le fera l'année qui vient, & M. de
Vaugelas m'a promis de ne lui être pas con-
traire quand nous folliciterons fa réception.*

On voudroit aller plus loin, & une perfonne dont les ouvrages font très-efti-
mez, a mis depuis peu dans une lettre, *je lui ai écrit un compliment de félicité*, pour
dire, *je lui ai marqué la joye que j'avois de
fes avantages.* J'ai peine à croire que ce
mot-là s'établiffe dans le fens où il eft employé en cette lettre, à caufe que *felicité*
pour dire *bonheur*, eft tous les jours dans
la bouche de tout le monde. Je hazarde-
rois pluftôt avec l'adouciffement néceffaire, & feulement pour me faire mieux entendre; *je lui ai écrit un compliment de féli-
citation, s'il eft permis de parler ainfi.*

C C V I.

*Regle nouvelle & infaillible pour
fçavoir* quand il faut répéter
les articles *ou* les prépofitions,
*tant devant les noms que devant
les verbes,*

POur ce qui eft des articles devant
les noms, on obfervoit autrefois
la règle que je vais dire; mais aujour-

d'hui je m'apperçois qu'on ne l'observe plus. Par exemple , on disoit , *j'ai conçu une grande opinion de la vertu & générosité de ce Prince.* M. Coëffeteau même , si exact à mettre les articles , écrivoit d'ordinaire ainsi , & non pas , *j'ai conçû une grande opinion de la vertu & de la générosité de ce Prince.* Mais il n'avoit garde de dire, *j'attens cela de la force & dexterité d'un tel,* mais bien *de la force & de la dexterité.* C'étoit par cette règle , *que quand deux substantifs joints par la conjonction & , sont synonymes ou approchans,* comme *vertu & générosité,* il ne faut pas répéter l'article , *mais quand ils sont contraires, ou tout-à-fait différens ,* comme *force & dexterité,* alors il le faut répéter, & dire, *de la force & de la dexterité.*

Mais cette règle que j'appelle nouvelle , à cause qu'en cette matière on n'a point encore fait de distinction des synonymes ou des approchans, d'avec les contraires, ou les différens tout-à-fait , est infaillible aux articles devant les verbes, & aux prépositions, tant devant les verbes que devant les noms. Les exemples vont éclaircir & vérifier tout ceci. Premierement, voyons les articles devant les verbes. Ce que nous appellons ici *articles*, d'autres l'appellent prépositions ; mais la dispute du nom ne fait rien à la chose. *Il n'y a rien qui porte tant les hommes à aimer & chérir la vertu.* Je dis qu'à cause qu'*aimer & chérir* sont synonymes, c'est-à-dire, ne signifient qu'une même chose, il ne faut point répéter l'article *à aimer & à chérir la vertu*, mais dire, *à aimer & chérir la vertu.* Voilà un exemple pour les synonymes : donnons-en un autre pour les approchans. *Il n'y a rien qui porte tant les hommes à aimer & révérer la vertu.* Ces mots, *aimer & révérer* ne sont pas synonymes, mais ils sont approchans, c'est-à-dire, qu'ils tendent à même fin, qui est de faire état de la vertu ; & ainsi par notre règle il ne faut pas répéter l'article *à*, & dire, *à aimer & à révérer.* Donnons maintenant un exemple des contraires. *Il n'y a rien qui porte tant les hommes à aimer & à haïr leurs semblables, &c.* parce qu'*aimer* & *haïr* sont contraires, il faut nécessairement répéter l'article, & ce ne seroit pas sçavoir écrire purement que de dire , *il n'y a rien qui porte tant les hommes à aimer & haïr leurs semblables*. Il reste à donner un exemple des verbes qui ne sont pas contraires , mais qui sont tout-à-fait différens , *il n'y a rien qui porte tant les hommes à louer & imiter les Saints* , parce que *louer* & *imiter* sont tout-à-fait différens. Ce n'est point entendre la pureté de notre Langue , de dire , *à louer & imiter les Saints* , il faut de nécessité répéter *à* , & dire , *à louer & à imiter*. Il en est de même de l'article *de* , si en tous les exemples donnez vous mettez *de* au lieu d'*à* , & *oblige* au lieu de *porte* , afin qu'*oblige* régisse le *de*, avec qui le verbe *porte* ne s'accommoderoit pas.

Pour les prépositions devant les verbes , en voici des exemples , *le Roi m'a envoyé pour bâtir & construire , &c*. Bâtir & construire sont synonymes , ce seroit mal parler de répéter la préposition & dire , *pour bâtir & construire*.

Des approchans. *Le Roi m'a envoyé pour bâtir & agrandir la maison* , ou *pour bâtir & élever la maison*, parce que *bâtir & agrandir* , ou *bâtir & élever* , sont de même nature , & approchans
ou

ou alliez, il ne faut point répéter la préposition, & dire, *pour bâtir & pour élever la maison,*

Au lieu qu'aux contraires il la faut répéter, & dire, *Le Roi m'a envoyé pour bâtir ou pour démolir,* & non pas, *pour bâtir & démolir.*

Aux differens tout-à-fait, de même, comme, *le Roi m'a envoyé pour bâtir & pour fortifier,* ou *le Roi m'a envoyé pour bâtir & pour planter,* & non pas, *pour bâtir & fortifier,* ni *pour bâtir & planter.*

Pour les prépositions devant les noms, c'est encore la même chose. En voici des exemples. *Par un orgueil & une vanité insupportable.* Ici orgueil & vanité font synonymes : c'est pourquoi il ne faut pas répéter la préposition, & dire, *par un orgueil & par une vanité,* &c.

Des approchans, *Par une ambition & une vanité insupportable.* Parce qu'*ambition* & *vanité* font de la même nature, il ne faut point répéter *par.*

Au lieu qu'aux contraires il faut répéter la préposition, & dire, *par l'amour & par la haine dont il étoit agité,*

& non pas , *par l'amour & la haine.*

Aux différens tout-à-fait , de même, *par l'orgueil & par l'avarice des Gouverneurs* , & non pas , *par l'orgueil & l'avarice.*

Je fçai bien que quelques-uns de nos meilleurs Ecrivains ne prennent point garde à cette règle , & ôtent ou répétent l'article & la prépofition, tantôt d'une façon , tantôt d'une autre , felon leur fantaifie , fans fe prefcrire aucune loi , & même fans y faire aucune refléxion ; mais je fçai bien auffi qu'ils en font juftement blâmez par tous ceux qui font profeffion d'écrire purement ; & que fi chacun s'émancipoit de fon côté , les uns à n'être pas fi exacts en certaines chofes, les autres en d'autres , nous ferions bien-tôt retomber notre Langue dans fon ancienne barbarie : *Qui minima fpernit , paulatim decidit.*

Au refte cette règle n'eft pas un fimple caprice de l'ufage , elle eft toute fondée en raifon ; car la raifon veut que les chofes qui font de même nature, ou fort femblables , ne foient point trop féparées , & qu'on les laiffe

demeurer enſemble ; comme au contraire, elle veut que l'on ſépare celles
qui ſont oppoſées & tout-à-fait différentes, & que l'article ou la prépoſition ſoit comme une barriere entre
deux.

NOTE.

M. de Vaugelas nous apprend qu'il ne
faut point répeter les particules *à* & *de*,
devant les verbes ſynonymes,& qu'il faut
dire, *rien ne porte tant à aimer & chérir la
vertu*, & non pas, *à aimer & à chérir*. Le
Roi m'a envoyé pour bâtir & conſtruire, &c.
& non pas, *pour bâtir & pour conſtruire.*
Il me ſemble que quand les verbes ſont
entierement ſynonymes, comme *aimer* &
chérir, *bâtir & conſtruire*, & que l'un ne
ſignifie pas plus que l'autre, il eſt beaucoup mieux d'en ſupprimer un, & de dire
ſimplement, *rien ne porte tant à chérir la
vertu.* Pour les verbes approchans, je
doute qu'on puiſſe blâmer ceux qui diſent,
*rien ne m'oblige tant d'aimer & de réverer la
vertu*, pluſtôt que, *d'aimer & réverer la
vertu.*

CCVII.

Autre ufage de cette même règle au régime des deux fubftantifs & du verbe.

PAr exemple, *fa douceur & fa clé-mence étoit incomparable.* Parce que *clémence & douceur* font fynonymes, ces deux fubftantifs régiffent le fingulier ; mais *fa clémence & fa douceur font in-comparables*, ne feroit pas fi bien dit, il s'en faudroit beaucoup, quoique ce ne fût pas une faute.

Aux approchans, *fon ambition & fa vanité fut infupportable*, eft auffi in-comparablement meilleur que *furent infupportables.*

Au lieu qu'aux contraires il faut dire abfolument, *l'amour & la haine l'ont perdu*, & non pas, *l'a perdu*, qui feroit un folécifme.

Et aux différens tout-à-fait, de mê-me, *l'orgueil & l'avarice l'ont perdu*, non pas, *l'a perdu.*

Enfin cette règle eft belle & de grand ufage. Elle a lieu encore en quelques endroits , qui me font échappez de la mémoire.

N O T E.

Encore que *clémence* & *douceur* foient fynonymes, plufieurs perfonnes ont peine à fouffrir cette conftruction , *fa clémence & fa douceur étoit incomparable*, ils voudroient le verbe & l'adjectif au pluriel , *étoient incomparables* , quoique M. de Vaugelas prétende qu'il s'en faudroit beaucoup que ce ne fût auffi bien parlé. M. Chapelain dit que dans ces fynonymes & approchans , qu'on prétend ici qui régiffent le fingulier , la règle lui paroît fort douteufe. Le fentiment de M. de la Mothe le Vayer eft que M. de Vaugelas eût donné une règle meilleure pour les fynonymes , s'il eût dit que quand l'un ne fignifie pas plus que l'autre, il s'en faut abftenir, parce que s'ils ne font alors tout-à-fait vicieux, il s'en faut peu; mais que quand le dernier eft plus fignificatif , ou qu'il fert à rectifier un fens équivoque du premier , ils font fort bons , & demandent le pluriel enfuite.

CCVIII.

Arrofer.

C'Eft ainfi qu'il faut dire, & non pas *arroufer* , quoique la plufpart le difent & l'écrivent , cette erreur étant née lorſque l'on prononçoit *chouſe* pour *choſe*, *coû é* pour *côté*, *fouſſé* pour *foſſé*. Il eſt tellement vrai qu'il ne faut pas dire, *arrouſer*, qu'on ne permettroit pas même à nos Poëtes de rimer *arrouſe* avec *jalouſe*.

NOTE.

Il faut dire indubitablement *arroſer*, & non pas *arrouſer* La pluſpart des femmes affectent de prononcer *norrir*, *norriture*, *norriſſe*, *norriſſier*, *norriſſon* : cette prononciation trop délicate eſt vicieuſe, il faut dire, *nourrir*, *nourriture*, *nourriſſe*, *nourriſſier*, & *nourriſſon*. Il faut dire auſſi *portrait*, *porfil*, *porcelaine*, & non pas *pourtrait*, *pourfil*, *pourcelaine*. M. Menage joint à ces mots *fromage*, *maletôte*, *porphyre*, *profit*, *ormeau*, *corvée*, *Rome*, *Cologne*, *promener*, *Moïſe*, *Pentecôte*, que quelques-uns prononçent mal, en diſant *froumage*, *maletoûte*, *pourphyre*, *prouſit*, *ourmeau*, *courvée*, *Roume*, *Coulogne*, *proumener* ou *pourmener*, *Moüyſe*, *Pentecoûte*. Il ajoûte qu'on doit prononcer *Thoulouſe*, *Boulogne*, *Doïiay*, *fourmy*, *retourner*, *cou*, *mou*, *fou*, *ſou*, & non pas *Tholoſe*, *Bologne*, *Doay*, *formy*, *retorner*, *col*, *mol*, *ſol*, *ſol*. Il dit ſur le mot de *cou*, qu'on prononce *col*, en ces façons de parler, *le col de la veſſie*, *le col de la matrice*, & *le col de Pertuis*, qui eſt un paſſage du Rouſſillon dans la Catalogne, mais que *col* en ces

endroit vient de *collis*, & non pas de
collum. Il marque pour mots controver-
fez *maltôtier* , *maltoûtier* ; *poteaux* , *pou-*
teaux ; *Bordeaux* , *Bourdeaux* ; *Pologne* , *Pou-*
logne. Je n'entens pas moins condamner
maltoûtier que *maletoûte*, & il me paroît
que puifqu'on prononce *maletôte* , on
doit aufli prononcer *maltôtier*. Je n'ai
jamais entendu dire *pouteaux* pour *po-*
teaux. Je fçai bien que quelques-uns difent *Bourdeaux* , mais le plus grand nombre eft pour *Bordeaux* ; je croi qu'il faut
toûjours prononcer *Pologne* & *Polonois* ,
comme on les écrit , & non pas *Poulogne*
& *Poulonnois*. Il marque encore qu'on dit
plus fouvent *Nouël* que *Noël*.

CCIX.

C'eft chofe glorieufe.

L'On parloit & l'on écrivoit encore ainfi du temps du Cardinal
du Perron , de M. Coëffeteau & de
M. de Malherbe ; mais tout à coup
cette locution a vieilli , & l'on dit
maintenant , *c'eft une chofe glorieufe* , &
point-du-tout , *c'eft* ou *ce feroit chofe*
glorieufe.

NOTE.

On ne met guere un fubftantif de-

vant *c'eſt*, ſans le faire précéder par un
article ; *c'eſt une injuſtice que de condam-*
ner les gens ſans les entendre, & non pas
c'eſt injuſtice. On dit pourtant *c'eſt dom-*
mage, *c'eſt grand dommage*, & c'eſt comme il faut parler ; *il eſt dommage*, eſt un
terme de Province qui n'eſt point François. M. Menage qui a raiſon de le condamner , dit que M. de Balzac s'étoit
ſervi de cette manière de s'exprimer ,
mais qu'en une ſeconde édition de ſes
ouvrages , il l'a corrigée dans tous les
endroits où il l'avoit employée. Il en
rapporte un de la ſeptiéme de ſes Diſſer-
tations critiques , qui fait connoître qu'il
le deſapprouve ; en voici les termes. *Un*
Préſident de la Cour des Aydes étant allé
voir ſon fils, penſionnaire au College de Bon-
court, trouva entre ſes mains un volume de
Ciceron doré ſur la tranche, & relié en ma-
roquin de Levant. Il fut fâché que Ciceron
fût ſi bien vêtu, & dit qu'il étoit dom-
mage que ce ne fût Lipſe.

CCX.

Quelque choſe.

CEs deux mots font comme un
neutre ſelon leur ſignification,
quoique *choſe* ſelon ſon genre ſoit féminin : c'eſt pourquoi il faut dire, par
exemple , *ai-je fait quelque choſe que*

vous n'ayez fait ? & non pas, *que vous n'ayez faite.* Et c'eſt pour cette même raiſon que le Taſſe a dit en ſon Poëme héroïque :

Ogni coſa di ſtrage era ripieno,

Où la rime fait voir qu'il y a *ripieno,* & non pas *ripiena.* Et c'eſt comme le Poëte Latin a dit : *Triſte lupus ſtabulis.*

N O T E.

Monſieur de la Mothe le Vayer dit que, *Ai-je fait quelque choſe que vous n'ayez fait,* ou *faite,* ſont tous deux bons ; je ne le croi pas, & ſuis pour le maſculin, M. de Vaugelas dans la Remarque qui a pour titre *ſur, ſous,* a dit, *ſi je ſuis aſſis ſur quelque choſe, & qu'on la cherche* ; il me paroît qu'il a bien parlé, & qu'en cette phraſe il faut dire *qu'on la cherche,* & non pas *qu'on le cherche*; parce que dire, *ſi je ſuis aſſis ſur quelque choſe,* c'eſt comme ſi on diſoit ſimplement, *ſi je ſuis aſſis ſur une choſe,* & *choſe* eſt un nom féminin, qui veut le relatif au même genre. Mais quand je dis, *ai-je fait quelque choſe,* je ne détermine rien, je comprends en cela tout ce que j'ai fait ; & dans cet exemple, *quelque choſe* ne doit être regardé que comme un ſeul mot qui devient neutre.

C C X I.

Taxer.

CE mot employé par tant d'excellens Auteurs anciens & moder-
nes, pour dire *blâmer*, *noter*, *reprendre*, n'eſt plus reçû aujourd'hui dans
le beau langage. Il me ſembloit fort ſi-
gnificatif pour exprimer ce que *blâmer*
& *reprendre* ne ſemblent dire qu'à demi. L'équivoque de ce mot uſité dans
le Palais & dans les Finances, eſt à
mon avis, ce qui nous l'a fait perdre,
quoique très-injuſtement, puiſqu'à ce
compte il faudroit donc bannir tous
les mots équivoques.

N O T E.

Monſieur Chapelain dit que *taxer* ne
doit point être banni du beau langage.
M. de la Mothe le Vayer eſt du même
ſentiment. Il ajoûte, que c'eſt une pure
imagination de dire que *taxer* pour *noter*,
& même pour *accuſer*, ne doit plus être
employé dans le beau ſtile, & que l'é-
quivoque du Palais où l'on dit *taxer des
dépens*, *des frais*, *des épices*, qu'on veut
qui l'ait rendu mauvais, n'eſt pas une
raiſon aſſez forte pour l'exclure.

C C X I I.

Supplier.

BIen que ce terme soit beaucoup plus respectueux & plus soûmis que celui de *prier*, & que nous n'oserions dire *prier le Roi*, ni aucune autre personne fort élevée au-dessus de nous, mais *supplier le Roi*, *supplier nos supérieurs*; si est-ce qu'il ne faut jamais dire, *supplier Dieu*, ni *supplier* (1) *les Dieux*, comme disent quelques-uns de nos bons Ecrivains en la traduction des Livres anciens, pensant honorer davantage la Divinité, & en parler avec plus de révérence; il faut dire, *prier Dieu*, *prier les Dieux*, ce mot étant particulierement consacré à Dieu en cette façon de parler.

N O T E.

Monsieur Menage demeure d'accord qu'on parleroit mal si on disoit, *il faut supplier Dieu le soir & le matin; aller supplier Dieu; je supplie Dieu que cela soit;*

(1) Alain Chartier en sa Consolation des trois Vertus, pag. 347. dit *Supplier aux Dieux.*

mais il est du sentiment de M. de la
Mothe le Vayer, qui a fort bien remarqué que quand on s'adresse à Dieu, on dit
aussi correctement que pieusement, *mon
Dieu, je vous supplie d'avoir pitié de mon ame,*
& que cette priere témoigne bien plus
d'ardeur que celle qui n'employe que le
mot de *prier.*

CCXIII.
A la réservation.

PAr exemple, *ils font presque tous
morts de maladie, à la réservation
de ceux qui se font noyez.* Je dis que
cette phrase est barbare, quoiqu'usitée par certains Auteurs, qui étant
d'ailleurs estimez, ne le font pas en ceci, mais qui pourroient faire faillir
par leur exemple ceux qui font encore
novices en la Langue. Il y a peu de
gens qui ne sçachent qu'il faut dire,
à la réserve de, &c. Je me doute que
cette mauvaise façon de parler ne soit
particuliere à une certaine Province de
France; car j'ai vû deux Ecrivains
d'un même pays qui en usent.

NOTE.

Monsieur Chapelain appelle *réservation*

terme de pratique, & dit qu'il ne vaut rien qu'au Palais ; il a raison, c'est un mot entièrement hors d'usage.

CCXIV.
Aller à la rencontre.

CEtte phrase pour dire, *aller au devant*, comme, *aller à la rencontre de quelqu'un*, *lui aller à la rencontre*, quoique très-commune, n'est pas approuvée de ceux qui font profession de bien écrire. Je dis de la plus grand' part ; car je sçai qu'il y en a qui le soûtiennent, & qui disent qu'*aller à la rencontre*, se dit sans déférence, au lieu qu'*aller au devant*, peut marquer quelque déférence ; qu'on ne diroit pas, *aller à la rencontre du Roi*, & qu'on le dit seulement d'*égal à égal*. Mais enfin il faut avoüer qu'*aller à la rencontre*, n'est pas fort bon, de quelque façon qu'on l'employe.

NOTE.

On dit encore assez ordinairement, *aller à la rencontre de quelqu'un*, mais il est certain qu'on ne le dit que d'égal à égal ; & que lors qu'on veut marquer de la déférence, on dit *aller au devant*.

CCXV.

Par après, en après.

CEs façons de parler ont vieilli, & l'on dit *après* tout feul. Néanmoins ces particules *par* & *en*, n'y étoient pas inutiles, parce qu'elles fervoient à diftinguer l'adverbe *après*, d'avec *après* prépofition ; car il eft l'un & l'autre, au lieu qu'aujourd'hui ne difant qu'*après* fimplement, le Lecteur fe trouve fouvent en peine de difcerner d'abord s'il eft prépofition ou adverbe, & il faut avoir foin de mettre toûjours une virgule entre ce mot & le nom qui fuit, s'il n'eft pas prépofition, comme, *d'abord parurent cinq cens chevaux, après deux mille hommes de pied fuivoient.*

NOTE.

On ne dit plus du tout *par après*, ni *en après*. Pour ne pas s'affujettir à mettre toûjours une virgule entre *après* & le mot qui fuit, & même pour ôter toute forte d'équivoque, il faut prendre garde à placer *après*, de telle fo te qu'il ne puiffe gouverner le mot fuivant. Ainfi dans l'exemple de M. de Vaugelas on pouvoit dire, *d'abord parurent cinq cens chevaux, après fuivoient deux mille hommes de pied.*

CCXVI.

Cependant , pendant.

IL y a cette différence entre *cependant* & *pendant* , que *cependant* eſt toûjours adverbe , & qu'il ne faut jamais dire *cependant que,* & que *pendant* n'eſt jamais adverbe , mais tantôt conjonction, comme, *pendant que vous ferez cela* , & tantôt prépoſition , comme *pendant les vacations.* Il y en a pourtant quelques-uns qui n'eſtiment pas que *pendant que* ſoit conjonction , mais prépoſition , comme ſi l'on diſoit , *pendant le temps que vous ferez cela.* Le principal but de cette Remarque eſt de faire entendre qu'il ne faut jamais dire *cependant que,* mais *pendant que.* Ceux qui ſçavent la pureté de la Langue n'y manquent jamais; & ſi quelques Auteurs modernes, quoique d'ailleurs excellens , ne l'obſervent pas , ils s'en doivent corriger , parce que c'eſt du

confentement général de tous nos maîtres, que l'on en ufe ainfi.

NOTE.

Nous avons de très-beaux ouvrages,
où *cependant que* eft employé; c'eft affu-
rément une faute, & il faut dire en vers
auffi-bien qu'en profe, *pendant que je fai-*
fois, & non pas *cependant que je faifois*.

CCXVII.

A préfent.

JE fçai bien que tout Paris le dit, &
que la plufpart de nos meilleurs Ecrivains en ufent; mais je fçai auffi que
cetre façon de parler n'eft point de la
Cour, & j'ai vû quelquefois de nos
Courtifans, hommes & femmes, qui
l'ayant rencontrée dans un Livre, d'ailleurs très - élégant, en ont foudain
quitté la lecture, comme faifant par-là
un mauvais jugement du langage de
l'Auteur. On dit, *à cette heure*, *main-*
tenant, *aujourd'hui*, *en ce temps*, *pré-*
fentement.

NOTE.

A préfent eft un fort bon mot, & il
me

me semble qu'on s'en est toûjours servi
dans toutes sortes de stiles. Le P. Bouhours
dit que cette fâçon de parler que les
Courtisans ne pouvoient souffrir autrefois, est devenuë bonne & élégante avec
le temps, & qu'on dit *à present*, comme
*à cette heure, maintenant, aujourd'hui, en ce
temps, presentement*. M. Chapelain a écrit
sur cette Remarque, que si *à present* a
été condamné à la Cour, c'est tant pis
pour les Courtisans trop délicats qui
prennent des aversions sans fondement,
& qu'il ne leur appartient pas d'appauvrir la Langue de leur autorité sans sçavoir dire pourquoi. M. de la Mothe le
Vayer ajoûte que ceux qui pour avoir
rencontré dans un Livre l'adverbe *à present*, en ont soudain quitté la lecture,
comme faisant par-là un mauvais jugement du langage de l'Auteur, se sont
fait plus de tort qu'à lui, & qu'il faut
avoir le goût fort dépravé pour trouver
à present vicieux.

CCXVIII.

A qui mieux-mieux.

CEtte locution est vieille & basse,
& n'est plus en usage parmi les
bons Auteurs, & encore moins *à qui
mieux*, comme l'écrivent quelques-

Tome II.   K

uns, ne difant *mieux* qu'une fois. Il faut dire, *à l'envi.*

NOTE.

Selon Monfieur Chapelain, *à qui mieux mieux*, eft une locution baffe, mais non pas vieille ; il a raifon dire qu'*à qui mieux* eft ridicule.

CCXIX.

Partant.

CE mot qui femble fi néceffaire dans le raifonnement, & qui eft fi commode en tant de rencontres, commence néanmoins à vieillir, & à n'être plus guéres bien reçû dans le beau ftile. Je fuis obligé de rendre ce témoignage à la vérité, après avoir remarqué plufieurs fois que c'eft le fentiment de nos plus purs & plus délicats Ecrivains. C'eft pourquoi je m'en voudrois abftenir, fans néanmoins condamner ceux qui en ufent.

NOTE.

Monfieur de la Mothe le Vayer approuve *partant.* M. Chapelain trouve ce mot bon, & dit que c'eft caprice de s'en abftenir tout à fait. Monfieur Menage dit avec M. de Vaugelas, qu'il a vieilli, & qu'il n'eſt plus reçu dans le beau ſtile. Je ſuis de ſon ſentiment, & ne voudrois m'en ſervir que dans le comique.

CCXX.

Lors & alors.

L Ors ne ſe dit jamais qu'il ne ſoit ſuivi de *que*, s'il n'eſt précédé de l'une de ces deux particules, *dès* ou *pour*, *dès lors*, *pour lors* ; car en ces deux cas il n'a point de *que* après lui. Auſſi ſont-ce des ſignifications bien différentes , parce que *lorſque* eſt une conjonction qui ſignifie *cùm* en Latin , & *dès lors* & *pour lors* ſont des adverbes qui veulent dire *tunc.* C'eſt donc mal parler de dire, comme font quelques-uns de nos meilleurs Ecrivains, *voyant lors le péril dont il étoit menacé.* J'ai appris de nos Maîtres , & du Maître des Maîtres , qui eſt l'Uſage, qu'il faut dire, *voyant alors le péril* , &c. Outre qu'il en peut encore arriver un inconvénient, qui eſt une équivoque & une obſcurité. Par exemple , un de nos bons Auteurs a écrit, *voyant lors qu'il ne pourra pas*

éviter, &c. On ne sçait si ce *lors* se
joint avec *que*, & en ce cas-là veut
dire *quand*, ou le *cùm* des Latins, ou
s'il ne s'y joint point, & qu'ainsi il
signifie *tunc*, qui sont deux choses bien
différentes. A quoi il faut ajoûter que
l'équivoque est d'autant plus vicieuse,
que le vrai & naturel usage de *lors*,
étant d'avoir le *que* après lui, pour exprimer le *cùm* des Latins ; on prend
d'abord ces paroles, *voyant lors qu'il ne
pourra pas éviter*, pour signifier celui des deux sens que l'Auteur n'a
point entendu ; car l'Auteur en cet
exemple à mis *lors* pour *alors*, & il devoit mettre au moins une virgule après
lors, pour montrer qu'il vouloit dire
tunc, & non pas *cùm*.

    Lors donc, s'il n'est précédé de *dès*,
ou de *pour*, ne se dit jamais qu'il ne
soit suivi de la conjonction *que*. Il y en
a pourtant qui croyent que *dès lors que
je le vis*, est bien dit ; mais ceux-là
même croyent aussi que ce dernier est
incomparablement meilleur:c'est pourquoi je ne dirois jamais l'autre, je le
laisserois aux Poëtes.

    Alors ne reçoit jamais la conjonction

que après lui : il ne veut dire qu'*en ce temps-là*, qui eſt le *tunc* des Latins, comme, *quand vous aurez accompli voître promeſſe, alors on verra ce que j'aurai à faire.*

Il eſt bien néceſſaire d'en faire une remarque, à cauſe de l'abus qui commence à ſe gliſſer, même parmi quelques-uns de nos meilleurs Écrivains en proſe, par l'exemple des Poëtes ; car il eſt certain qu'ils ont les premiers introduit cette erreur pour faire la meſure de leurs vers, quand ils ont eu beſoin d'une ſyllabe, comme quand ils diſent *croître*, neutre, pour *accroître*, actif.

> *Alors que de ton paſſage*
> *On leur fera le meſſage ,*

dit M. de Malherbe , & après lui tous les autres. Mais quand ils ont une ſyllabe de trop, ils ſont bien-aiſes de dire *lors que* , ſe ſervant preſque auſſi ſouvent de l'un que de l'autre, ſelon les occaſions. Pour moi , j'ai pris garde qu'à la Ville & à la Cour , hommes, femmes, enfans, juſqu'à la lie du peuple, diſent toûjours *lors que* , & il eſt

extrémement rare d'oüir dire *alors que*.
J'avoüe pourtant que je l'ai oüi dire
quelquefois ; mais j'ai remarqué que ce
n'étoit qu'à ceux qui ont accoûtumé
de faire des vers. Jamais nos bons Ecrivains en profe n'ont fait cette faute. Si
donc on le veut écrire , que ce ne foit
jamais en profe , & qu'en vers il paffe
toûjours pour une licence poëtique.

Que l'on ne m'objecte pas qu'on
trouve fouvent *alors que* dans la bonne
profe ; par exemple, *fi cette affaire me
réuffit, ce fera alors que je vous témoi-
gnerai mon affection* ; car qui ne voit
que cette objection eft captieufe , &
que *alors* en cet exemple ne fe joint
point avec *que*, mais qu'il faut mettre
une virgule entre les deux , & qu'il ne
fignifie point *cùm*, mais *tunc*.

Au refte, *dès alors*, *les hommes d'a-
lors*, font des façons de parler qui ne
valent rien, non plus que *à l'heure* pour
alors, au moins cette derniere eft bien
baffe.

NOTE.

Monfieur Chapelain s'eft déclaré contre *lors* mis pour *alors*, & ne peut fouffrir qu'on dife, *voyant lors le péril*, *&c*

Il dit que *dès* devant *lors que*, ôte l'équivoque, & fait changer de nature à *lors* dans cette forte de compofition, parce que fans le *dès*, *lors que* fignifie *quand*, & qu'avec le *dès*, il fignifie *foudain*, *auffi-tôt*, *dès le temps que*. Il ajoûte que *dès lors que je le vis*, eft pour le moins auffi-bien dit que *dès que je le vis*. Non feulement je ne le crois pas, mais je défére entierement là-deffus au fentiment de M. de Vaugelas, & ne voudrois jamais dire *dès lors que*. Monfieur Chapelain paffe de-là à l'examen de ces deux vers employez dans la Remarque.

> *Alors que de ton paffage*
> *On leur fera le meffage.*

Il dit que *faire le meffage d'un paffage* n'eft guere François, pour *apporter la nouvelle d'un paffage*, & que *faire un meffage* fe dit abfolument & fans queuë, lors qu'on a reçu la commiffion de porter un avis à quelqu'un, comme *après qu'il eut fait fon meffage*, & non pas, *le meffage de la bataille gagnée*, parce qu'alors il faut dire *le recit*. Il trouve *les hommes d'alors*, une façon de parler bien vieille, mais non pas mauvaife.

Monfieur Menage condamne *alors que* pour *lors que*, mais il ne condamne point *voyant lors le péril*, & le trouve prefque auffi bon que, *voyant alors le péril*. Il avouë qu'il diroit, *le Cardinal du Perron*, lors *Evêque d'Evreux*, & rapporte enfuite plufieurs exemples de nos Poëtes, qui ont dit *lors* pour *alors*. Les habiles fur la Langue que j'ai confultez font d'un fentiment contraire. Je fçai bien que les Poëtes ont dit long-temps *alors que*, pour *lors que*, mais ceux qui ont quelque foin de polir leurs vers ne le difent plus prefentement. On leur pourroit pluftôt pardonner *lors* pour *alors*, mais on ne le doit jamais employer en profe. *A l'heure* pour *alors*, eft entierement hors d'ufage.

CCXXI.

A peu près.

CEtte façon de parler, difent quel-ques-uns, eft une de celles que l'Ufage a autorifées contre la raifon ; car fi l'on vouloit examiner l'un après l'autre les mots dont elle eft compo-fée, ou les confiderer joints enfemble, on ne fçauroit concevoir pourquoi ni comment ils fignifient ce qu'on leur fait fignifier ; par exemple, *je vous ai rapporté à peu près la fubftance de fa harangue.* Ils foûtiennent qu'il faudroit dire, *à fort près*, & non pas *à peu près,* qui eft tout le contraire du fens que

l'on

l'on prétend exprimer ; & plusieurs en
sont si bien persuadez, qu'ils disent &
écrivent toûjours *à plus près*, comme
plus conforme à la raison, & plus aisé à
comprendre.

Mais je ne suis pas de cet avis ; car
outre qu'il n'y a rien à repliquer à l'U-
sage, qui dit *à peu près*, & qui a bien
établi d'autres manières de parler contre la raison, je trouve qu'*à peu près* ne
doit pas être mis au nombre de celles-
là, & qu'il y a de la raison & du sens
en cette phrase, comme si l'on disoit,
*il y a peu à dire que je ne vous aye rap-
porté toute la substance de sa harangue.*
Or il est aisé de montrer qu'*à peu près*
signifie, *il y a peu à dire*, par les autres
phrases où ce mot de *près* est employé,
comme quand on dit, *à cela près*, *il a
raison*; *à cent écus près*, *nous sommes
d'accord;* car qui ne voit que le sens
de ces paroles est, *il n'y a que cela à
dire qu'il n'ait raison*, *il n'y a que cent
écus à dire*, ou *il ne s'en faut que cent
écus que nous ne soyons d'accord.* Ainsi
quand je dis, *je vous ai rapporté à peu
près toute la substance de sa harangue,*
j'exprime tout aussi-bien, *qu'il s'en faut*

Tome II.   L

peu, ou *qu'il ne s'en faut que fort peu*, ou *qu'il y a peu à dire que je ne vous aye rapporté toute la substance de sa harangue*, que je me suis exprimé aux autres exemples que j'ai alleguez, dont l'expression est si intelligible, que ceux qui accusent *à peu près* de n'avoir pas de sens, n'oseroient le dire des autres; je dis d'*à cela près*, & *à cent écus près*.

J'ajoûte ce mot pour faire voir que ceux-là se trompent, qui croyent qu'il faut dire *à plus près*, & non pas *à peu près*; ce dernier, disent-ils, s'étant introduit par la corruption de l'autre, & cela étant d'autant plus vrai-semblable, que durant soixante ou quatre-vingts ans on a prononcé *plus* à la Cour sans *l*, comme si l'on eût écrit *pu*: on disoit, *il n'y en a pu*, pour dire, *il n'y en a plus*. Depuis neuf ou dix ans cela est changé, & l'on dit *plus*, en prononçant *l*. Pour montrer donc qu'il faut dire, & qu'on a toûjours dit, *à peu près*, son contraire *à beaucoup près*, le fait voir, où *beaucoup* est opposé à *peu*, & l'on ne dit pas *à moins près*, comme il faudroit dire si l'on disoit *à plus près*.

NOTE.

J'ai peine à comprendre comment on a pû s'imaginer qu'*à peu près* étoit une façon de parler autorisée par l'usage contre la raison, & qu'il faudroit dire, *à fort près*. M. Chapelain est très-bien fondé à soûtenir que cette pensée est ridicule. Comme on dit fort bien, *à une chose près, sa conduite est toute reguliére*; on peut dire de même, *à peu près*, puisque c'est comme si on disoit, *à peu de chose près*. Il n'est pas moins condamnable de dire *à plus près*, au lieu d'*à peu près*. Il est certain, comme le remarque M. de Vaugelas, que ce mot de *près* ne s'accommode qu'avec *peu* & *beaucoup*, & jamais avec *plus* & *moins*. On dit, *il n'est pas si éloquent à beaucoup près*; & quoi que *bien* signifie *beaucoup*, & que l'on dise, *il y a bien du monde, il est bien plus sçavant*, au lieu de dire, *il y a beaucoup plus de monde, il est beaucoup plus sçavant*; on ne sçauroit dire, *il n'est pas si éloquent à bien près*. Cette façon de parler, *à peu près*, est souvent employée pour *environ*; *je lui ai payé à peu près cent écus, nous avons fait à peu près quinze lieuës par jour pendant tout le tems de notre voyage*, pour dire, *environ cent écus, environ quinze lieuës*.

L ij

CCXXII.

D'abondant.

CE terme adverbial, ou pour mieux dire, cet adverbe qui signifie *de plus*, a vieilli, & l'on ne s'en sert plus dans le beau stile.

NOTE.

Monsieur de la Mothe le Vayer trouve *d'abondant* fort bon, & M. Chapelain dit qu'il pourroit trouver sa place, mais que *de plus* est beaucoup meilleur. Il me semble que décider que *de plus* est préférable, c'est donner l'exclusion à *d'abondant*.

CCXXIII.

Il en est des hommes comme de ces animaux.

CEtte matière de comparaison est très-Françoise & très-belle; mais il faut prendre garde à une chose, où plusieurs de nos meilleurs Ecrivains ont accoûtumé de manquer. C'est qu'ils disent, *il en est*, comme en l'exemple que j'ai donné, & il faut (1) en ôter *en*, & dire, *il eſt des hommes comme de ces animaux.* Un excellent Auteur

(1) L'Auteur ſe méprend, il faut dire, *il en eſt des hommes*, & cet *en* eſt la marque de la comparaiſon, & ôte l'ambiguïté ; car *il eſt* peut ſignifier *il y a*. Il eſt vrai qu'en l'exemple de l'Auteur la conſtruction ôte l'ambiguïté ; mais juſques à *de ces*, l'ambiguïté dure : mais diſons, *Il eſt des hommes laborieux comme de certains animaux, qui dans la néceſſité vivent de ce qu'ils ont amaſſé par leur travail. Il eſt*, en cet exemple peut ſignifier, *il y a*. La comparaiſon ne ſe ſent point, à cauſe de l'ambiguïté ; & ce qu'on veut dire ne va point nettement à l'eſprit ; au lieu que ſi vous dites, *Il en eſt des hommes laborieux, &c.* il n'y a rien de plus net. Mais aux autres temps du verbe *être*, je ſuis de l'avis de la Remarque, il faut dire, *il ſera*, & non pas, *il en ſera de ſa félicité, &c.* parce qu'en ce temps il n'y a point d'ambiguïté, & que la comparaiſon ſe ſent d'abord. Amyot au Traité des communes Conceptions contre les Stoïques dans Plutarque, dit, *Et puiſque nous en ſommes tombez ſur ce propos*, p. 709. Cet *en* en notre Langue entre en beaucoup de phraſes, où il ſemble inutile, & néanmoins il ſert ou à la douceur pour l'oreille, ou à la clarté pour l'eſprit, comme, *Si nous en croyons Ariſtote, le mouvement eſt, &c. Si nous croyons Ariſtote*, ne ſeroit pas ſi bien dit. Coëffeteau, Hiſt. Rom.

L iiij

a écrit, *il en fera de fa félicité comme de fes fonges :* il faut dire, *il fera de fa félicité, comme, &c.* Ce qui peut les avoir trompez, c'eft que l'on dit fouvent & fort bien, *il en eft comme de ces animaux, il en eft comme de fes fonges ;* mais c'eft parce que l'on a parlé devant *des hommes* ou *de la félicité,* afin de nous

liv. 13. pag. 314. parlant de Livia, *Elle s'en étoit enfuie en Sicile,* & pag. 330. *Des vaincus il ne s'en fauva que peu :* pag. 354. *Une partie s'en étoit enfuie,* parlant des hommes de rame d'Antoine : pag. 360. *Et qui s'en étoit fui devant Augufte :* pag. 429. *Herodes s'en étant retourné.* Nous difons, *Nous nous en irons enfemble.* Cet *en* eft ancien. Villehardouin, pag. 23. *Nos en irames volontiers,* nous nous en irons volontiers, pag. 78. *En fi fen parti & s'en zalla,* à fen parti, & s'en retourna à Conftantinople : pag. 83. *En fi s'en rentra l'Emperors à Conftantinople,* ainfi rentra l'Empereur : pag. 86. *En fi s'en reviendront à l'oft,* qu'il en feroit d'homme, ce qu'il feroit d'un homme.

Il eut en fantaifie de *s'en aller* (il ne dit pas d'aller) *fecrettement en la maifon de Céfar.* Amyot en la Vie de Ciceron, nomb. 13. pag. 584. & *s'en recourir* (& recourir) *après fon frere.* Augufte *s'en alla* au temple. Coëffeteau, Hift. Rom. p. 378. nous difons, *Il s'en eft envolé.*

tenir dans nos exemples , & cet *en* eſt
relatif à ce qui a été dit ci-devant ;
mais quand le ſubſtantif auquel cet *en*
ſe rapporte , va après le verbe *être* ,
comme aux exemples que nous avons
donnez , il ne faut point d'*en*.

N O T E.

Le Pere Bouhours a très-bien remarqué, que pour ôter toute équivoque,
il faut dire, *il en eſt des hommes comme*
des animaux , pour ſignifier que les hommes reſſemblent aux animaux , parce
que ſi on ôte la particule *en* , & qu'on
diſe ſimplement, *il eſt des hommes comme*
des animaux , cela fait entendre qu'il y a
des hommes ſur la terre comme il y a
des animaux , ce qui eſt fort éloigné
du premier ſens ; mais il n'a pas pris
garde que dans l'exemple de M. de
Vaugelas il y a , *il en eſt des hommes*
comme de ces animaux , & non pas *comme*
des animaux. Cette particule *ces* détermine
le rapport des hommes , non pas à tous
les animaux en général, mais à une ſeule
eſpece d'animaux , & fait entendre qu'il
arrive aux hommes ce qui arrive à de
certains animaux , ou qu'on trouve dans
les hommes , ce qui ſe trouve dans de
certains animaux. Ainſi M. de Vaugelas
a crû avec raiſon , qu'on pouvoit ôter la
particule *en* , & dire, *il eſt des hommes*

comme de ces animaux, ſans faire entendre qu'il y a des hommes comme des
animaux ſur la terre. Cependant comme
l'ambiguité de ces premiers mots, *il eſt
des hommes*, n'eſt ôtée qu'après qu'on a
lû, *comme de ces animaux qui*, *&c*. Il eſt
certain que dans cet exemple il eſt mieux
de dire, *il en eſt des hommes comme de ces
animaux qui*, *&c*. C'eſt le ſentiment de
M. Chapelain, qui dit que ceux qui
écrivent, *il en eſt des hommes comme de*,
&c. parlent fort bien, & qu'*il eſt des
hommes ſans en*, ſignifieroit *il y a des hommes* ; *il eſt* pour *il y a*, étant élégant,
ſur tout en Poëſie ; & les Orateurs s'en
ſervent quelquefois. Je croi qu'on peut
dire dans l'autre exemple que M. de
Vaugelas rapporte, *il ſera de ſa félicité
comme de ſes ſonges*, parce qu'il n'y a
aucune ambiguité dans ces paroles ; mais
je croi auſſi que ce n'eſt pas une faute
de dire, *il en ſera de ſa félicité comme de
ſes ſonges*, puiſque l'uſage permet de joindre la particule *en* au verbe *être*, ſans
qu'il ſoit beſoin qu'elle ſe rapporte à
aucun mot, quand on veut montrer la
reſſemblance qu'il y a d'une choſe à une
autre. Il n'eſt donc pas vrai que ſi l'on
parle bien en diſant, *il en eſt comme de
ces animaux*, c'eſt parce que l'on a parlé
des hommes auparavant, & que cet *en*
leur eſt relatif. Pour faire voir que cet
en n'eſt pas relatif aux hommes, on dira
fort bien après qu'on aura parlé de

hommes; *il en eſt d'eux comme des animaux.* Le mot *d'eux* qui eſt relatif aux hommes eſt exprimé, & la particule *en* ne laiſſe pas d'être employée dans la phraſe ſans ſe rapporter à rien. Cette particule entre avec grace dans beaucoup de manieres de parler, quoiqu'elle n'y ſoit pas relative, & l'on dit fort bien, *vous n'en êtes pas où vous penſez; j'en ſçai plus que vous ſur cette matiere, c'eſt un homme qui en donne à garder à tout le monde; il ne ſçait où il en eſt; ils en vinrent aux groſſes paroles.* Il faut prendre garde dans l'uſage de cet *en*, à éviter une faute que je vois commettre à beaucoup de gens; ils mettent *en* devant *agir*, & diſent, *il en agit mal, il en a mal agi,* pour dire, *il en uſe mal, il en a mal uſé.* Le Pere Bouhours a trèsbien décidé que cette façon de parler n'eſt point Françoiſe. La particule *en* ſe met devant *uſer, il en uſera bien*; mais elle ne ſe met point devant *agir*, & l'on ne peut dire, *il en agira comme vous voudrez.*

CCXXIV.

S'il faut dire revêtant, ou revêtiſſant.

IL faut dire *revêtant*, & non pas *revêtiſſant*, parce que le participe actif, ou le gérondif ſe forme de la pre-

miere perfonne plurielle du préfent de
l'indicatif, en changeant *ons* en *ant*,
comme *aimons*, *aimant*; *fortons*, *for-*
tant, *&c.* Que fi ceux qui tiennent
qu'il faut dire *revêtiffant*, repartent
que la premiere perfonne plurielle du
prefent de l'indicatif eft *revêtiffons*, &
non pas *revêtons*, & que par conféquent, felon notre règle, il faut dire
revêtiffant, il eft aifé de les convaincre
qu'il faut dire *revêtons*, & non pas *revê-*
tiffons, quand l'Ufage ne fe feroit pas
entierement déclaré pour nous. C'eft
par l'analogie des conjugaifons, qui
eft dans la Grammaire un principe comme infaillible. Or eft-il que tous
les verbes de la quatriéme conjugai-
fon, dont l'infinitif fe termine en *ir*,
ont cela fans exception, au moins je
n'en ai point remarqué jufqu'ici, que
fi la premiere perfonne finguliere du
préfent de l'indicatif garde l'*i* en fa
terminaifon, & a autant de fyllabes
que l'infinitif, alors la premiere perfonne plurielle du même temps eft en
iffons, comme *joüir* à *joüis*, qui fe termine en *i*, & a deux fyllabes comme
fon infinitif: c'eft pourquoi l'on dit au

pluriel, *joüiſſons*. De même, *adoucir*, *adoucis*, *adouciſſons* ; *aſſoupir*, *aſſoupis*, *aſſoupiſſons* ; *démolir*, *&c.* & ainſi généralement de tous les autres, dont les exemples ſont en grand nombre. Mais au contraire, quand cette premiere perſonne ſinguliere du préſent de l'indicatif ne garde pas l'*i* dans ſa terminaiſon, ni n'a pas tant de ſyllabes que ſon infinitif, alors ſans exception auſſi, la premiere perſonne plurielle du même temps ne ſe termine point en *iſſons*, ni par conſéquent ſon participe, qui en eſt formé, en *iſſant*, comme par exemple, *ſortir* à *ſors*, en la premiere perſonne ſinguliere du préſent de l'indicatif, ne garde pas l'*i* de l'infinitif, ni n'a pas autant de ſyllabes que ce même infinitif : c'eſt pourquoi en la premiere perſonne plurielle du même temps on dit *ſortons*, non pas *ſortiſſons*. On dit au contraire, *reſſortiſſons* & *reſſortiſſant*, en matière de juriſdiction, & non pas, *reſſortons* ni *reſſortant*, parce que l'infinitif *reſſortir*, & le préſent de l'indicatif, *je reſſortis*, quoique peu uſité, ont autant de ſyllabes l'un que l'autre. Et bien que *je reſſortis*, *tu reſſortis*, ne se disent quasi jamais, parce, comme je pense, qu'il n'y a presque jamais occasion d'en user, si est-ce que *ressortit* se dit tous les jours en la troisiéme personne ; & qui diroit au Palais *il ressort*, feroir rire tout le Barreau. Or est-il que puisqu'on dit *ressortit* en la troisiéme personne, c'est une preuve convaincante que l'on dit aussi, *je ressortis, tu ressortis* ; car ces trois personnes sont toûjours égales en syllabes. Mais pour revenir à *sortir*, d'où *ressortis* nous a obligez de faire une digression ; *dormir* se gouverne encore tout de même que *sortir*. On dit *dors* à la premiere personne du singulier de l'indicatif, & *dormons* à la premiere plurielle ; *oüir* en deux syllabes, *ois* en une, *oyons*. En ce verbe *oüir* il garde bien l'*i*, mais non pas le nombre des syllabes, & il suffit pour notre règle qu'il manque en l'un des deux ; car *couvrir* a bien autant de syllabes au temps de l'indicatif, *couvre*, que *couvrir*, à l'infinitif; mais parce qu'il manque à garder l'*i*, on dit *couvrons* au pluriel. Ainsi pour revenir à nos premiers exemples de *sortir*, *dormir*, l'on dit, *repentir*, *repens*, *repentons* ; *men-*

tir, *mens*, *mentons*; *partir*, *pars*, *partons*, & tous les autres de même, généralement, sans nulle exception. Il s'enfuit donc que puisque *revêtir* a *revêts* en la premiere personne singuliere du présent de l'indicatif, il doit avoir *revêtons* en la premiere plurielle du même temps, & par conséquent *revêtant* en son participe ou en son gérondif, & non pas *revêtiffant*. Il n'y a plus rien à repliquer là-deffus, si ce n'est qu'un opiniâtre adverfaire, pluftôt que de se rendre, voulût encore se sauver comme dans un dernier retranchement, & dire que tout ce que nous avons déduit conclut fort bien, pourvû que l'on nous accorde qu'il faut dire, *je me revêts*, *tu te revêts*, *il se revêt*, & non pas, *je me revêtis*, *tu te revêtis*, *il se revêtit*; mais qu'au contraire il foûtient qu'il faut dire, *je me revêtis*, &c. Ici l'Ufage tout commun le condamnera, & la voix publique ne fouffrira pas qu'il le difpute.

N O T E.

Il eft hros de doute qu'il faut dire *revêtant* au gerondif, ou participe aɛtif de *revêtir*, & que ce verbe fait *revêtons*

à la premiere perfonne plurielle du prefent de l'indicatif, & non pas *revêtiffons*;
mais il n'eft pas vrai que tous les verbes dont l'infinitif fe termine en *ir*, &
qui ayant autant de fyllabes à la premiere perfonne finguliere du prefent
qu'à l'infinitif, gardent l'*i* dans la terminaifon de cette premiere perfonne
finguliere, ayent la premiere perfonne
plurielle du même temps terminée en
iffons. Du moins le verbe *fuïr* doit être
excepté de cette règle, il garde l'*i* au
prefent, *je fuis*, & n'a qu'une fyllabe à
l'infinitif *fuïr*, non plus que dans cette
premiere perfonne du pluriel, *non fuions*,
& non pas, *nous fuiffons*. Il eft vrai que
Monfieur de Vaugelas prétend, comme
le porte une autre Remarque, que *fuïr*
eft de deux fyllabes à l'infinitif, mais
tout le monde n'en demeure pas d'accord. Ce qu'il y a de certain, c'eft que
tous les verbes qui ont l'infinitif en *ir*,
& dont la premiere perfonne plurielle
du prefent eft terminée en *iffons*, ont
toûjours la derniere fyllabe de la premiere perfonne finguliere terminée en *is*.
Comme on dit au pluriel, *nous pâliffons*,
nous périffons; on dit au fingulier, *je pâlis*,
je péris; & comme on ne dit pas, *nous
fortiffons, nous couriffons*, mais *nous fortons,
nous courons*, ces verbes *fortir & courir*,
n'ont point *is* au prefent, & font, *je
fors, je cours*. Cela me fait croire qu'on
prononçoit autrefois *je haïs*, en deux

syllabes , comme quelques-uns le prononcent encore aujourd'hui , parce que
ce verbe fait *nous haïffons* en trois fyllabes à la premiere perfonne plurielle du
prefent ; & ce qui me confirme dans
cette penfée , c'eft que j'ai obfervé que
fans nulle exception , toutes les premieres perfonnes plurielles du prefent de l'indicatif , dans les verbes dont la premiere
perfonne finguliere n'eft point terminée
par un *e* muet , comme les verbes *j'aime*,
je couvre , *je cueille* , & autres femblables
s'y terminent , font plus longues d'une
fyllabe que cette premiere perfonne finguliere , & qu'il n'y en a aucune qui ait
deux fyllabes de plus ; *je perds* , *nous per-*
dons ; *je bâtis* , *nous bâtiffons* ; *je démolis*,
nous démoliffons ; *j'approfondis* , *nous appro-*
fondiffons ; & fi on n'avoit pas prononcé
d'abord *je haïs* en deux fyllabes , la premiere perfonne plurielle , *nous haïffons* qui
en a trois , auroit furpaffé de deux cette
premiere perfonne finguliere du prefent
du verbe *haïr*. C'eft pour cela qu'il faut
dire *nous revêtons* , parce qu'on dit *je*
revêts à la premiere perfonne finguliere ,
& que la premiere plurielle d'un verbe
dont le fingulier n'eft point terminé par
un *e* muët , ne doit être plus longue que
d'une fyllabe.

    Monfieur de Vaugelas dit , que le ge-
rondif fe forme de la premiere perfonne
plurielle du prefent de l'indicatif , en
changeant *ons* en *ant* , *nous fortons* , *fortant*.

Je trouve les gerondifs de trois verbes exceptez de cette règle. *Etant*, *ayant*, & *fçachant*, ne peuvent être formez de *,* *nous fommes*, *nous avons*, *nous fçavons*. Ainfi j'aimerois mieux dire que le gerondif fe forme de la premiere perfonne plurielle de l'imperatif, *aimons*, *aimant*; *fortons*, *fortant*; *courons*, *courant*. Les gerondifs des verbes *avoir* & *fçavoir*, feront compris dans la règle, *ayons*, *ayant*; *fça-chons*, *fçachant*; & en ce cas il n'y aura que le gerondif du verbe *être* excepté, puifqu'*étant* ne peut fe former de l'imperatif *foyons*.

CCXXV.

Humilité.

L'Ufage de ce mot en notre Langue eft purement chrétien, & ne fignifie point du tout ce qu'*humilitas* veut dire en bon Latin, les anciens Payens ayant fi peu connu cette vertu chrétienne, que ceux même qui poffedoient éminemment toutes les vertus morales, n'avoient autre but lorfqu'ils travailloient pour les acquerir, & ne ptétendoient autre fruit après les avoir acquifes, que de fatisfaire à leur vanité durant leur vie, & d'éternifer leur
gloire

gloire. Or je fais cette remarque à caufe
que plufieurs de nos Auteurs , & des
bons , fe fervent de ce mot aux tra-
ductions des Anciens & en d'autres ouvrages prophanes , l'employant tantôt
pour *modeftie* , ou *un fentiment modéré
de foi-même* , & tantôt *pour une foûmif-
fion & une déférence entiere que l'on rend
à fes Supérieurs.* Et il eft très-certain
qu'il ne vaut rien , ni pour l'un ni pour
l'autre , & que jamais fans exception
nous ne difons *humilité* en François ,
que pour exprimer cette fainte vertu ,
qui eft le fondement de toutes les autres.

NOTE.

Monfieur de Vaugelas a raifon de condamner ceux qui dans la traduction de
nos anciens Auteurs , fe fervent de mots
approchans du fens que ceux *d'humble*
& *d'humilité* ont en notre Langue pour
exprimer ces mots Latins , *humilis* & *humilitas* , qui ne fignifient rien autre chofe
que *bas* , *abject*, *baffeffe*, *petiteffe*. Quand
Virgile a dit, *humilefque myricæ* , il a entendu *les baffes bruyeres* , des plantes qui
ne s'élevent pas beaucoup de terre ; &
dans ce verfet du *Magnificat* : *Quia refpexit
humilitatem ancillæ fuæ* , le Grec a employé
le mot de ταπείνωσις, qui fignifie *vilitas*,

Ainſi ce verſet ſeroit mal traduit par, *le Seigneur a regardé l'humilité de ſa ſervante;* il faudroit dire, *la petiteſſe, la baſ-ſeſſe de ſa ſervante.*

CCXXVI.

Rimes dans la proſe.

IL faut avoir un grand ſoin d'éviter les rimes en proſe, où elles ne ſont pas un moindre défaut, qu'elles ſont un des principaux ornemens de notre Poëſie: & ce n'eſt pas aſſez de les éviter dans la cadence des périodes, ou des membres d'une période, elles ſont mêmes à fuïr fort proches l'une de l'autre, comme, *il entend pourtant avant toutes choſes;* & ſi dans une même période de deux ou trois lignes il y a trois mots, comme *conſideration, reception, affection,* ou comme *délivrance, ſouffrance, abondance,* encore que pas un des trois ne ſe rencontre ni à la fin de la période, ni à aucune cadence des membres qui la compoſent, ſi eſt-ce qu'ils ne laiſſent pas de faire un très-mauvais effet, & de rendre la période vicieuſe. Cependant je m'étonne que

ſi peu de gens y prennent garde, & que
pluſieurs de nos meilleurs Ecrivains,
qui par la douceur de leur ſtile char-
ment tout le monde,ne s'apperçoivent
pas de la rudeſſe de ces rimes. Il y en
a qui ne font point difficulté de dire,
par exemple, *davantage de courage*,
&c. & de faire d'autres rimes ſemblables, comme s'ils n'avoient ni yeux ni
oreilles, pour voir en liſant, ou pour
oüir en écoutant, la difformité & le
mauvais ſon qui procede de cette né-
gligence.

Mais ce n'eſt pas encore aſſez d'éviter les rimes, il faut même ſe garder
des conſonances, comme *amertume &*
infortune, *ſoleil*, *immortel*, & une infinité d'autres de cette nature. Il ne faut
guéres moins fuïr les unes que les autres.

Au reſte, il y a apparence que ſi
notre Poëſie ſe fût faite ſans rimes,
comme celle des Grecs & des Latins,
nous n'aurions non plus qu'eux évité
la rime dans la proſe, où tant s'en faut
que ce ſoit un vice parmi eux comme
parmi nous, qu'au contraire ils l'affectent ſouvent comme une eſpece de

grace & de beauté , appellant ces con-
fonances , *ἑμοιτέλευτα* , & *similiter desi-
nentia.* Il y en a un bel exemple dans
Ciceron , *In magna sum sollicitudine de
tua valetudine.* Mais celui que je viens
de voir fraîchement dans un Auteur ,
estimé l'un des plus polis de toute l'Antiquité , en doit valoir mille , pour fervir de preuve convaincante , qu'ils en
faisoient fans doute un des ornemens de
leur profe. Le voici. *Brancidæ ejus in-
colæ erant. Mileto quondam jussu Xerxis,
cùm è Græcia rediret , transierant , & in
ea sede constiterant , quia templum, quod
Didymæon appellatur , in gratiam Xerxis violaverant. Mores patrii nondum
exoleverant , sed jam bilingues erant.*
Voilà six rimes de suite ; nous n'avons
aucune forte de Poësie en François qui
en reçoive & en souffre tant. C'est
pourquoi je ne doute point que si la rime
n'eût pas été un des partages de notre
Poësie , lequel il n'est pas permis à notre profe d'usurper , y ayant de grandes barrieres qui les séparent l'une de
'autre , comme deux mortelles enne-
mies , ainsi que Ronfard les appelle
dans son Art poëtique , nous aurions

souvent cherché la rime , au lieu que
nous l'évitons; car pour en parler faine-
nement , comment fe peut-il faire que
la rime dans nos vers contente fi fort
l'oreille , & que dans notre profe elle
la choque jufqu'à lui être infupporta-
table ? Il faut néceffairement avoüer
que de fa nature la rime n'eft point une
chofe vicieufe , ni dont le fon offenfe
l'oreille , & qu'au contraire elle eft dé-
licieufe & charmante ; mais que le génie de notre Langue l'ayant une fois
donnée en appanage , s'il faut ainfi
parler , à la Poëfie , il ne peut plus
fouffrir que la profe , comme j'ai dit ,
l'ufurpe & paffe les bornes qu'il leur a
prefcrites , comme à fes deux filles , qui
néanmoins font fi contraires l'une à
l'autre,qu'il les a féparées,&ne veutpas
qu'elles ayent rien à déméler enfemble;
& cela fe voit plus clairement encore en
la mefure des vers, laquelle faifant leur
principale beauté pour ce qui eft du
fon , eft néanmoins un grand défaut
dans la profe , comme nous l'avons remarqué. Ce ne peut pas être fans doute , parce que cette mefure choque
l'oreille , puifqu'au contraire elle lui

plaît, & la flatte en la Poësie. C'eſt donc ſeulement à cauſe des partages faits entre ces deux ſœurs qui ne peuvent ſouffrir que l'une uſurpe & s'approprie ce qui appartient à l'autre.

NOTE.

C'eſt particulierement dans la cadence des périodes qu'il faut prendre ſoin d'éviter les rimes & les conſonances en proſe. Elles y bleſſent extrêmement les oreilles délicates, qui ſouffrent moins quand ces rimes ſont proches l'une de l'autre, ſur-tout ſi ce ſont des mots de deux ſyllabes, & d'une terminaiſon maſculine; ainſi on n'eſt pas choqué d'entendre dire, *j'ai vû à regret ſon ſecret trahi; on voyoit à ſa langueur que ſon cœur étoit atteint d'une profonde triſteſſe,* parce que *regret* & *ſecret; langueur* & *cœur,* ne ſont point dans des lieux de repos qui faſſent ſentir que ce ſont des rimes. On ne les pourroit ſouffrir ſi on écrivoit, *j'ai vû avec beaucoup de regret qu'on ait trahi ſon ſecret; j'ai connu à ſa langueur qu'une profonde triſteſſe occupoit ſon cœur,* parce qu'il y a du repos entre chaque rime; quoiqu'elles ſoient miſes dans un ſeul membre de période. M. de Vaugelas condamne *il entend pourtant avant toutes choſes,* à cauſe des trois rimes qui ſe trouvent de ſuite dans cette phraſe; mais l'oreille ne feroit point bleffée, fi on difoit feulement, *il entend pourtant raillerie.*

CCXXVII.

Exact, exactitude.

PLufieurs difent *exacte* au mafculin pour *exact*, & très-mal. *Exacte* ne fe dit qu'au féminin, *un homme exact, une exacte recherche.* Pour *exactitude,* c'eft un mot que j'ai vû naître comme un monftre, contre qui tout le monde s'écrioit ; mais enfin on s'y eft apprivoifé, & dès-lors j'en fis ce jugement, qui fe peut faire en beaucoup d'autres mots, qu'à caufe qu'on en avoit befoin, & qu'il étoit commode, il ne manqueroit pas de s'établir. Il y en a qui difent *exaction ;* mais il eft infupportable pour fon équivoque ; car encore que les équivoques foient fréquens en notre Langue, comme en toutes les Langues du monde, fi eft-ce que lorfqu'il eft queftion de faire un mot nouveau, dont il femble que l'on ne fe peut paffer, comme eft celui d'*exactitude,* la premiere chofe à quoi il faut prendre garde, eft qu'il ne foit

point équivoque; car dès-là faites état qu'il ne fera jamais bien reçû. Quelques-uns ont écrit depuis peu *exacté*, qui eft fans doute beaucoup moins mauvais qu'*exaction* : mais comme il n'eft point connu, & qu'il vient un peu tard, après qu'*exactitude* a le droit d'une longue poffeffion tout acquis, je ne crois pas, quelque autorité que lui donne la réputation de fon Auteur qui eft affez connu, parce qu'il eft aujourd'hui célebre, & qu'il n'y a que lui encore qui en ait ufé ; je ne crois pas, dis-je, qu'il puiffe jamais prendre la place de l'autre. S'il fût venu le premier, peut-être qu'on l'auroit mieux reçû d'abord qu'*exactitude*, quoique tous deux ayent des terminaifons qui ne font pas nouvelles en notre Langue, puifque nous difons *folitude, habitude, incertitude, ingratitude, &c. netteté, fainteté, honnêteté.* Je marque ces trois dernieres en faveur d'*exacteté*, afin que l'on ne trouve pas étranges ces deux dernieres fyllabes *teté*, puifqu'il y a déja d'autres mots de cette nature, qui fe terminent ainfi. Quelques-uns ajoûtent qu'il a encore
un

un autre avantage fur *exactitude* , qui eft que celui-ci a une fyllabe de plus qu'*exacteté* , & qu'en cela la règle vulgaire des Philofophes a lieu , de n'allonger point ce qui fe peut racourcir. Mais cela eft frivole , & l'Ufage qui eft pour *exactitude* , l'emporte. Auffi ai-je oui dire que l'Auteur qui avoit dit *exacteté* en fes premiers Livres , a dit *exactitude* dans les derniers , & s'eft corrigé.

N O T E.

Exaction & *exacteté* ne fe peuvent dire pour *exactitude* , qui s'eft entierement établi. *Exaction* n'a d'ufage que pour fignifier ce que l'on tire des gens d'une maniere violente & injufte. Monfieur Chapelain a marqué que M. Arnaud s'eft fervi d'*exacteté* dans fon Livre de la frequente Communion.

CCXXVIII.

Manes.

ON fe fert de ce mot en vers & en profe , toûjours mafculin , & toûjours au pluriel ; mais il faut prendre garde à ne l'employer jamais com-

me les Latins, *pour les Dieux infernaux;*
car *Diis manibus & Diis inferis ,* n'eſt
qu'une même choſe , quoique les Latins le diſent auſſi de l'ame d'une ſeule
perſonne. Les François ne s'en ſervent
jamais en proſe ni en poëſie, qu'en cette
derniere ſignification, c'eſt-à-dire pour
l'ame d'une perſonne.

N O T E.

Voici une remarque de M. Chapelain.
Quand les Latins ſe ſervent de Manibus *ſeul,*
ils l'entendent comme nous de l'ame ſeparée
du corps ; & ſi nous ajoûtions comme eux le
mot de Dieux *à* Manes *, les Dieux Manes,*
il pourroit paſſer, quoique moins élegamment
que dans leur Langue. Manes *en Latin ſi-*
gnifie auſſi Deſtin.
Quiſque ſuos patimur Manes.

CCXXIX.

Souloit.

CE mot eſt vieux ; mais il ſeroit
fort à ſouhaiter qu'il fût encore
en uſage , parce que l'on a ſouvent beſoin d'exprimer ce qu'il ſignifie , &
quoiqu'on le puiſſe dire en ces trois façons , *il avoit accoûtumé , il avoit de*

coûtume, *il avoit coûtume*, lefquels il
faut placer differemment felon le con-
feil de l'oreille, fi eft-ce qu'elles reffemblent fi fort l'une à l'autre, que c'eft
prefque la même chofe; car de dire,
il avoit appris, pour dire, *il avoit ac-*
coûtumé, c'eft une façon de parler
qu'il faut laiffer à la lie du peuple, bien
que deux ou trois de nos plus célebres
Ecrivains, mais non pas des plus modernes, en ayent ufé auffi fouvent que
de l'autre. Il eft vrai que ces grands
hommes s'étoient laiffez infecter de
cette erreur, que pour enrichir la Langue, il ne falloit rejetter aucune des
locutions populaires ; en quoi ils n'euf-
fent pas eu grand tort, s'ils ne les euf-
fent voulu recevoir que dans le ftile
bas, & non pas dans le médiocre, &
même dans le fublime, comme ils ont
fait en leurs propres œuvres.

NOTE.

Monfieur Menage ne condamne pas
avoir coûtume ; mais il tient qu'*avoir de*
coûtume eft plus ufité.

CXXX.

Nonchalamment, loisible.

LE premier eſt encore un vieux mot, pour lequel on dit *négligem-ment, peu ſoigneuſement ;* car pour *non-chalance & nonchalant,* ils ſont bons. *Loiſible* n'eſt pas meilleur que les deux autres, & même il ſent encore davan-tage le vieux.

NOTE.

Nonchalamment a beaucoup de grace en quelques endroits, comme en ceux-ci que le Pere Bouhours donne pour exem-ples ; *il étoit couché nonchalamment dans ſon carroſſe ; elle avoit le bras appuyé noncha-lamment.* M. Chapelain trouve *nonchalam-ment* un fort bon mot, & dit qu'il n'eſt pas plus vieux que *nonchalance.* J'entends ondamner *loiſible,* comme un mot qui vieilli. Ainſi on ne dit plus, *il n'eſt s loiſible de faire,* on dit, *il n'eſt pas permis.*

CCXXXI.

Autant.

CE mot, quand il eſt comparatif, demande *que* après lui, & non pas *comme*. Par exemple, une infinité de gens diſent, *ne me devez-vous pas autant d'amitié comme eux?* au lieu de dire, *autant d'amitié qu'eux.*

NOTE.

Monſieur de Vaugelas a déja fait obſerver cette faute dans une Remarque qui a pour titre, *Si pour* adeo *en Latin*, & elle eſt ſuivie d'une Note. *Autant* comparatif, eſt la même choſe qu'*auſſi*, & *ſi* pris pour *adeo*, & tous les trois demandent *que* après eux, & jamais *comme.* Ainſi c'eſt avec raiſon que le Pere Bouhours dans ſon Livre des Doutes, condamne ces phraſes, *l'union n'en eſt pas ſi parfaite comme celle de l'appetit; cette eſperance eſt auſſi préſomptueuſe comme elle eſt vaine.* Il eſt certain qu'on mettroit aujourd'hui *que* au lieu de *comme*, dans ces deux exemples, où *autant* pourroit entrer pour *ſi* & *auſſi*, quoiqu'avec moins de grace, que dans l'exemple de M. de Vaugelas, *vous me devez autant d'amitié comme à eux.* Je croi pouvoir

N iij

faire ici obferver en paffant ce que le
même Pere Bouhours a très-judicieufe-
ment remarqué, que c'eft une negligence
vicieufe d'entaffer dans le difcours plufieurs *comme* les uns fur les autres, quand
ils ne font pas dans le même ordre. Il
en donne pour exemples ; *ne confiderons*
plus les fideles qui font morts en la grace
de Dieu, comme ayant ceffé de vivre, mais
comme commençant à vivre, comme la verité
l'affûre. Confiderez comme l'avarice corrompt
tout, comme elle renverfe tout, & comme
elle domine les hommes, non feulement com-
me des efclaves, mais comme des bêtes. Il
fait voir que ces deux *comme, comme ayant*
ceffé de vivre, comme commençant à vivre,
n'ont rien de choquant ni d'irregulier,
parce qu'ils font dans le même ordre,
mais que le dernier, *comme la verité l'af-*
fûre, eft d'une autre efpèce, & fait un
effet fort defagréable. Il dit la même
chofe du dernier exemple, *comme l'ava-*
rice corrompt tout, comme elle renverfe tout,
comme elle domine, &c. Ces trois *comme*
font du même genre, & ne bleffent point,
mais les deux derniers, *non feulement*
comme des hommes, mais comme des bêtes,
font d'une autre efpèce, & les oreilles
un peu délicates ne s'en accommodent
point dans la même phrafe. Il apprend
à rectifier ces deux exemples en mettant
au premier, *ainfi que la verité l'affûre,* au
lieu de ; *comme la verité l'affûre,* & au
dernier, *comme elle traite les hommes non*

feulement en esclaves, mais en bêtes, au lieu
de, *comme elles domine les hommes, non
feulement comme des esclaves, mais comme
des bêtes.* Il ne dit rien de, *comme commençant à vivre* : cela me paroît bien rude,
& j'aurois peine à me réfoudre de mettre *comme* devant *commencer.*

CCXXXII.

Oui pour *Ita.*

JE ne fçaurois deviner pourquoi ce
mot veut que l'on prononce celui
qui le précede, tout de même que s'il
y avoit une *h* confonante devant *oui*,
& que l'on écrivît *houi*, excepté que
l'*h* ne s'afpireroit point, comme nous
avons remarqué au mot de *huit*, qui fe
gouverne tout ainfi que les mots qui
commencent par une *h* confonante,
fi ce n'eft qu'il ne s'afpire pas. On prononce donc *un oui*, & non pas *un noui*,
comme l'on prononce *un nomme*, *un
nobftacle*, quoique l'on écrive *un homme
& un obftacle.* Ainfi quoique l'on écrive
cet oui, on prononce néanmoins *ce
oui*, comme s'il n'y avoit point de *t*,
& *ces oui*, comme s'il n'y avoit point

N iiij

d's à ces. Que si l'on dit qu'il ne se présente jamais, ou fort peu d'occasions
de dire *un oui*, ni *cet oui*, ni *ces oui*, ni
de mettre rien devant, je répons que
l'on se trompe, & que non seulement
on peut dire, par exemple, *il ne faut*
qu'un oui d'un Roi pour rendre un homme
heureux, ou, *il y a longtemps que je tra-*
vaille pour obtenir cet oui; mais qu'il n'y
a rien qui puisse venir plus souvent en
usage, que de dire, par exemple, *il di-*
soit oui de tout, *ils diront oui*, *je prie*
Dieu qu'ils disent oui; & en ces trois
exemples comme en tous les autres
semblables, il ne faut point prononcer
le *t* qui est devant *oui*, quoiqu'on ait
accoûtumé de le prononcer devant toutes les autres voyelles.

NOTE.

M. Chapelain qui a cherché pourquoi
on prononce le mot qui précede *oui*, comme s'il y avoit une *h* consonante devant
oui, dit que c'est par la même raison de
huit & de *onze*, & *onziéme*, dont l'un a
eu une *h* devant, par caprice de l'usage,
& seulement pour justifier l'abus du
manque d'élision, *le huit*, dans lequel
mot l'*u* naturellement aussi-bien que l'*o*

dans *onze* devoit se manger ainsi, l'*huit* ;
& dont l'autre n'a point d'*h*, *onze*, qui
se prononçant communément comme
s'il étoit aspiré sans élision, *le onze* avoit
le même droit d'avoir une *h* non aspirée
devant, si l'usage avoit égard à la raison
& à l'équité. Il dit encore que ce qui
est cause que *huit*, *onze*, *oüi*, se prononcent sans élision, c'est que ces trois mots
sont fort communs, & à tous momens
dans la bouche du peuple, qui s'est accoûtumé à n'y observer pas l'élision non
plus qu'en quelques autres, faisant de
ces mots familiers une habitude de les
considerer dans leur voyelle du commencement, de même que si c'étoit une
consonne, ce qu'il ne fait pas à ceux
qui lui sont moins connus, & moins familiers.

Je croi qu'il faut pluſtôt écrire *ce oüi*,
comme il se prononce, *que cet oüi*; car
il est certain que tous les mots qui précedent *oüi*, doivent se prononcer comme
si *oüi* avoit une *h* consonante au commencement, & en écrivant *cet oüi*, on
donne lieu de faire sentir le *t* de *cet* dans
la prononciation.

CCXXXIII.

Innumerable, innombrable.

DU temps du Cardinal du Perron & de M. Coëffeteau, on disoit toûjours *innumerable*, & jamais *innombrable*; maintenant tout au contraire, on dit *innombrable*, & non pas *innumerable*. Il est vrai qu'une des meilleures plumes & des plus éloquentes bouches dont le Palais se puisse vanter, m'a appris que dans le genre sublime, ce mot, comme plus majestueux, peut encore trouver sa place.

NOTE.

C'est Monsieur Patru qui vouloit conserver *innumerable*. On ne le dit plus dans aucun stile. *Innombrable* a pris sa place.

CCXXXIV.

Mémement.

CEt adverbe passoit déjà pour vieux, il y a plus de vingt-cinq ans, & jamais les bons Ecrivains ne s'en servoient, ils disoient toûjours *nêmes.* Je ne vois pas que depuis ce emps-là il se soit renouvellé, ni que :eux qui écrivent purement, en usent insi.

N O T E.

Mêmement a vieilli de plus en plus, & e le croi entierement aboli.

C C X X X V.

De deçà, de de-là.

PLusieurs manquent en se servant de ces termes ; par exemple, ils di-sent, *les Espagnols chez qui toutes les nouvelles de de deçà sont suspectes,* au lieu de dire, *toutes les nouvelles de deçà.* Ils alleguent que *de deçà* est un adverbe local, qui veut dire *ici* ; & quand on dit, *deçà* ou *delà,* avec un nom, alors il n'est plus adverbe, mais préposition, comme, *deçà la riviere, delà la riviere* ; mais quand il est adverbe, on ne dit jamais *deçà,* qu'on ne mette *de* devant, & qu'on ne die *de deçà,* si ce n'est en un seul cas, qui est quand on dit *deçà & delà,* pour dire *çà & là* ; mais il faut que *deçà & delà* soient tous

deux enfemble, l'un ne fe difant point,
& n'étant point adverbe, féparé de
l'autre ; tellement que lorfqu'il tient
lieu de génitif, comme en l'exemple
que nous avons donné, où *les nouvelles de de deçà*, vaut autant à dire que
les nouvelles de ce pays, il faut neceffairement, difent-ils, que l article du génitif qui eft *de*, le précede, & par conféquent que l'on die, *les nouvelles de
de deçà ;* autrement fans l'article *de*, ce
feroit comme qui diroit, *les nouvelles
ce pays*, au lieu de dire, *les nouvelles
de ce pays*. On répond qu'il eft vrai
qu'après *nouvelles* il faut néceffairement
dire *de*, qui eft l'article du génitif qui
fuit le fubftantif précédent ; mais auffi
l'on foûtient qu'on l'y met, quand on
dit, *les nouvelles de deçà*, parce qu'on
ne demeure pas d'accord que l'adverbe
deçà, doive toûjours avoir un *de* devant ; car il eft certain que *deçà* tout
feul, fignifie *ici*, & quand on y ajoûte un
de, c'eft par une élégance de notre Langue, qui n'eft plus élégance dans la
rencontre de tant de *de*. Et de fait on
trouvera dans nos anciens Auteurs,
nous avons deçà d'excellens fruits, & en-

core aujourd'hui on ne croira point mal
parler en parlant ainſi, quoique *de deçà*
en cet endroit ſoit plus élégant. Certainement ce ſeroit une grande dureté
de dire, *les nouvelles de de deçà*, &
l'Uſage à cauſe de cela, a fort bien fait
de retrancher un de ces *de*, comme pour
la meme raiſon il a fait dire *delà Loire*,
au lieu de *delà la Loire*.

N O T E.

Monſieur de Vaugelas répond parfaitement bien à ceux qui prétendent qu'il
faut dire, *les nouvelles de de deçà*. Cette repetition de l'article *de* eſt très-vicieuſe.
Je ne voi point que l'uſage ait autoriſé
delà Loire, pour *delà la Loire*; j'entends
dire ce dernier à beaucoup de gens qui
parlent très-bien, & M. Chapelain le
trouve meilleur que *delà Loire*. Il dit que
les Gaſcons diſent *deçà que delà*, pour
d'une façon ou d'autre, & appelle cette maniere de parler barbare.

CCXXXVI.
Affaire.

CE mot eſt toûjours féminin à la
Cour & dans les bons Auteurs,
je ne dis pas ſeulement modernes, mais

anciens, Amyot même ne l'ayant jamais
fait que féminin. Il eft vrai que fur les
dépêches du Roi on a accoûtumé de
mettre *pour les exprès affaires du Roi*,
& non pas *pour les expreffes affaires*,
mais ou c'eft un abus, ou une façon
de parler affectée, particulierement aux
paquets & dépêches du Roi, qu'il ne
faut point tirer en conféquence, puifque pour cela on n'a pas laiffé de dire
toûjours à la Cour, *une bonne affaire*,
une grande affaire, & jamais *un bon &*
un grand affaire. Il y en a qui difent
que lorfqu'*affaire* eft après l'adjectif, il
eft mafculin, & par exemple, qu'il faut
dire *un bon affaire*, & quand il eft devant, qu'il eft féminin, & qu'il faut
dire, *une affaire fâcheufe* ; mais cette
diftinction eft entierement fauffe & ima-
ginaire. Il eft certain qu'au Palais on
l'a toûjours fait mafculin jufqu'ici ; mais
les jeunes Avocats commencent maintenant à le faire féminin.

N O T E.

Monfieur Menage rapporte quelques
endroits de Marot, qui a fait *affaire* mafculin, & dit qu'il eft prefentement féminin. Il eft certain qu'il n'a plus que

ce seul genre. M. Chapelain observe que
ce qui a rendu autrefois ce mot masculin, c'est que nous l'avons tiré de l'I-
talien *affare*, qui est masculin; que nos
Ancêtres l'employerent dans ce genre à
toute occasion, & que le peuple l'ayant
fait ensuite féminin, l'usage des Ministres d'Etat a conservé le stile & le genre
ancien par dignité, afin de demeurer
dans les termes, qui en matiere d'Etat,
comme de Religion, se consacrent, &
ne veulent pas être changez. Il ajoûte
que cela se verifie encore par l'usage des
Actes publics des Cours souveraines, &
des Contrats de la Chancellerie, où le
vieux stile se conserve religieusement,
comme si dans ces vieux mots consistoit
l'essence de la chose signifiée, & que les
nouveaux dûssent l'alterer, & qu'on ob-
servoit la même chose à Rome pour les
prieres des Dieux, pour les Loix des
douze Tables, où ç'eût été une profa-
nation de toucher.

C'est par la même raison du vieux stile
conservé, qu'on dit encore aujourd'hui,
Lettres Royaux, *Ordonnances Royaux*, quoique *Lettres* & *Ordonnances* soient du genre
féminin, & que *Royaux* soit du masculin. M. Menage dit, que ce qui a donné
lieu à ces façons de parler, c'est que
Royaux étoit autrefois masculin & féminin, comme il paroît par *choses hereditaux*,
qui se trouve en plusieurs endroits de
nos anciennes Coûtumes. Il rapporte là-

deſſus ce vers de Gauvain, l'un de nos anciens Poëtes.

Les Damoiſelles ſont fréſiaux.

Lequel mot *fréſiaux*, il dit que M. Borel dans ſes Antiquitez Gauloiſes & Françoiſes, a interprêté par celui de *fraîches*.

CCXXXVII.

Benit, beni.

TOus deux ſont bons, mais non pas dans le même uſage. *Benit* ſemble être conſacré aux choſes ſaintes. On dit à la Vierge, *Tu es benite entre toutes les femmes ;* on dit, *de l'eau benite, une Chapelle benite, du pain benit, un cierge benit, un grain benit,* & ce*t* là a été pris vrai-ſemblablement du Latin *benedictus.* Mais hors des choſes ſaintes & ſacrées, on dit toûjours *beni* & *benie,* comme, *une œuvre benie de Dieu, une famille benie de Dieu, Dieu vous a beni d'une heureuſe lignée, a beni vos armes, a beni votre travail ;* car le participe du prétérit indéfini ou compoſé, eſt le même en tout & par tout que le participe paſſif tout ſeul.

NOTE.

N O T E.

Monſieur Chapelain dit que l'on a gardé le *t* dans *eau benite*, *pain benit*, *cierge benit*, *Chapelle benite*, & autres ſemblables, non pas pour avoir été conſacré aux choſes ſaintes, mais parce qu'anciennement on diſoit *benit* de tout ; que l'uſage a adouci ce participe parmi le peuple pour les choſes ordinaires, mais que pour celles de la Religion, *benit* eſt demeuré avec ſon *t*, pour ne rien alterer dans les choſes ſaintes, & conſerver les termes affectez & accoûtumez dans les matieres de Religion, comme autant de formules.

On a fait *Benitier* d'*eau benite* ; ſurquoi M. Menage a dit, que comme pluſieurs Pariſiens parlent ainſi, on ne peut pas dire que ce ſoit un mauvais mot. Il fait remarquer que M. Pavillon Evêque d'Alet, dans ſon Rituel, M. d'Andilly dans la vie de ſainte Thereſe, & M. des Preaux dans ſon Epître à M. Arnaud, s'en ſont ſervis. Ces témoignages ſuffiſent pour faire voir que l'on s'en peut ſervir après eux. Je croi que c'eſt le vrai mot. Cependant le même M. Menage avoüe qu'il préfere *Benaîtier*, comme un mot reçû dans toutes les Provinces de France, & dont on prononce doucement la ſeconde ſyllabe. Il rapporte pluſieurs exemples qui font connoître que l'on diſoit autrefois *Benoîtier*.

CCXXXVIII.

Dépenser, dépendre.

IL y a long-temps que j'ai oüi dif-
puter de ces mots, non pas pour
fçavoir lequel eft le meilleur, mais lequel eft le bon ; car il y en a qui condamnent l'un, & d'autres qui condamnent l'autre. Néanmoins tous deux
font bons, & fe difent & s'écrivent
tous les jours, avec cette différence
pourtant, que *dépenfer* autrefois étoit
plus en ufage à la Cour que *dépendre*,
& qu'aujourd'hui tout au contraire on
dit plûtôt *dépendre* que *dépenfer*, qui
eft maintenant plus ufité dans la ville.
L'un & l'autre eft donc fort bien dit,
j'ai dépendu, ou *j'ai dépenfé cent piftoles*
en mon voyage ; je dépens, ou *je dépenfe*
mille écus par an. Quelques-uns difent
qu'il y a des endroits où l'on fe fert
plûtôt de l'un que de l'autre, & cela
pourroit bien être, puifque la même
chofe arrive à certains autres mots ;
mais pour moi, j'avouë que je ne l'ai
pas remarqué. Au refte, ceux qui con-

damnent *dépendre*, parce qu'il eſt équivoque , & que l'autre ne l'eſt pas, ont
grand tort , ne regardant pas la conſéquence , & où cela iroit , s'il étoit queſtion de bannir des Langues les mots
équivoques , & de les reſtraindre tous
à une ſeule ſignification. Pour ce qu'ils
ajoûtent , qu'en ſe ſervant de *dépendre* ,
& de *dépendu* , les deux dernieres ſyllabes repréſentent un fâcheux objet ,
c'eſt une trop grande délicateſſe , qui
ne mérite point de réponſe. Si cette
conſideration avoit lieu , il y auroit
bien des mots à rejetter en notre Langue & en toutes les autres.

N O T E.

Monſieur Menage , après avoir rapporté quelques endroits de nos anciens
Poëtes , qui ont employé *dépendu* pour
dépenſé , demeure d'accord qu'à la Cour
& à Paris , on ne dit plus préſentement
que *dépenſer* , & qu'on ſe mocqueroit d'un
homme qui diroit , *je dépens dix mille
écus par an , j'ai dépendu cent piſtoles en mon
voyage.* Il veut pourtant qu'il y ait de
certains endroits ou *dépendre* ſoit mieux
que *dépenſer* , comme en cet exemple ,
mes laquais ont tant d'argent à dépendre ;

O ij

& il rapporte un endroit de Monfieur Scarron, qui a dit,

Il eſt beau, vaillant & courtois,
Prend plaiſir à dépendre.

Je ne croi pas que preſentement on puiſſe employer *dépendre* pour *dépenſer*, & je ne voudrois ni l'écrire, ni le dire.

CCXXXIX.

Eviter.

PLuſieurs lui font régir le datif, & diſent, *éviter aux inconvéniens*, mais très-mal; & ce qui a donné lieu à cette faute, c'eſt que l'on dit ordinairement, *pour obvier aux inconvéniens;* mais *éviter* régit l'accuſatif, & *obvier* le datif.

NOTE.

On dit en parlant de procedures, *pour éviter aux frais;* c'eſt une phraſe particuliere autoriſée par l'uſage en matiere de Palais: mais hors de-là, la Remarque de M. de Vaugelas eſt très-bonne; *éviter* ne doit jamais regir le datif, & c'eſt une faute de dire, *on ne peut éviter à ſon malheur.*

CCXL.

Gaigner la bonne grace.

UN de nos plus célebres Auteurs a écrit, *gaigner la bonne grace du peuple*, mais il en est repris avec raison; il faut toûjours dire au pluriel, *gaigner les bonnes graces* ; car *bonne grace* au singulier, veut dire toute autre chose, comme chacun sçait. Il est vrai qu'anciennement on disoit, *je me recommande à votre bonne grace*, & on le trouvoit ainsi en toutes les Lettres qui sont au-dessus de cinquante ans ; mais il ne se dit plus.

N O T E.

Monsieur de la Mothe le Vayer dit qu'il ne sçait qui est ce célébre Auteur qui a dit, *gagner la bonne grace du peuple*, mais qu'il en est repris par une raison fort puérile. Il est certain que *bonne grace* au singulier veut dire, une maniere aisée de faire les choses ; *il monte à cheval de bonne grace, cette femme a bonne grace en tout ce qu'elle fait.* Apparemment du temps de M. de Vaugelas on écrivoit *gaigner*, puisqu'il orthographie ainsi ce mot. Presentement on écrit *gagner* sans *i*, quoiqu'on dife *gain*. C'eſt le ſentiment de M. Menage.

CCXLI.

Délice.

BEaucoup de gens diſent, *c'eſt un délice*, qui eſt une façon de parler très-baſſe. *Délice* ne ſe dit point au ſingulier dans le beau langage ni dans le beau ſtile, mais ſeulement au pluriel, & eſt féminin, comme *delicia* en Latin, notre Langue ſuivant en cela la Latine, & pour le nombre & pour le genre, *de grandes délices.*

N O T E.

Monſieur Chapelain fait remarquer que *délice* a été formé ſur *delicium*, qui eſt élegant en Latin, & non pas en François, quoique quelques-uns maintiennent qu'il ſe peut dire au ſingulier ſans barbariſme. M. Menage décide, comme fait M. de Vaugelas, qu'on ne dit plus que *délices* au pluriel, & au féminin; il tombe d'accord que l'on diſoit anciennement *un delice* au ſingulier & au maſculin du *delicium* des Latins, qui ont dit auſſi *delicia*, & *delicies.*

CCXLII.

Guarir, guérir, sarge.

AUtrefois on disoit l'un & l'autre, & plûtôt *guarir* que *guérir* ; mais ceux qui parlent & écrivent bien, disent toûjours *guérir*, & jamais *guarir*. Aussi l'*e* est plus doux que l'*a*, mais il n'en faut pas abuser comme font plusieurs, qui disent *merque* pour *marque*, *serge* pour *sarge* ; (toute la Ville de Paris dit *serge*, & toute la Cour (1) *sarge*) & *merri*, que tout Paris dit aussi pour *marri*.

NOTE.

Monsieur de la Mothe le Vayer veut que *guarir* soit aussi bon que *guerir*, qu'il appelle effeminé, & d'enfant de Paris,

(1) Il faut dire *serge* : autrefois on disoit *sarge*, comme *guarir*, mais aujourd'hui la Cour & la Ville disent, *serge*, & *guérir*. La grande Artenice m'a dit elle-même qu'elle est cause de la Remarque ; car l'Auteur qui étoit pour *sarge*, voyant que ces trois Consultans dont il parle dans sa Préface, étoient pour *serge*, il en parla à cette Dame, qui alors étoit pour *sarge*, & qui maintenant a changé d'avis.

qui change l'*a* en *e*. On a parlé ainſi
autrefois, mais preſentement on ne dit
plus que *guerir* & *gueriſon*. On dit
marque & *marri*, & non pas *merri* &
merque.

Pour *ſerge*, Monſieur Chapelain dit
que *ſarge* eſt l'origine, & qu'il vient
de l'Italien *ſargia*, mais que le général
de la France, & une bonne partie de la
Cour, prononce *ſerge*. M. Menage dit
la même choſe, & préfere *ſerge* à *ſarge*.
Le Pere Bouhours a raiſon de décider
à l'égard de *ſarge*, que tous ceux qui parlent bien, diſent aujourd'hui *ſerge*, &
que les gens de la Cour s'accordent en cela avec les Bourgeois & les Marchands.

CCXLIII.

Au travers & à travers.

TOus deux ſont bons ; mais *au
travers* eſt beaucoup meilleur &
plus uſité. Ils ont différens régimes, il
faut dire, par exemple, *il lui donna de
l'épée au travers du corps*, & *à travers
le corps*. On ne le dit que de ces deux
façons ; car *au travers le corps* & *à travers du corps*, ne valent rien. C'eſt l'opinion commune & ancienne ; mais depuis

puis peu (1) il y en a, & des Maîtres,
qui commencent à dire, *à travers de*,
auffi-bien qu'*au travers de*. Pour moi,
je ne le voudrois pas faire.

N O T E.

Quoique Monfieur de Vaugelas décide qu'*au travers* eft beaucoup meilleur,

(1) La fin de la Remarque eft fur ce que
dans mon Plaidoyer des Captifs j'ai dit, *En
vain un Ange fera venu à travers des étoiles*,
parce qu'il eft plus foutenu, & fonne mieux
qu'*au travers des étoiles*.

A & *au* en notre Langue fe difent indifferemment : *A même temps, au même temps, à
côté, au côté*, quand il eft comme adverbe.
Coëffeteau en fon Florus, liv. 4. parlant de
Pompée le jeune, pag. 177. *Ce fut une honte
de voir qu'il s'enfuit à travers d'une mer qu'il
avoit auparavant couruë avec une triomphante
flote :* pag. 187. *Se paffe l'épée à travers du
corps*, parlant de Scipion ; & pag. 190. *Voyant
paffer à travers de fes troupes*, parlant de Céfar : pag. 204. *A travers les champs :* pag.
213. *A travers les campagnes :* pag. 217. *Se
paffa l'épée à travers le corps ;* tellement qu'il
dit l'un & l'autre, mais rarement *au travers ;*
& dans fon Hiftoire qui eft fon dernier ouvrage, il dit par-tout *à travers du corps*, &
jamais *à travers le corps*, au moins ne l'ai-je
point vû aux quatre derniers livres que j'en
ai lûs.

Tome II. P

& plus ufité qu'*à travers* , M. Menage
remarque fort bien qu'il y a des endroits
où *à travers* eſt à préferer , & qu'il faut
dire , *à travers champs, à travers les bleds,
à travers les vignes.* On met toûjours le
genitif avec *au travers ; j'ai paſſé au travers de l'Egliſe* , & l'accuſatif avec *à travers , il lui donna d'un bâton à travers les
jambes.* Monſieur Chapelain dit qu'on
ne peut écrire *à travers de* , ſans faire
une faute.

CCXLIV.

A l'encontre.

CE terme eſt purement du Palais en
l'un de ſes uſages ; car il en a deux,
en l'un deſquels il eſt prépoſition , &
en l'autre il eſt comme adverbe. Il eſt
prépoſition , comme quand on dit au
Palais , *il a ſon recours à l'encontre d'un
tel,* c'eſt-à-dire , *contre un tel,* & adverbe dans cette phraſe , *je ne vais
pas à l'encontre ,* pour dire , *je ne dis
pas,* ou *je ne fais pas le contraire.* Il eſt
vrai qu'on y pourroit ſous-entendre ,
de cela , comme qui diroit , *je ne vais
pas à l'encontre de cela ;* c'eſt pourquoi
j'ai dit *comme adverbe.* Mais quoi qu'il

en foit, ni l'un ni l'autre ne se dit jamais à la Cour, & ne se trouve point dans tous les bons Auteurs, quoiqu'il soit échappé à l'un de nos plus modernes & plus excellens Ecrivains de l'employer en toutes les deux façons. Jamais M. Coëffeteau ne s'en est voulu servir.

NOTE.

A l'encontre est une très-méchante façon de parler ; on dit même presentement au Palais, *il a son recours contre un tel*, & non pas *à l'encontre d'un tel*. C'est une remarque du Pere Bouhours.

CCXLV.

Fut fait mourir.

CEtte façon de parler est toute commune le long de la riviere de Loire & dans les Provinces voisines, pour dire, *fut executé à mort*. La Noblesse du pays l'a apportée à la Cour, où plusieurs le disent aussi; & M. Coëffeteau qui étoit de la Province du Maine, en a usé toutes les fois que l'occasion s'en est présentée Les Italiens ont cette même phrase, & le Cardinal

Bentivoglio, l'un des plus exacts & des plus élégans Ecrivains de toute l'Italie, s'en est servi en son Histoire de la guerre de Flandre, au quatriéme livre. *Lo strale*, dit-il, *giâ Borgomastro d'Anversa, e che tanto haveva fomentate le seditioni di quella città, fu fato morire in Vilvorde*. Il en dit encore un autre de cette même nature, & qui nous doit sembler plus étrange, sur la fin du sommaire du cinquiéme livre. *Valenciana*, dit-il, *cade in potere degli Ugonotti, i quali ne sono fatti uscir poco dopo*, lesquels en sont faits sortir peu après, pour dire, *lesquels on en a fait sortir*. Nous n'avons point encore étendu cette locution, *fut fait mourir*, comme font les Italiens, à d'autres phrases semblables. Mais nonobstant tout ce que je viens de dire, qui sembleroit suffisant pour l'autoriser, il est certain qu'elle est condamnée de tous ceux qui font profession de bien parler & de bien écrire.

NOTE.

J'ai parlé de *faire mourir*, sur la Remarque de l'usage des participes passifs dans les préterits, & j'ai fait connoître

que le verbe *faire*, quand il précede l'infinitif d'un verbe neutre, lui influë son
action & son regime, & le rend en quelque façon actif, *faire mourir quelqu'un*,
faire tomber quelqu'un, *faire sortir quelqu'un*.
Cependant *quelqu'un* n'est pas gouverné
par *faire*, comme il en est gouverné,
quand au lieu de *mourir*, de *tomber*, de
sortir, on met *Religieux*, par exemple;
car alors on dit, *faire quelqu'un Religieux*,
& on ne peut dire, *faire quelqu'un mourir*.
On dit fort bien tout de même au passif, *il fut fait Religieux*; mais comme on
ne peut dire au passif, *il fut fait tomber*,
il fut fait sortir, je croi aussi que, *il fut*
fait mourir, est une construction barbare
& très-vicieuse; il faut dire à l'actif, *on*
le fit mourir, ou bien, *il fut executé à mort*,
ou tout simplement, *il fut executé*.

CCXLVI.

Encore.

IL faut toûjours dire *encore*, & jamais *encor* ni *encores*; néanmoins en
Poësie la plufpart disent *encor* à la fin
du vers, & le font rimer avec *or*; mais
je connois d'excellens Poëtes qui n'en
veulent jamais user, quoiqu'ils le souffrent aux autres. Ceux qui en usent à
la fin, ne s'en servent point ailleurs,

comme ils ne commenceroient pas un vers ainſi , *encor que des mortels , &c.* Donc *encore* eſt celui qui ſe dit en proſe & en vers ; *encores* avec une *s* , ne ſe dit ni en vers ni en proſe , & *encor* ſe dit par la pluſpart des Poëtes à la fin du vers , & par quelques-uns au commencement auſſi. D'autres plus ſcrupuleux ne le diſent nulle part.

N O T E.

M. Menage obſerve qu'*encore* , que nous avons fait de *l'ancora* des Italiens , eſt le veritable & l'ancien mot ; mais que comme les Poëtes qui ont eu beſoin d'accourcir ou d'allonger les mots , ont dit *encore* , & *encores* ; ceux qui ont écrit en proſe les ont imitez , & ſe ſont ſervis des mêmes mots. Pour *encores* , il tombe d'accord qu'il n'eſt plus en uſage ni en proſe ni en vers. En effet , *encores* avec une *s* ne ſe peut ſouffrir. Par ces excellens Poëtes qui ne veulent jamais dire , *encor* en vers , M. de Vaugelas entend M. de Gombaut , qui ne pouvoit ſouffrir qu'en Poëſie , on fît rimer *encor* avec *or.* M. Chapelain appelle cela une délicateſſe particuliere , & qui n'engage perſonne à rien ; cependant s'il faut toûjours dire *encore* en proſe , & jamais *encor* , la Poëſie n'ayant aucun droit d'au-

torifer ce qui eſt contre la langue, *encor*
ne devroit pas être moins banni des
vers qu'il l'eſt de la proſe, quoi qu'*encore*
en trois ſyllabes ait un ſon bien lan-
guiſſant dans un vers, quand il n'y fait
point d'éliſion.

> *Je veux encore voir ſi ſon cœur eſt*
> *ſenſible.*

Il ſemble même que comme la proſe
doit avoir quelque ſorte de meſure qui
ſàtisfaſſe l'oreille, il devroit être permis
de dire également *encor* & *encore*, ſelon
qu'on trouveroit à propos d'ajoûter ou de
retrancher une ſyllabe. Ce qu'il y a de
cerrain, c'eſt qu'en parlant, & même en
liſant, on ne prononce preſque jamais
encore en trois ſyllabes, & qu'il eſt plus
doux de dire *encor que* pour *quoi que*, que
de dire *encore que*; ce qui fait voir que la
prononciation de l'*e* muet dans ce mot,
n'eſt point neceſſaire pour le plaiſir de
l'oreille, & qu'il devroit être d'*encor*,
& d'*encore*, comme d'*avec*, & d'*avecque*,
que M. de Vaugelas permet d'employer
indifferemment, ſelon qu'on a beſoin
d'une ſyllabe de plus ou de moins. *En-*
core bien que, que l'on diſoit autrefois,
n'eſt plus en uſage.

CCXLVII.

L'article devant les noms propres.

PLusieurs disent, *l'Aristote*, *le Plutarque*, *l'Hippocrate*, *le Petrone*, *le
Tite-Live*, *&c.* C'est très-mal parler,
& contre le génie de notre Langue,
qui ne souffre point d'article aux noms
propres. Il faut dire simplement, *Aristote*, *Plutarque*, *Petrone*, *Tite-Live*.
Et ne sert de rien d'opposer qu'ils mettent l'article pour faire voir qu'ils entendent parler de leurs œuvres, & non
pas de leurs personnes, où ils ne met-
troient pas l'article, & ne diroient point,
par exemple, *l'Aristote fut précepteur
d'Alexandre*; *le Tite-Live étoit de Pa-
douë*, & ainsi des autres ; car dès que
l'on nomme le nom propre, il n'est
plus question de sçavoir si l'on entend
son livre ou sa personne ; en toutes façons il n'y faut point d'article, l'un se
confond avec l'autre. Il y a une exception en certains Auteurs Italiens, parce qu'on les nomme à la façon d'Italie,
où l'on dit, *il Petrarca*, *l'Ariosto*, *il*

Taffo ; & ainfi nous difons (1) *le Petrarque* , *l'Ariofte* , *le Taffe* , *le Boccace*, *le Bembe* , *&c.* & c'eft fans doute ce qui a donné lieu à l'erreur de mettre l'article à tous les autres Auteurs, fans faire la différence des Italiens , & de ceux qui ne le font pas.

N O T E.

M. Menage a remarqué pour exceptions à cette règle , qu'on dit , *la Magdeleine* , & *le Lazare* , *le Jupiter de Phidias* , *la Venus de Praxitele* , *la Diane d'Ephefe* , *le Ciceron de Gruter* , *le S. Auguftin de Bafle* , *l'Aminte du Taffe* , & autres femblables ; mais il n'y a que *le Lazare* & *la Magdeleine* qui puiffent être compris dans l'exception, puifque *le Jupiter de Phidias* n'eft point un nom propre , & fignifie feulement , *la Statuë de Jupiter faite par Phidias* , & ainfi des autres. Le même M. Menage ajoûte

(1) Pour *l'Ariofte* & *le Taffe* , la remarque eft vraie ; mais pour les autres on dit *Petrarque* , *Bocace* & *Bembe*. Defly Avocat du Roi à Fontenai-le-Comte , en une lettre écrite à du Chefne le 28 Juin 1616. & qui eft enfuite de la Préface d'Alain Chartier , imprimée en 1616. appelle cette manière d'écrire , *le Platon*, & autres , un idiotifme Lombard , qui menace notre Langue de la barbarie du Gothifme.

à l'égard des noms propres Italiens qui reçoivent l'article, qu'on dit plus souvent
Petrarque, *Bocace*, *Sannazar*, que le *Pe-*
trarque, le *Bocace*, le *Sannazar*, & qu'il faut
toûjours dire *Dante*, & jamais *le Dante*.
Pour les noms propres François qui ont *le*
au nominatif, comme *le Geai*, *le Petit*, *le*
Grand, *le Fevre*, *le Comte*, *le Baron*, ils le
gardent aux autres cas, parce qu'il n'est
pas article, & qu'il fait partie du nom :
ainsi il faut dire, *j'ai reçû de le Geay*, *de le*
Petit, & non pas, *du Geay*, *du Petit*; *j'ai*
donné à le Grand, *à le Fevre*, & non pas,
au Grand, *au Fevre*. Cela paroît rude
dans *le Baron* & *le Comte*, parce que ce sont
aussi des noms de dignité, & qu'on est
accoûtumé a dire, *du Baron*, *au Baron*;
du Comte, *au Comte*. Cependant il faut dire,
quand *le Baron* & *le Comte* sont des noms
propres, *je suis fort content de le Baron*, *j'ai*
appris à le Comte. On dit, *les tableaux du*
Poussin, qui étoit François, né à Andely,
petite Ville à sept lieuës de Rouen,& non
pas, *les tableaux de le Poussin*, mais c'est
parce qu'il s'appelloit simplement *Poussin*,
& que les Italiens qui déclinent tous les
noms propres, l'ayant vû travailler si
long-temps à Rome, l'ont appellé *le Pous-*
sin, ajoûtant l'article *le* à son nom, pour
le décliner comme tous les autres.

CCXLVIII.

Fors , hors , hors-mis.

F*Ors* , se disoit autrefois en prose &
en vers, pour dire , *hors-mis* ; mais
aujourd'hui il est tout-à-fait banni de
la prose , & il n'y a plus que les Poetes
qui en usent , parmi lesquels non seulement il n'est pas mauvais, mais il passe
pour noble , & est beaucoup meilleur
que *hors* , dont la prose se sert. Les
exemples en sont fréquens dans Malherbe & dans tous les autres Poëtes.

N O T E.

Je suis du sentiment du Pere Bouhours,
qui dit que *fors* est banni aujourd'hui des
vers comme de la prose , & que ceux qui
excellent en poësie parmi nous , bien loin
de le trouver noble , & meilleur que
hors , le trouvent bas & méchant.

CCXLIX.

Sériofité.

CE mot jufqu'ici ne s'eft dit qu'en raillerie, & je l'ai vû bien fouvent condamner tout d'une voix à plufieurs perfonnes très-fçavantes en notre Langue, qui s'étoient rencontrées enfemble. Ils ne croyoient pas qu'on le pût écrire dans le beau ftile, & ne le fouffroient que dans la Comédie, dans la fatyre, & dans l'épigramme burlefque. Néanmoins fi l'on faifoit l'horofcope des mots, on pourroit, ce me femble, prédire de celui-ci, qu'un jour il s'établira, puifque nous n'en avons point d'autre qui exprime ce que nous lui faifons fignifier ; car puifqu'il a déjà tant fait que de naître, & que d'avoir cours dans la bouche de plufieurs, & d'être connu de tout le monde, il ne lui faut plus qu'un peu de temps, joint à la commodité ou à la néceffité qu'il y aura d'en ufer, pour l'établir tout-à-fait. *Datur venia novitati verborum*, dit Apulée, *rerum ob-*

scuritatibus servienti. Déjà un de nos plus fameux Ecrivains s'en est servi dans son nouveau Recueil de Lettres. J'ai vû *exactitude* aussi reculé que *sériosité*, & depuis il est parvenu au point où nous le voyons, par la constellation & le grand ascendant qu'ont tous les mots qui expriment ce que nous ne sçaurions exprimer autrement, tant c'est un puissant secret en toutes choses, de se rendre nécessaire : mais en attendant cela, ne nous hâtons pas de le dire, & moins encore de l'écrire. Laissons faire les plus hardis, qui nous frayeront le chemin, *usitatis tutiùs utimur*, dit Quintilien, *nova non sine quodam periculo fingimus* : mais comme il ajoûte de Ciceron, *quæ primò dura visa sunt, molliuntur.* Au reste, *sériosité* a de l'analogie avec *curiosité ;* car comme *curiosité* se forme de l'adjectif *curieux*, aussi *sériosité* se forme de l'adjectif *sérieux.*

Il y en a qui au lieu de *sériosité,* font *sérieux* substantif, & disent, par exemple, *il est dans un sérieux, je l'ai trouvé dans un sérieux* : mais quoique cette façon de parler soit très-fréquente à Pa-

ris, elle ne laiſſe pas de déplaire à beaucoup d'oreilles délicates.

NOTE.

L'autorité de M. Balzac , qui a employé *ſérioſité* dans ſes lettres , n'a point
été ſuffiſante pour le faire recevoir. Le
Pere Bouhours remarque fort bien que
ſérieux ſubſtantif, qui ne plaiſoit pas lorſque M. de Vaugelas faiſoit ſes Remarques , eſt préſentement au gré de tout le
monde , & qu'il n'y a rien de ſi commun
que d'entendre dire , *il eſt dans un ſérieux ;*
je n'ai jamais vû un plus grand ſérieux ; ſon
ſérieux me glace. M. Chapelain dit que ,
il s'eſt mis ſur ſon ſérieux , il l'a pris ſur le
ſérieux , ſont des façons de parler très-
élégantes , & dans la bouche de tous les
honnêtes gens.

CCL.

Courre , courir.

Tous deux ſont bons ; mais on ne
s'en ſert pas toûjours indifféremment ; en certains endroits on dit,
courre , & ce ſeroit très-mal parler de
dire *courir* , comme *courre le cerf,courre*
le liévre , courre la poſte. Si quelqu'un
diſoit *courir le cerf,* on ſe moqueroit

de lui. En d'autres endroits il faut dire
courir, comme, *il fait courir le bruit*,
il ne fait que courir, parlant d'un homme qui ne fait que voyager, &c. Et
en d'autres on peut dire *courir & courre*, comme, *courre fortune*, *courir fortune*. M. Coëffeteau, ce me femble,
dit toûjours le premier, & M. de Malherbe le dernier; mais fans doute *courre
fortune* eft le plus en ufage.

N O T E.

M. Menage qui confirme la décifion de
M. de Vaugelas fur *courre le lievre*, *courre
la pofte*, *il ne fait que courir*, *faire courir le
bruit*, rapporte une obfervation de Voiture conçûe en ces termes dans quelqu'une
de fes Lettres. *Courre eft plus en ufage que*
courir, *& plus de la Cour*; *mais* courir *n'eft
pas mauvais*, *& la rime de* mourir *& de*
fecourir, *fera que les Poëtes le maintiendront
le plus qu'ils pourront*. Il ajoûte qu'il faut
dire, *recourir un prifonnier*, & non pas,
recourre; *un prifonnier recours*, & non pas,
recouru; que c'eft de-là que vient le mot
de *recouffe*, & que nos foldats difent encore aujourd'hui, *aller à la recouffe*, pour
dire, *aller après les ennemis qui enlevent quelque butin*, ou *qui emmenent des prifonniers*.
J'entens fouvent demander fi au futur
de *courir* il faut dire *je courerai* ou *je cour-*

rai. Il n'y a aucun sujet de douter, il faut dire, *je courrai* avec une double *r*, & tous ceux qui ont quelque connoissance de la Langue, en tombent d'accord. J'en vois quelques-uns qui font difficulté sur le futu de *secourir* & de *discourir*, & qui veulent qu'on écrive, *je secourerai*, *il discourera*, quoiqu'en parlant on ne fasse ces futurs que de trois syllabes. Je suis persuadé que *secourir*, *discourir*, *encourir*, *parcourir*, *recourir*, sont de la même nature que *courir* & *mourir*, & que l'élision de l'*i* s'y fait au futur en gardant une double *r*, comme à *je courrai*, *je mourrai*; car pourquoi prendre un *e* plustôt que de garder l'*i*, s'il ne se fait pas d'élision, & dire, *je secourerai*, & non pas, *je secourirai*, comme on dit, *je nourrirai*, *je pourrirai?* Ce qui est cause que ces derniers verbes ne perdent point leur *i* par contraction au futur, comme *mourir* & *courir*, c'est qu'ils demeureroient chargez de trois *r*, qui ne se peuvent prononcer, au lieu qu'en ôtant l'*i* de *courir* & de *mourir*, il n'y reste que deux *r*. Par cette même raison, il a fallu nécessairement conserver l'*i* dans le futur de *couvrir*, *ouvrir*, *souffrir*, & dire, en y ajoûtant *ai*, *je couvrirai*, *j'ouvrirai*, *je souffrirai*, parce que l'*v* consonne qui est dans les deux premiers, & l'*f* dans le dernier, demeureroient avec deux *r*, & en faisant l'élision de l'*i*, il seroit impossible de prononcer, *je couvrrai*, *je souffrrai.* De tous les verbes dont l'infinitif se termine

mine en *ir*, outre *mourir*, *courir*, & ſes
compoſez ; car je ne doute point qu'il ne
faille dire, *je ſecourrai, je diſcourrai*, il n'y
a que les verbes *acquerir*, *enquerir*, *reque-*
rir, qui ſouffrent l'éliſion de l'*i* au futur ;
il acquerra de grands biens dans cet emploi ;
je m'enquerrai de cela, ſelon que le cas le re-
querra.

C C L I.

Accroire.

C'Eſt un excellent mot, tant s'en
faut qu'il ſoit mauvais, comme ſe
l'imaginent pluſieurs, qui ne s'en ſervent jamais, mais diſent toûjours *faire*
croire ; car il y a cette différence entre
faire croire & *faire accroire*, que *faire*
croire ſe dit toûjours pour des choſes
vraies, & *faire accroire* pour des choſes
fauſſes. Par exemple, ſi je dis, *il m'a*
fait accroire qu'il ne joüoit point, je fais
comprendre qu'il ne dit pas la vérité ;
mais ſi je dis, *il m'a fait croire une telle*
choſe, je donne à entendre qu'il m'a
fait croire une choſe véritable. D'autres diſent que la différence qu'il y a
entre *faire croire* & *faire accroire*, n'eſt
pas tant que l'un ſoit pour le vrai, &
l'autre pour le faux, qu'en ce que *faire*

Tome II. Q

accroire emporte toûjours, que celui de qui on le dit, a eu deſſein en cela de tromper. Un de nos plus célebres Auteurs étoit dans l'erreur que nous venons de condamner. Il croyoit qu'*accroire* étoit un barbariſme, & qu'il falloit toûjours dire *croire* ; il dit, par exemple, en un certain lieu, *qui eſt content de ſa ſuffiſance, & ſe veut faire croire qu'il eſt habile homme.* Qui doute qu'il ne faille dire en cet endroit, *ſe veut faire accroire ?* On l'écrit ainſi avec deux *c*, & en un ſeul mot, & non pas *à croire*, ni *acroire*.

NOTE.

Accroire eſt un mot dont tous ceux qui parlent & écrivent bien, ſe ſervent. Rien ne prouve mieux que *faire accroire* ſe dit toûjours pour des choſes fauſſes, que cette façon ordinaire de parler, *il s'en fait beaucoup accroire*, pour dire qu'un homme prend de la fierté d'un mérite qu'il n'a pas, & ſe dit à lui-même ſur ce prétendu mérite beaucoup de choſes qui ne ſont pas vraies. On dit encore, *on vous en fait bien accroire*, pour dire, *on vous en donne à garder.*

C C L I I.

Chez Plutarque, chez Platon.

CEtte façon de parler, qui eſt familiere à beaucoup de gens, pour
dire, *dans Plutarque*, ou *dans les œuvres de Plutarque & de Platon*, eſt inſupportable. Un excellent eſprit avoit
bonne grace de dire que l'on avoit
grand tort de nous envoyer ainſi *chez
Plutarque*, *chez Platon*, & *chez tous
ces autres Auteurs anciens qui n'avoient
point de logis. Chez* ne vaut rien pour
citer les Auteurs, il n'eſt propre qu'à
dénoter la demeure de quelqu'un, *chez
vous*, *chez moi*. Quelques-uns diſent,
chez les Etrangers, pour dire, *en un
pays étranger*, mais pluſieurs le condamnent, & je crois qu'ils ont raiſon.

N O T E.

Chez Plutarque eſt une façon de parler
que nous avons priſe des Latins, & qui
ne ſonne pas bien en notre Langue. Je ne
voudrois pas m'en ſervir en parlant d'un
Auteur particulier; mais je croi qu'en parlant de toute une Nation, on peut fort bien
dire, *chez les Grecs, chez les Romains*. C'eſt le

Q ij

fentiment de M. Chapelain, qui dit que *chez les Italiens*, *chez les Anciens*, c'eſt-à-dire, *chez les Auteurs anciens*, eſt très-bien dit, qu'on ne ſçauroit parler autrement, & que *dans les Italiens*, *dans les Grecs*, *dans les Anciens*, ſeroit un barbariſme. Il ajoûte que *chez Plutarque* vieillit, & que *dans Plutarque* eſt le bon, parce qu'on ſous-entend *dans le Livre de Plutarque*. Quelques-uns prononcent *cheux* pour *chez*, & diſent, *j'irai cheux vous*, au lieu de *chez vous*. C'eſt une prononciation très-vicieuſe.

CCLIII.

Ceſſer.

CE verbe de ſa nature eſt neutre, comme, *l'hiver fait ceſſer les maladies*; *faire ceſſer le travail* : mais depuis quelques années on le fait ſouvent actif, & en proſe, & en vers, comme, *ceſſez vos plaintes*, *ceſſez vos pourſuites*, *ceſſez vos murmures*. Nos bons Auteurs en ſont pleins.

CCLIV.

De gueres.

POur dire *gueres* fimplement , il ne faut jamais dire *de gueres* , comme par exemple , *il ne s'en eft de gueres fallu* , ne vaut rien, on dit, *il ne s'en eft gueres fallu* ; mais quand il dénote une quantité comparée avec une autre , alors le *de* y eft bon , comme fi l'on mefure deux chofes , & que l'une ne foit qu'un peu plus grande que l'autre , on dira fort bien , *qu'elle ne la paffe de gueres.*

NOTE.

La particule *de* fe met avec *guere* , dans le cas que M. de Vaugelas a expliqué , comme elle fe met avec *beaucoup* ; mais il y a cette différence , que *guere* ne fouffre qu'une négative dans les phrafes où il eft employé , & qu'il en faut deux avec *beaucoup* , ou n'en mettre point-du-tout. Ainfi on dit, *il ne s'en eft guere fallu* , *il ne le paffe de guere* ; & fi au lieu de *guere* on mettoit *beaucoup* , il faudroit ajoûter *pas* , qui eft une feconde négative , *il ne s'en eft pas beaucoup fallu* , *il ne le paffe pas de beaucoup*. La raifon eft que *guere* eft une efpece de négative , qui en demande toûjours une autre , au lieu que *beaucoup* peut être employé fans négative. *Il y a beaucoup de gens ,* *il a beaucoup plus d'expérience que son frere.* Si on veut faire entrer le mot *guere* dans ces phrafes , il faut néceffairement qu'il foit précédé d'une négative , *il n'y a guere* *de gens ,* *il n'a guere plus d'experience que son* *frere.*

M. Menage a obfervé qu'on a dit *guere* originairement, & non pas *gueres ,* ce mot ayant été fait d'*avarè, varè, guarè,* GUERE. Il dit que le premier *a* s'eft perdu, comme en l'Italien *vena,* d'*avena* ; qu'*avarè* eft le contraire de *largiter,* qui fe prend fouvent, ainfi que le François *largement,* pour *abondamment ,* qui eft le contraire de *guere ;* qu'ainfi *guere* eft le véritable mot ; qu'on y ajoûte une *s* comme à *encore* & à *même ,* & que *guere* & *gueres* font aujourd'hui tous deux en ufage. On a ôté l's d'*encore,* fuivant la Remarque de M. de Vaugelas fur le mot *encore.* Elle n'eft d'aucune néceffité dans *même* quand il eft adverbe , & je croi qu'on la doit auffi ôter de *guere.* La poëfie devroit garder l's pluftôt que la profe , à caufe de la commodité d'une fyllabe de plus , & toutefois il me femble que l'on auroit peine à fouffrir ce vers.

Qui ne rend point de foins , n'eft gueres *amoureux.*

CCLV.

Foudre.

CE mot eſt l'un de ces noms ſubſtantifs, que l'on fait maſculins
ou féminins, comme on veut. On dit
donc également bien, *le foudre* & *la foudre*, quoique la Langue Françoiſe ait
une particuliere inclination au genre féminin. Ce choix des deux genres eſt
commode, non ſeulement aux Poëtes,
qui peuvent par ce moyen allonger &
accourcir les vers d'une ſyllabe, & ſe
faciliter les rimes, mais encore aux
Orateurs, qui ont auſſi leurs meſures
& leurs nombres dans leurs périodes,
& s'en peuvent prévaloir d'ailleurs à
éviter les rimes & les cacophonies.

NOTE.

M. Chapelain dit qu'il ne voit pas comment *le* ou *la* font éviter les cacophonies
dans l'emploi de ce mot, qui a les deux
genres. J'ai vû quelques gens embarraſſez
ſur ce que M. de Vaugelas dit que ce choⁱx
des deux genres eſt commode pour les
Poëtes, qui par ce moyen peuvent allonger ou accourcir le vers d'une ſyllabe, &

se faciliter les rimes. Ils disent que *le foudre* n'a pas plus de syllabes que *la foudre*, & que ce mot, soit qu'on l'employe au masculin ou au féminin, ne sçauroit jamais rimer qu'avec *poudre*, *résoudre*, &c. Ils ne songent pas qu'il peut fournir une syllabe de plus ou de moins au génitif, *de la foudre*, *du foudre*. Il le peut de même au datif, *à la foudre*, *au foudre*, & pour la rime, si on a un vers féminin dont le participe *soûtenue* soit le dernier mot, on n'a pour rimer qu'a faire le substantif *foudre*, féminin, & dire, par exemple,

> *Par des vœux bien soûmis la foudre est retenue.*

Si le participe *soûtenu* finit un vers masculin, on dira,

> *Par des vœux bien soûmis le foudre est retenu.*

M. Menage a fort bien observé que *foudre* dans le figuré est toûjours au masculin, *un foudre de guerre*, & que dans le propre on le fait aujourd'hui le plus souvent féminin.

Ce mot a fait *foudroyer*, sur quoi le Pere Bouhours a très-judicieusement remarqué que *foudroyer* ne se dit que quand on veut exprimer qu'un homme a été frappé de la foudre en punition de ses crimes.

Jupiter

Jupiter foudroya les Titans, l'athée foudroyé.
Hors de là, dit ce Pere, *foudroyer* n'a point
lieu dans le propre, & ce seroit mal dit,
*qu'un homme a été foudroyé, qu'une Eglise a
été foudroyée,* il faut dire, *qu'un homme a
été frappé du tonnerre, que le tonnerre est tombé sur une Eglise.* Il rapporte ensuite plusieurs exemples où *foudroyer* est employé
avec grace dans le figuré. *L'artillerie a foudroyé tous les travaux des ennemis, foudroyer
les vices, Dieu qui foudroye toutes nos gran-
deurs jusqu'à les réduire en poudre.* Il fait
aussi remarquer que *foudroyer* est quelquefois neutre, & qu'on l'employe sans régime. *Il s'est résolu de vous laisser foudroyer
& tonner tout seul. Ne pensant qu'à la grandeur de son Roi, quand il s'agit de la soûtenir,
il tonne, il foudroye, il mêle le ciel & la terre.*

CCLVI.
Aigle, fourmi, doute.

LEs deux premiers sont encore de
ces substantifs hermaphrodites;
car on dit, *un grand aigle & une grande
aigle, à l'aigle noir & à l'aigle noire.* De
même on dit, *un fourmi & une fourmi.*
Il est vrai qu'on le fait plus souvent
féminin que masculin. Mais *doute,* qui
étoit il y a quinze ou vingt ans de ce
nombre, jusques-là que M. Coëffeteau

& M. de Malherbe l'ont presque toûjours fait féminin,

Nos doutes seront éclaircies,
Et mentiront les Prophéties,

dit M. de Malherbe, n'eſt plus aujour-
d'hui que maſculin , & il faut toûjours
dire, *le doute, je ne fais nul doute*, &
non pas, *je ne fais nulle doute*, comme
l'ont écrit ces Meſſieurs que j'ai allé-
guez. Un de nos anciens Poëtes dans
un Rondeau l'a fait féminin.

Mais eſpoir vient ma doute réformer.

NOTE.

M. Menage remarque fort bien qu'*Ai-*
gle dans le propre eſt maſculin & féminin, *un grand Aigle, une grande Aigle*, à
l'Aigle noir, à *l'Aigle noire*, & que dans le
figuré il eſt féminin, *les Aigles Romaines.*
Je croi, comme lui, que ce ne ſeroit pas
bien parler que de dire, *l'Aigle Romain*,
ſur l'autorité d'un vers qu'il rapporte de
la Sophoniſbe de Mairet. Il tient *fourmi*
féminin, quoiqu'il diſe que le peuple le
fait toûjours maſculin. Pour *doute*, qu'il
fait venir du Latin barbare *dubita*, qui a
été dit au lieu de *dubitatio*, & qui par là

devroit être féminin , il dit qu'il n'est plus que masculin. Je ne sçai pourquoi M. Chapelain a écrit que *nulle doute* & *aucune doute* sont les meilleurs , & que *point de doute* vaut mieux ; car il n'y a personne aujourd'hui qui ne fasse *doute* masculin , quoique Messieurs de Voiture & Balzac ayent écrit *la doute. Formi* pour *sourmi* est une prononciation aussi vicieuse que celle de *norrir* au lieu de *nourrir.*

CCLVII.

Consommer, ou *consumer.*

CEs deux verbes ont deux significations bien différentes , que plusieurs de nos meilleurs Ecrivains ne laissent pas de confondre, & très-mal. Ils diront indifféremment , *consommer* & *consumer ses forces ; consommer* & *consumer son bien* , & néanmoins *consommer* ne veut point dire cela , mais *accomplir* , comme quand on dit , *consommer son mariage* , pour *accomplir le mariage* , & *une vertu consommée* , pour *une vertu accomplie & parfaite.* Ceux qui sçavent le Latin , voyent clairement cette différence par ces deux mots , *consummare* & *consumere* , qui

R ij

répondent juftement aux deux François, & en l'orthographe, & en la fignification, *confommer* & *confumer*. Ce
qui a donné lieu à cette erreur, fi je ne
me trompe, eft que l'un & l'autre emporte avec foi le fens & la fignification
d'*achever*, & ainfi ils ont crû que ce
n'étoit qu'une même chofe. Il y a pourtant une étrange différence entre ces
deux fortes d'*achever* ; car *confumer*
acheve en détruifant & anéantiffant
le fujet, & *confommer* acheve en le
mettant dans fa derniere perfection, &
fon accompliffement entier ; & felon
cela faint Auguftin a dit qu'il y a *finis*
confumens & *finis confummans*. Il fe
pourroit faire auffi que nos Poëtes auroient contribué à ce défordre, employant *confomme* pour *confume*, lorfque la rime les y a contraints ou invi-
tez, de même qu'on les foupçonne
d'être en partie caufe du cours qu'a eu,
& a encore cette monftrueufe façon de
parler, *recouvert* pour *recouvré*, dont
il y a une remarque à part.

Néanmoins il eft à noter que la faute
ordinaire n'eft pas de dire *confumer*
pour *confommer* ; car perfonne n'a ja-

mais dit ni écrit , que je sçache , *consu-*
mer le mariage , ni *une vertu consumée* ;
mais c'est de dire *consommer* pour *con-*
sumer , ne disant jamais *consumer* pour
quoi que ce soit , & disant toûjours
l'autre. Certainement M. de Malherbe
ne les a jamais confondus , quelque besoin qu'il en ait pû avoir dans la rime ,
tant il étoit persuadé de la distinction
qu'il faut faire entre les deux. Il dit en
un lieu ,

> *Et qu'aux roses de sa beauté ,*
> *L'âge par qui tout se consume ,*
> *Redonne contre sa coûtume ,*
> *La grace de la nouveauté.*

Je n'ai point remarqué qu'en vers ni en
prose il ait jamais mis l'un pour l'autre,
& aujourd'hui la plus saine partie de
nos meilleurs Ecrivains n'a garde de les
confondre.

N O T E.

Quoique M. Menage demeure d'accord
de la différence qu'il y a entre *consumer* ,
qui signifie *anéantir* , & *consommer* , qui
veut dire *accomplir* , *perfectionner* , il ne
laisse pas de dire qu'après l'exemple de

R iij

M. de Gombaut, qu'il cite comme un de
nos Poëtes les plus exacts, & qui a dit
dans un sonnet sur la mort du Roi de
Suede,

*De ses propres ardeurs lui-même il se
consomme.*

il ne croit pas qu'on doive faire difficulté
de s'en servir de la même sorte. Je sçai
bien que pour trouver une rime à *homme,*
nomme, &c. plusieurs ont écrit, *le feu qui*
me consomme, pour *le feu qui me consume;*
mais je suis persuadé que c'est une faute,
& qu'il n'est pas plus permis de dire, *con-*
sommer son temps, consommer son bien, que
consumer un mariage, consumer une affaire,
ce qui ne s'est jamais dit.

Consommation est en usage dans les différentes significations de *consommer* & de
consumer, & l'on dit, *la consommation des*
vivres, la consommation des denrées, de même qu'on dit, *la consommation d'un mariage,*
la consommation d'une affaire.

CCLVIII.

Avoisiner.

CE mot n'est gueres bon en prose,
mais la plus part des Poëtes s'en
servent, comme quand ils décrivent

quelque montagne ou quelque tour extrémement haute, ils difent qu'*elle*
avoifine les Cieux. J'ai dit *la plufpart*,
parce qu'il y en a qui ne s'en voudroient pas fervir.

N O T E.

Avoifiner eft un terme purement poëtique, dont on ne peut fe fervir que dans
le fens que lui donne ici M. de Vaugelas.
M. Chapelain femble pourtant ne l'exclure pas entierement de la profe, puifqu'il dit que c'eft par une mauvaife déli-
catefle que ce mot eft confacré en poëfie.

C C L I X.

Péril éminent.

VOici un exemple de ce que l'Ufage fait fouvent contre la raifon;
car perfonne ne doute, j'entens de
ceux qui fçavent la Langue Latine,
que *péril éminent* ne foit pris du Latin,
qui dit, *periculum imminens*, pour fignifier la même chofe, & toutefois nous
ne difons pas *péril imminent*, pour éviter, comme je crois, le mauvais fon
des trois *i*; mais *éminent*, qui ne veut

R iiij

nullement dire cela , ni même il n'eſt pas poſſible de concevoir comme on peut donner cette épithete à *péril.* Au lieu qu'*imminent* voulant dire *une choſe prête à tomber ſur une autre* , l'épithete convient fort bien au péril qui eſt ſur le point d'accabler une perſonne. Pour cette raiſon j'ai vû un grand Perſonnage qui n'a jamais voulu dire autrement que *péril imminent* : mais avec le reſpect qui eſt dû à ſa mémoire, il en eſt repris, non ſeulement comme d'un mot qui n'eſt pas François, mais comme d'une erreur qui n'eſt pardonnable à qui que ce ſoit, de vouloir en matière de Langues vivantes, s'opiniâtrer pour la raiſon contre l'Uſage.

N O T E.

Il eſt certain que *periculum imminens* ſignifie en Latin ce que nous entendons quand nous diſons *peril éminent.* Cependant j'ai entendu d'habiles gens ſoûtenir que cette epithete avoit ſon ſens. Ils diſent qu'*éminent* ſignifie *grand , élevé , qui paroît* , & qu'ainſi on peut appeler *péril éminent* , un grand péril où l'on voit bien qu'on ſe jette, & dont on ne peut douter. En effet, *péril éminent* ne ſe dit point

d'un péril où le hazard nous engage, &
que l'on n'a point prévû ; & je ne crois
pas que ce fût bien parlé de dire, *il rencon-
tra des voleurs qui le mirent en un péril éminent de perdre la vie* ; on diroit plûtôt,
qui le mirent en grand péril de perdre la vie.
On dira fort bien , *il voyoit qu'il se mettoit dans un péril éminent , s'il hazardoit
l'entreprise* , parce qu'on donne à entendre
que l'on prévoit le péril , ce qui me fait
croire que l'épithete d'*éminent* convient
mieux à un péril dont on a le temps d'é-
xaminer la grandeur , qu'à un péril de
hazard , quelque grand qu'il soit.

CCLX.

Ce , *devant le verbe substantif.*

QUelques-uns répétent *ce* devant
le substantif, & d'autres ne le répétent pas. Par exemple , *ce qu'il y a de
plus déplorable , c'est , &c.* M. Coëffeteau en use toûjours ainsi. D'autres
disent , *ce qui est de plus déplorable , est,
&c.* & aujourd'hui tout au contraire
de ce qui se pratiquoit du temps de
M. Coëffeteau , ce dernier est plus
usité, avec cette différence néanmoins,
que lorsque le premier *ce* est fort éloigné du verbe substantif, il est meilleur

de le répéter que de ne le répéter pas ;
comme, *ce qui eſt de plus déplorable &
de plus étrange en tout le cours de la vie
humaine ſujette à tant de miſeres*, *c'eſt,
&c. Eſt*, y ſeroit bon auſſi ; mais *c'eſt*
y eſt beaucoup meilleur, parce qu'il re-
cueille tout ce qui a été dit entre deux,
& rejoignant le nominatif au verbe, fait
l'expreſſion plus nette & plus forte.

Que ſi l'on n'a pas mis *ce* auparavant,
mais quelque autre mot, alors non ſeulement il n'eſt pas néceſſaire de mettre
le *ce*, mais pour l'ordinaire il eſt mieux
de ne le mettre pas ; par exemple, *la
difficulté que l'on y pourroit apporter*, *eſt*,
& non pas *c'eſt*, qui néanmoins ne ſeroit pas une faute ; mais *eſt*, eſt beaucoup meilleur. Mais ſi le nominatif,
quand c'eſt un autre mot que *ce*, eſt
fort éloigné du verbe ſubſtantif, alors
il eſt bien mieux de dire *ce*, que de ne
le dire pas, comme, *enfin la cauſe de
tant de malheurs & de miſeres qui nous
arrivent en ce monde les unes ſur les autres*, *c'eſt*, *&c.* pluſtôt qu'*eſt*. Que s'il
n'eſt ni trop près ni trop loin, on peut
mettre ou laiſſer le *ce*, comme l'on
veut ; on dira, *la meilleure voye que*

l'on fçauroit prendre deformais , *eſt* , &
c'eſt , tous deux font bons ; mais aujourd'hui *eſt* femble être un peu plus
en ufage , quoique la plus faine partie des Ecrivains trouve *c'eſt* meilleur. Il n'eſt pas de cette particule *ce* ,
comme de la conjonction *que* , dont
nous avons fait une Remarque.

N O T E.

J'avouë que j'aimerois mieux répéter
ce , & dire , *ce qui eſt de plus déplorable* ,
c'eſt , *&c.* que de dire fimplement , *ce qui
eſt de plus déplorable , eſt que* , *&c.* Ne dira-
t-on pas pluſtôt au pluriel , *ce qu'on fouffre
avec le moins de patience , ce font les perfidies ,
les trahifons , les noirceurs* , qu'on ne dira ,
*ce qu'on fouffre avec le moins de patience , font
les perfidies.* Si *ce* eſt une élégance au pluriel , ç'en doit être une auffi au fingulier.
En général , il paroît que *c'eſt* eſt toûjours
meilleur qu'*eſt* , quoique *ce* n'ait point
été mis auparavant , comme , *la meilleure
voye que l'on puiffe prendre , c'eſt , &c.*

Ce mot de *c'eſt* me fait fouvenir de la
Remarque de M. de Vaugelas fur *c'eſt
chofe glorieufe.* Il eſt certain qu'on ne parle
plus ainfi , & que l'article *une* manque en
cette phrafe. Mais j'ajoûterai ici que ce
qui eſt du vieux ſtile au fingulier , ne l'eſt
point au pluriel , & qu'on dit fort bien ,

& avec grace en supprimant l'article ; *ce sont choses glorieuses dont l'Histoire parlera.* On dit de même, *ce sont accidens difficiles à prévoir,* & on ne peut dire au singulier, *c'est accident que l'on ne pouvoit prévoir ;* il faut mettre l'article *un,* & dire, *c'est un accident que l'on ne pouvoit prévoir.* Il est vrai qu'on peut dire au singulier sans aucun article, *c'est tromperie que de faire bonne mine aux gens qu'on n'estime point,* & autres choses semblables ; mais si on vouloit joindre une épithete à *tromperie,* comme, *insigne, honteuse, &c.* alors il faudroit nécessairement mettre *une* devant l'épithete, & dire, *c'est une insigne tromperie que de, &c.* & non pas, *c'est insigne tromperie,* de même qu'il faut dire, *c'est une chose glorieuse,* & non pas, *c'est chose glorieuse.*

CCLXI.

Ce, *avec le pluriel du verbe substantif.*

CE, a encore un usage en notre Langue, qui est fort beau, & tout-à-fait François ; c'est de le mettre avec le pluriel du verbe substantif. Par exemple, *les plus grands Capitaines de l'antiquité, ce furent Alexandre, Cesar, Hannibal, &c.* & non pas, *les plus grands Capitaines de l'antiquité furent,* ni *ce fut.*

Je crois néanmoins que *furent* fans *ce*, ne feroit pas mauvais ; mais avec *ce*, il eft incomparablement meilleur. Pour *ce fut*, je doute fort qu'il foit bon, ou s'il l'eft, c'eft fans doute le moins bon de tous. Cette petite particule a une merveilleufe grace en cet endroit, quoiqu'elle femble choquer la Grammaire en l'un de fes premiers préceptes, qui eft que le nominatif fingulier régit le fingulier du verbe, & non pas le pluriel; & néanmoins ici on lui fait régir le pluriel, en difant, *ce furent Aléxandre*, *Céfar*, *&c*. Sur quoi il eft à remarquer que toutes les façons de parler que l'Ufage a établies contre les règles de la Grammaire, tant s'en faut qu'elles foient vicieufes, ni qu'il les faille éviter, qu'au contraire on en doit être curieux comme d'un ornement de langage, qui fe trouve en toutes les plus belles Langues, mortes & vivantes. Quelle grace penfez-vous qu'eût parmi les Grecs cette locution & cet ufage de faire régir le fingulier des verbes aux neutres pluriels, & de dire, ζῶα τρέχει, *animalia currit*, *les animaux court*, & une quantité d'autres fem-

blables ? Et croiroit-on que dans Virgile ce fût une licence poëtique d'avoir
dit , *Urbem quam statuo, vestra est* ,
pluftôt qu'une noble & élégante manière de s'exprimer, dont la nobleffe &
la grace confifte en cela feulement, d'ê-
tre affranchie de la fervitude Grammaticale & de la phrafe du vulgaire ?
Il n'y a point de Langue éloquente qui
ne foit enrichie de ces fortes d'ornemens. Mais revenons à notre *ce*.

Ce au commencement de la période
fe dit encore au même fens, & avec
plus de grace qu'en l'exemple que j'ai
propofé , comme , *ce furent les Romains qui dompterent , &c. ce furent de
grands hommes , qui les premiers inven-
terent, &c.*

Ce mot fe met encore avec le verbe
fubftantif, quoique le nom fubftantif
qui précede *ce*, foit au fingulier. Exemple, *l'affaire la plus fâcheufe que j'aye ,
ce font les contes d'un tel* , & non pas ,
c'est les contes. En quoi il faut encore
remarquer une plus grande irrégularité
que la premiere, parce que lorfqu'on
dit , *les plus grands capitaines de l'antiquité , ce furent* , au moins y a-t-il un

pluriel devant , quoique *ce* foit un fingulier ; mais ici *affaire* & *ce* font tous
deux au fingulier , & néanmoins ils régiffent le pluriel *font* , ce qui eft bien
étrange ; car de dire qu'en cet exemple
font fe rapporte au pluriel qui fuit , à
fçavoir *les contes* , & non pas à aucun
des deux finguliers qui précedent , j'en
demeure d'accord ; mais que peut-on
inferer de là , fi ce n'eft qu'au lieu d'une
irrégularité que j'y remarquois , il y
en faut remarquer deux ? J'ai déja dit
la premiere , & voici la feconde ; que
le verbe fubftantif , qui felon l'ordre
de la Grammaire & du fens commun ,
fur qui la Grammaire eft fondée , doit
être régi, comme il l'eft ordinairement ,
par le nom fubftantif qui précéde ;
néanmoins en cet exemple il eft régi
par le nom fubftantif qui fuit. Ces façons de parler des Latins , *domus antra
fuerunt* , *omnia pontus erat* , reviennent
à peu près à celles que nous venons de
dire.

N O T E.

La particule *ce* dans ces façons de
parler, *ce font* , *ce furent* , ne doit pas être
regardée comme ayant un fingulier &

un pluriel, mais comme une particule
sans nombre, qu'on ajoûte à *sont*, & à
furent, pour leur donner plus de grace.
En effet, *ce*, dans ces endroits ne signifie rien, au lieu que dans, *ce qui est
de plus déplorable*; cette particule a un
singulier, & signifie autant que si on
disoit, *la chose qui est la plus déplorable*.
Ainsi on ne peut pas dire que dans, *ce
furent*, le singulier regit un pluriel, puisque *ce* en cet endroit n'a point de nombre, & ne signifie rien.

On pourroit ôter *ce*, dans le premier
exemple de M. de Vaugelas, & dire,
*les plus grands Capitaines de l'Antiquité, fu-
rent Alexandre, Cesar, &c.* mais non seulement cette particule a beaucoup de grace au commencement de la période,
mais il faut necessairement l'y mettre
comme en ces autres exemples, *ce furent
les Romains qui, &c. ce sont de grands hommes, qui les premiers, &c.* C'est aussi une
necessité de mettre le verbe au pluriel
dans l'un & dans l'autre exemple; & ce
seroit mal parler que de dire, *ce fut les
Romains qui, &c. c'est de grands hommes
qui, &c.* Cela fait connoître que quand
ce est devant le verbe substantif, ce verbe
n'est déterminé à être mis au singulier
ou au pluriel, que par le nominatif qui
est après, & non point par *ce*, ni par le
nominatif qui le précede.

Voici ce qu'a écrit M. Chapelain sur
cette Remarque. *Il est douteux que ce
furent*,

furent, *soit meilleur que* furent, *& ce*
n'eſt pas mon opinion. Ce fut *eſt un ſolé-*
ciſme avec des pluriels. Quand on dit, ce
furent Alexandre, Ceſar, &c. ce *ne regit*
pas furent, *mais ce qui le regit, c'eſt,*
les plus grands Capitaines, *& ce eſt un*
des pleonaſmes de notre langue, qui pourroit
être ici vicieux au contraire des autres ; je
ne le condamne pas pourtant. Ce *au com-*
mencement de la période eſt tout à fait en
grace.

Je ne ſçai pourquoi M. Chapelain
ſe contente de dire , que *ce* a de la
grace au commencement de la période,
puiſque , comme je l'ai déja dit , il eſt
impoſſible de ne pas l'y employer. Ainſi
ne doit pas être regardé en cet endroit
comme un pléonaſme qui a de la grace,
mais comme une particule qu'on ne ſe
peut diſpenſer de mettre

CCLXII.

Ce que pour *ſi.*

IL eſt bien François , & a une grace
nompareille en notre Langue. M.
Coëffeteau en uſe ſouvent ; il l'employe par deux fois en la réponſe de
Neron à Seneque. *Ce que je répons,* dit-
l , *ſur le champ à une harangue que tu*
as préméditée, c'eſt premierement un fruit

de ce que j'ai appris de toi, & un peu plus bas : *Ce que tu tiens de moi*, *des jardins*, *des rentes & des maiſons*, *ce ſont toutes choſes ſujettes à mille accidens.* Et M. de Malherbe ; *Auſſi ne faut-il pas penſer que ce que Mercure eſt peint en la compagnie des Graces*, *ce ſoit pour ſignifier*, *&c.* On voit en ces trois exemples que *ce que* ſe réſout par *ſi*, & qu'en mettant *ſi* au lieu de *ce que*, ce ſeroit toûjours le même ſens ; mais avec combien moins de grace & de beauté ? Il y en a pourtant qui croyent que *ce que* eſt vieux, & bien moins élégant que *ſi* ; néanmoins un de nos plus excellens Ecrivains modernes s'en ſert ſouvent.

N O T E.

M. Chapelain eſt de l'avis de M. de Vaugelas, & dit que *ce que*, au lieu de *ſi*, eſt une élegance, & qu'il la faut conſerver. Ce ſont deux grands hommes, & leur nom donnera toûjours beaucoup de poids à ce qu'ils ont décidé, mais il me ſemble qu'il ſeroit plus naturel de dire, dans l'exemple de Malherbe, *auſſi ne faut-il pas penſer*, *que ſi Mercure eſt peint en la compagnie des Graces*, *ce ſoit pour ſignifier*, *&c.* Je ne vois pas qu'aucun de nos bons Auteurs em ploye prefentement *ce que*, pour *fi* ; cela me fait croire que ce qui a paffé autrefois pour élégance, a ceflé de l'être. Il femble que *ce que* n'eft point employé pour *fi* dans les deux premiers exemples de cette Remarque, & que, *ce que je réponds fur le champ à ta harangue, c'eft un fruit de ce que j'ai appris de toi*, veut feulement dire, *les chofes que je réponds c'eft le fruit*, &c. Du moins *ce que* pour *fi*, n'eft point là affez marqué, non plus qu'au fecond exemple. *Ce que tu tiens de moi, des jardins, des rentes, des maifons, ce font toutes chofes fujettes*, &c. On peut entendre par-là, *les biens que tu tiens de moi, jardins, maifons, rentes, ce font chofes*, &c. & non pas, *fi tu tiens de moi des jardins, des maifons, des rentes, ce font chofes*, &c. C'eft ce qui a obligé M. de la Mothe le Vayer à dire, que *ce que* ne fe réfout point par *fi*, comme le prétend M. de Vaugelas, non pas même dans fes exemples, qu'il répond à *id* & à *quod* Latins, & qu'il n'eft point vieux, mais élegant. Il eft certain qu'autrefois on difoit *ce que*, pour *fi* ; ce ne feroit pas prefentement une élegance.

CCLXIII.

Ce dit-il , ce dit-on.

ON dit tous les jours l'un & l'autre en parlant ; mais on ne le doit point dire en écrivant , que dans le ſtile bas. Il ſuffit de *dit-il* , *dit-on*, ſans *ce*, & c'eſt ainſi qu'il s'en faut ſervir par parentheſe , quand on introduit quelqu'un.

N O T E.

Je ne croi pas que l'on puiſſe dire en aucun ſtile , *ce dit-il* , & *ce dit-on*, ſi ce n'eſt qu'on affecte exprès de le mettre dans la bouche d'un homme que l'on peint d'un caractere à ne devoir pas ſçavoir parler purement. Il eſt bon même de s'accoûtumer à ne dire que , *dit-il* , dans les converſations les plus familieres. Quelques-uns diſent, *ce m'a-t'il dit , ce lui dirent ils.* C'eſt la même faute , & il la faut éviter.

CCLXIV.

Outre ce, à ce que.

CEtte premiere façon de parler ne vaut rien, il faut dire, *outre cela*, & *à ce que* pour *afin que*, qui·eſt vieux. Exemple, *il faut faire prier Dieu de tous côtez, à ce qu'il lui plaiſe appaiſer ſon ire.*

NOTE.

Quelques-uns diſent, *à celle fin que*, au lieu d'*afin que*, qui eſt bien plus méchant qu'*à ce que*. Toutes ces façons de parler ne valent pas mieux que, *outre ce*, pour *outre cela*, & elles ſont entierement hors d'uſage.

CCLXV.

Ce fut pourquoi.

AU lieu de *c'eſt pourquoi*, qu'on a accoûtumé de dire, nous avons quelques-uns de nos meilleurs Ecrivains, qui diſent preſque toûjours, *ce fut pourquoi*, devant le prétérit défini. Par exemple, *ce fut pourquoi les Romains immolerent des victimes*, &c. eſtimant qu'il doit y avoir du rapport entre le temps qui fuit , & celui qui va devant; mais ils fe trompent , parce qu'en cette façon de parler , *c'est pourquoi*, le temps préfent *c'est* , convient à tous les temps qui fuivent , d'autant qu'il fe rapporte à la caufe & à la raifon qui fait dire , *c'est pourquoi* , qui fubfifte , & qui eft auffi-bien préfente maintenant qu'elle l'étoit au temps paffé. Et qu'ainfi ne foit , ne difons-nous pas , *pourquoi eft-ce que les Romains firent telle chofe*, beaucoup mieux que fi nous difions , *pourquoi fut-ce que les Romains ?* Cette locution , *ce fut pourquoi* , vient de Normandie , au moins les Auteurs qui ont accoûtumé de s'en fervir , en font. On en ufe auffi en Anjou & au Maine.

N O T E.

On ne doute point que ceux qui font pour , *ce fut pourquoi*, ne veuillent auffi qu'on dife , *pourquoi fut ce que les Romains , &c.* Mais il eft certain qu'il eft mieux, de dire , *c'est pourquoi*, bien qu'on faffe fuivre un prétérit indéfini. J'appelle prétérit indéfini celui que M. de Vaugelas appelle par tout défini. Les prétérits indéfinis , qu'on appelle auffi

Aoriftes, d'un mot Grec qui veut dire *indéfini*, font, *j'aimai, je lûs, j'appris*; & les définis font ceux qui font compofez du prefent du verbe *avoir*, & du participe paffif, *j'ai aimé, j'ai lû, j'ai appris*. Je croi que c'eft là le fentiment général. Monfieur Chapelain dit que, *c'eft pourquoi*, fignifie, *c'eft la raifon pourquoi*, & que c'eft une façon de parler abregée par l'ufage, qui fait une de nos élegances. Le Pere Bouhours ajoûte à cette Remarque, qu'il ne faut point dire, *& c'eft pourquoi*, comme on dit, *& c'eft pour cela, & c'eft pour ce fujet*; mais qu'il faut dire, *c'eft pourquoi* tout feul. Il en donne pour raifon, que *c'eft pourquoi* répond au *quare*, & au *quamobrem* des Latins, qui n'ont jamais *&* devant, au lieu que, *ideo, eam ob rem*, le peuvent avoir; & que comme on dit fort bien en Latin, *& ideo, & eam ob rem*, on peut dire de même en François, *& c'eft pour cela, & c'eft pour ce fujet*.

CCLXVI.

Ce, à ce faire, en ce faifant.

PLufieurs n'approuvent pas qu'on en ufe à la place de l'article. Par exemple, *il m'a fait ce bien de me dire*, ils veulent que l'on die, *il m'a fait le bien de me dire* ; néanmoins M. de Malherbe a écrit, *elle m'a fait cet honneur de m'écrire.* J'apprens que *ce bien, cet honneur,* s'est dit autrefois ; mais aujourd'hui l'on ne le dit plus gueres, quoiqu'il ne le faille pas condamner absolument ; il est certain qu'*il m'a fait le bien, il m'a fait l'honneur de me dire,* est bien plus doux & plus régulier.

On ne peut pas nier que ces deux façons de parler, *à ce faire & en ce faisant,* ne soient fort commodes & fort ordinaires dans plusieurs de nos meilleurs Auteurs ; mais elles ne font plus aujourd'hui du beau stile, elles sentent celui des Notaires.

N O T E.

Monsieur de la Mothe le Vayer dit que, *vous me ferez ce bien,* &, *vous me ferez le bien,* font également bons, & que c'est une fantaisie de croire que le dernier soit plus doux & plus régulier que l'autre. Je suis du sentiment de M. Chapelain, qui dit que, *il m'a fait ce bien,* est vieux. *A ce faire,* & *en ce faisant,* ne peuvent être soufferts que dans la pratique.

CCLXVII.

CCLXVII.

Peu s'en est fallu.

C'Est ainsi que l'Usage veut que l'on parle ; mais la raison ne le voudroit pas, elle voudroit que l'on dît, *peu s'en est failli* ; car il est certain qu'en ce terme, *peu s'en est fallu, fallu* ne veut dire autre chose que *manqué*, tout de même que si l'on disoit, *peu s'en est manqué*, comme *faillir* à l'infinitif veut dire *manquer*. Or est-il que *faillir* ne fait point au prétérit parfait, *il a fallu* ; mais *il a failli*, comme, *il a failli à me blesser*, & *fallu* est le prétérit de l'infinitif *falloir*, qui n'est pas en usage, & qui signifie en Latin, *oportere*. *Il a fallu*, dit-on, *ceder à la force*, *il a fallu faire cela* ; mais il est arrivé en ce mot la même chose qu'à *recouvert* pour *recouvré* ; & je ne doute point que lorsque l'on commença à dire, *peu s'en est fallu* pour *peu s'en est failli*, les Grammairiens de ce temps-là ne fissent les mêmes exclamations & le même bruit qu'ont fait ceux de notre temps, quand on a dit *recouvert* pour *recouvré*.

Tome II.　　　　　　　　T

mais on a eu beau invoquer Prifcien
& toutes les puiffances Grammaticales,
la raifon a fuccombé, & l'ufage eft
demeuré le maître, *communis error facit jus*, difent les Jurifconfultes. Quand
deux verbes fe reffemblent, il eft aifé
de confondre les conjugaifons, fi l'on
n'a appris à les démêler ; & pour en
donner un exemple dans le même verbe de *faillir*, on dit en Normandie, *il
faillira*, *il failliroit*, pour dire, *il faudra*, *il faudroit*, qui eft une faute toute contraire à celle-ci, *peu s'en eft fallu*.

NOTE.

J'ai peine à croire qu'on doive faire
le même jugement de *peu s'en eft fallu*,
pour, *peu s'en eft failli*, que de, *recouvert*,
pour *recouvré*. On ne peut douter qu'on
n'ait dit abufivement, *recouvert*, pour *re
couvré*, parce qu'on ne dit pas dans la
même fignification au préterit indéfini,
& au futur, *je recouvris*, *je recouvrirai*,
mais *je recouvrai*, *je recouvrerai*. Ainfi on
ne fe fert que du feul participe de *recou-
vrir*, dans la fignification de *recouvrer*.
Il n'en eft pas de même du verbe *failoir*,
fi on peut le prendre pour *faillir*. On dit
dans tous les temps, *peu s'en faut*, *peu s'en
falloit*, *il s'en eft peu fallu*, *peu s'en fallut*,

il s'en faudra peu ; & il n'y a guere d'apparence qu'on se servît du verbe *falloir*
dans tous ces divers temps, si de lui-
même il ne signifioit pas *manquer*. Quand
M. de Vaugelas dit qu'il ne doute
point que lorsqu'on a commencé à dire,
peu s'en est fallu, les Grammairiens de
ce temps-là n'ayent fait grand bruit pour
s'y opposer ; il suppose qu'effectivement,
peu s'en est failli, s'est dit ; cependant il
ne fait point voir qu'aucun ancien Auteur l'ait employé, ce qu'il auroit dû
montrer, s'il étoit vrai que l'usage eût
introduit, *peu s'en est fallu*, au lieu de,
peu s'en est falli ; car comment ne nous
resteroit-il aucune marque de cette ancienne façon de parler, si elle avoit été
autrefois reçüe ? Monsieur Chapelain
dit sur le mot de *fallu*, pour *failli*, que
le même abus s'est coulé parmi le peuple pour ces deux phrases, *cuir boulu,*
châtaignes bouluës, en la place de *bouilli*,
& *bouillies* ; mais l'abus est clair dans ces
deux mots, puisqu'on dit fort bien,
cuir bouilli, *châtaignes bouillies*, au lieu
qu'on ne sçauroit dire, & qu'il est à
présumer qu'on n'a jamais dit, *peu s'en*
est failli, pour *peu s'en est fallu*. Cela me
fait croire que *falloir*, joint avec la particule relative *en*, fait un verbe imper-
sonnel, qui signifie *manquer*. *Il s'en faut*
peu, *il s'en falloit un écu*, *il s'en faudra*
tant, *que la somme ne soit entiere*. Dans
toutes ces phrases, le verbe *falloir*, tient

la place de *manquer*. Je demeure d'accord que *manquer*, ſignifie *faillir*, non-
ſeulement dans la ſignification de , *faire
une faute* , mais encore dans celle qui
marque, *qu'une choſe qu'on avoit , commence à ſe perdre* , ou *à finir*. Ainſi au
lieu de dire , *le cœur me manque* , *les jambes lui manquent* , *la voix lui manquoit* , *le
jour lui a manqué en chemin* , *la parole lui
manqua* , *les forces lui manqueront tout à
coup* , il en eſt qui diſent d'une manière
peu élegante , mais intelligible , & peut-
être tolerable. *Le cœur me faut*, comme
ſi *faillir* avoit un preſent ſingulier , *je
faux* , *tu faux* , *il faut* ; *les jambes lui faillent*,
la voix lui failloit , *le jour lui a failli en
chemin* , *la parole lui faillit* , *les forces lui
failliront tout à coup*. On pourroit même
dire à l'infinitif, *les forces lui vont faillir
tout à coup* , & non pas, *les forces lui vont
falloir tout à coup*. Cela vient de ce que
faillir, qui veut dire *manquer*, lors qu'une
choſe qu'on avoit, commence à ſe perdre , ne le veut pas dire, ſi on l'employe pour exprimer, *ce qui manque à
une choſe , afin qu'elle ſoit complette*. On
dit fort bien, *il manqua* , ou *il s'en manqua dix piſtoles qu'il ne me payât ce qu'il
me devoit*. Mais quoique *faillir* ſoit la
même choſe que *manquer*, en d'autres
ſignifications , on ne peut dire dans cette
phraſe , *il s'en faillit dix piſtoles*, &c. comme on peut dire, *la voix lui faillit*, pour
dire, *la voix lui manqua* ; & on dit par-

faitement bien , *il s'en fallut dix piftoles.*
Si donc on peut fe fervir du verbe *fail-*
lir, quoique moins élegant , pour dire ,
manquer, dans les chofes qui fe perdent,
ou qui finiffent, pourquoi ne s'en fer-
viroit-on pas auffi pour dire *manquer*,
quand il manque à une chofe , ce qui
peut la rendre complette, au lieu d'emprunter les temps du verbe *falloir* fi *fail-*
lir pouvoit être pris pour *manquer*,
dans cette derniere fignification ? Je ne
doute point que fi l'infinitif *falloir* étoit
en ufage , on ne dît, *il ne s'en peut falloir*
autant que vous dites, pour dire, *il ne*
s'en peut manquer ; l'oreille même n'en
feroit pas tout à fait bleffée ; & il eft
certain qu'on ne fçauroit dire, *il ne s'en*
peut faillir autant que vous le croyez, comme on dit, *les forces lui vont faillir tout à*
coup. Mais tout ce raifonnement ne fait
rien à l'égard de la véritable façon de
parler ; il faut dire *peu s'en eft fallu*, &
ainfi des autres temps , fans fe mettre
en peine fi on le dit au lieu de, *peu s'en*
eft failli. Il failliroit faire, il failliroit en-
voyer, qui fe difent en Normandie,
pour, *il faudra, il faudroit*, font infupportables.

CCLXVIII.

Avec, avecque, avecques. (1)

POur commencer par le dernier, *avecques* ne vaut rien ni en profe, ni en vers, & pas un de nos bons Poëtes ne s'eft donné la licence d'en

(1) *Avec, avecque, avecques*] *Avecques* fe difoit autrefois. Voyez l'Amadis où des Ef- fars l'orthographie toûjours ainfi. Je l'ai par- ticulierement examiné au liv. 9. chap. 47. & aux deux fuivans. Le même Auteur, des Ef- fars, dit prefque toûjours *avecque*, & même quelquefois devant les voyelles, & il dit très- rarement *avec*. Amyot au contraire ne dit prefque jamais *avecque*, & dit toûjours *avec*, au moins dans la Vie de Démétrius, que j'ai examinée pour cela ; il dit toûjours *avec*, & jamais *avecque*. J'ai encore examiné le dif- cours des Etranges Evenemens d'Amyot, & les Difcours, Quels animaux font les plus avifez, & de la Fatale Deftinée. Pour moi, je crois que le vrai mot François c'eft *avec*, à l'exemple d'Amyot, fans m'arrêter à toutes les obfervations de l'Auteur, je m'en fervirai toûjours, excepté fi la mefure d'une période veut *avecque*, ou que pour rompre un vers on en ait befoin ; car en ce cas on peut en profe fe fervir d'*avecque* qui eft François, & dont tous nos bons Auteurs fe fervent. Je dis en

uſer. Mais parce que je vois de bons Auteurs qui ſouffrent cette orthographe dans leurs œuvres, & qu'inſenſiblement elle pourroit bien ſe gliſſer juſques dans les vers, j'ai jugé à propos de la comprendre en cette Remarque, pour empêcher qu'on ne s'y trompe.

Avec & *avecque*, ſont tous deux bons, & ne ſont pas ſeulement commodes aux Poëtes pour allonger ou accourcir leurs vers d'une ſyllabe, ſelon la néceſſité qu'ils en ont, mais encore à ceux qui écrivent en proſe avec quelque ſoin de ſatisfaire l'oreille, ſoit pour former la juſte meſure d'une période, ſoit pour les joindre aux mots avec leſ-

proſe; car en vers il eſt très-bon, & ſans difficulté on en peut uſer indifferemment. J'ai dit ci-deſſus que des Eſſars diſoit *avecque*; mais je me ſuis trompé; car il n'a traduit que les huit premiers livres d'Amadis; le neuviéme livre que j'ai allegué, eſt de la traduction de Colet, Champenois, & les ſuivans ſont de divers Auteurs. Mais pour revenir à des Eſſars, qui eſt le premier qui a eu quelque connoiſſance de la Langue Françoiſe, il dit preſque toûjours avec, & très-rarement *avecque*; & quand il dit *avecque*, il l'orthographie *avecques*: j'ai parcouru pour cela les chapitres 9. & ſuivans juſqu'au 17. du 4. des Amadis.

quels ils rendent le fon plus doux , &
la prononciation plus aifée , foit enfin
pour empêcher dans la profe la mefure
des vers. Je ne voudrois jamais écrire
avec vous , mais toûjours *avecque vous* ,
à caufe de la rencontre de ces deux
rudes confonnes *c* & *v* ; ce qui a donné
lieu fans doute à ajoûter *que* après
avec , puifqu'auffi-bien on ne fçauroit
prononcer *avec vous* , que de la même
façon que l'on prononce *avecque vous;*
mais ceux qui lifent , avoueront que
rencontrant *avec vous* , cela leur fait
peine , & qu'au contraire ils font bien-
aifes de trouver *avecque vous;* de quoi
je me rapporte à l'expérience d'un chacun. Il y a donc des confonnes devant
lefquelles il faut dire *avec* , & d'autres
devant lefquelles il faut dire *avecque* ,
pour la douceur de la prononciation.
Il ne feroit pas befoin de les diftinguer
ici , puifqu'il fuffit de confulter fa langue & fon oreille pour cela ; néanmoins il n'y aura point de mal de le faire par l'ordre alphabetique des confonnes.

Devant le *b* il eft mieux de dire &
d'écrire *avec* qu'*avecque* , comme, *avec*

bon passeport, avec beaucoup de peine.

Devant le *c*, *avec* est mieux *qu'avec-que*, comme, *avec cet homme*, *avec cette femme*, parce que les deux *c* se rencontrant, viennent à se joindre, & adouciffent & facilitent la prononciation.

Devant le *d*, comme, *avec deux ou trois de mes amis.*

Devant l'*f*, *avecque* est mieux qu'*avec*, comme, *avecque frayeur*, & cette queuë de *que* y est si néceffaire, que vous ne le fçauriez prefque prononcer fans cela ; & quand vous ne le voudriez pas prononcer, il femble à ceux qui vous écoutent, que vous le prononciez.

Devant le *g*, *avec*, parce que le *c* & le *g* s'accommodent fort bien enfemble, & s'uniffent comme freres, *avec grace*, *avec gloire*, *avec grandeur.*

Devant *h* confonne, *avecque*, pour faciliter l'afpiration de l'*h*, comme, *avecque honte*, *avecque hardieffe*, & vous ne fçauriez vous empêcher de prononcer le *que*, ni faire, quand vous ne le prononceriez pas, qu'on ne croye que vous le prononciez.

Devant *j* confonne, *avecque*, comme, *avecque joye*, *avecque jaloufie*.

Devant *l*, *avecque*, comme, *avecque lui*, *avecque louange*.

Devant *m*, *avecque*, comme, *avecque moi*, *avecque mes amis*.

Devant *n*, *avecque*, comme, *avecque nous*.

Devant *p*, *avecque*, comme, *avecque peu de gens*, *avecque peu de foin*.

Devant *q*, *avec*, parce que le *c* s'accorde fort bien avec le *q*, comme, *avec quelqu'un de mes amis*.

Devant *r*, *avecque*, comme, *avecque raifon*.

Devant *s*, *avec*, comme, *avec foin*; car l'*s* fe prononce comme le *c*, avec la virgule en bas, & ces deux lettres fe joignent fort bien.

Devant *t*, *avecque*, comme, *avecque trouble*, *avecque tranquillité*.

Devant *v* confonne, *avecque*, comme nous avons déja dit, *avecque vous*, *avecque vîteffe*.

Devant *x*, *avec*, comme, *avec Xerxes*, parce que le *c* & l'*x* tiennent quelque chofe de la nature l'un de l'autre, qui les unit aifément.

Devant *z*, *avec*, comme, *avec zele*, parce que le *c* & le *z* se joignent aisément aussi.

Ce n'est pas que ce soit une faute, quand on n'observera pas tout cela ; mais il y aura sans doute moins de perfection ; & que coûte-t-il de l'observer ? Ni je n'approuve ceux qui ne se servent jamais que d'*avec*, ni ceux qui ne se servent jamais que d'*avecque;* car nous avons de grands Ecrivains qui se partagent ainsi. Et sans parler de la différence des consonnes, à quel propos cette adjonction de *que* devant les voyelles ? Elle y est absolument inutile, à cause de l'élision, *avec amour*, *avec envie*, *avec interêt*, *avec ombre*, *avec utilité*. Pourquoi *avecque* devant tous ces mots ? C'est pourquoi je m'étonne que M. de Malherbe ait entierement renoncé à *avec*, pour ne dire jamais qu'*avecque*, ne pouvant éviter par ce moyen de rudes cacophonies, comme quand il s'en sert (2) devant *qui*, *quoi*, *quelque*, & autres sembla-

(2) *Devant* qui, quoi, quelque.] Tout ceci est vrai jusques à la fin, & dans ces cas on ne le peut dire ni en vers ni en prose.

bles, *avecque quelque trouble*, dit-il en
un certain endroit. Quelle oreille peut
souffrir *avecque qui*, *avecque quoi*, ni
qu'on le mette devant ces syllabes, *ca,
co & cu*, comme, *avecque carrosse*,
avecque copie, ou, *avecque compagnie,
avecque curiosité* ? J'ai oüi dire à une
Dame de la Cour, *avecque qui* ; M. de
Malherbe l'a dit. Au reste, il faut toûjours (3) prononcer le *c* d'*avec* devant
quelque lettre qu'il se rencontre, & se
garder bien de dire, *avé moi*, *avé un de
mes amis*, comme prononcent plusieurs.

N O T E.

Monsieur Menage dans ses observations sur Malherbe, a rapporté des pas-
sages de Ronsard & de du Bellay, qui
se sont servis du mot *avecques* ; ce qui
fait voir que nos bons Auteurs l'ont
employé autrefois en Poësie. Presentement on ne dit plus qu'*avec*, & *avecque*, sans *s*. Lors qu'on se sert du der-

(3) *Prononcer le C. d'avec.*] Cela est vrai ;
mais c'est *avé* au lieu d'*avec* que le peuple dit ;
ce qui montre que le vrai mot François est
avec : car le peuple retranche assez souvent la
derniere lettre des mots ; par exemple, il dit,
le Pont saint Miché au lieu de *saint Michel.*

nier, il faut obſerver pour r gle ce que marque ici M. de Vaugela , que cette prépoſition , *avecque* , ne doit jamais être miſe devant *qui* , *quoi* , *quelque* , ni devant les mots qui commencent par une voyelle, parce qu'elle y eſt inutile à cauſe de l'éliſion. Le plus grand nombre me paroît pour *avec* ; & quoiqu'une ſyllabe de plus ſoit commode pour les vers , il y en a beaucoup qui évitent de mettre *avecque* en Poëſie.

Monſieur Chapelain a dit ſur cette Remarque, que dans , *avec vous* , la rudeſſe ne vient pas de la rencontre des conſones *c* & *v*, mais des deux *v* conſones qui ſe ſuivent , & qui ont le *c* entre eux , qui ſert à les rendre plus deſagréables par ſa dureté. Il en donne pour exemple, *le ſec viendra après l'humide*, qu'il dit n'avoir rien de trop rude, à cauſe que le *c* n'eſt qu'entre l's & l'*v*. *Avec frayeur* , eſt une preuve qu'il apporte de la raiſon qu'il allegue ſur , *avec vous*. Il dit que l'*f* & l'*v* ſont des lettres correlatives, & qui ſe convertiſſent ; & que comme *avec* joint à *frayeur* ſonne mal, à cauſe de l'*v* conſone d'*avec*, qui conduit la ſyllabe immediatement précédente, & qui donne lieu à une répétition de l'*f*, qui eſt une eſpèce d'*v*, il ſonne mal auſſi dans *avec* joint à *vous*, à cauſe des deux *v* conſones qui conduiſent les deux ſyllabes. Il ajoûte que ce qui montre que ce ſont l'*v*

& l'*f*, joints qui font la rudeſſe , &
non pas le *c* & l'*f* joints, c'eſt qu'il n'y
a point de rudeſſe en la phraſe , *le ſec*
facilite, &c. parce qu'il n'y a ni *v*, ni *f*
à la ſyllabe qui précéde *facilite*. Il tient
qu'*avé moi*, *avé un de mes amis* , eſt du
peuple.

Le Pere Bouhours condamne deux
avec qui ſe ſuivent , & qui ont des
rapports differens , comme une negligence vicieuſe. Je croi comme lui , que
ceux qui ont quelque ſoin d'écrire poliment n'y tombent jamais ; l'exemple
qu'il en apporte fait voir combien ils
choquent l'oreille. *Elle vécut avec lui*
avec la même bonté qu'elle avoit accoûtumé ;
le premier *avec* ſe rapporte à la perſonne , & le ſecond à la choſe. Cela
bleſſe fort l'oreille , & quand ils ſeroient
un peu éloignez , & qu'il y auroit dans
la même phraſe , *elle vécut avec lui*,
malgré les ſujets qu'il lui avoit donnez de
ſe plaindre , *avec la même bonté qu'elle*
avoit accoûtumé ; ces deux *avec* ne laiſ-
ſeroient pas de déplaire , parce qu'ils
ſont dans la même période , avec difference de rapport. Ils ſont placez avec
grace dans ces deux autres exemples que
rapporte le Pere Bouhours. Le premier
eſt , *ſi tu continues*, *tu ſçauras diſputer avec*
les Sophiſtes , *mais tu ne ſçauras pas vivre*
avec les hommes. Voici le ſecond : *Penſez-*
vous qu'en formant la République des Abeil-
les , *Dieu n'ait pas voulu inſtruire les Rois*

à commander avec douceur, & les Sujets à
obéïr avec amour ? Ce qui est cause que
les deux *avec* ne blessent point dans ces
exemples, quoique placez dans la même
période, c'est qu'ils n'ont qu'un même
rapport à la personne dans l'un, & à la
chose dans l'autre. 'Ils ne choquent
point non plus, quelque près qu'ils
soient l'un de l'autre, pourvû qu'ils
soient liez par un &, *je suis bien avec
lui & avec elle ; il parle avec autorité, &
avec douceur tout ensemble. Pour avoir un
veritable repos, il faut être bien avec Dieu,
avec soi-même, & avec les autres.* Toutes ces remarques qui sont très-judi-
cieuses, sont encore düës au Pere Bouhours. Il n'approuve pas également ce
dernier exemple ; *tous les âges ne produisent pas des Heros qui fassent la guerre
avec tant de vigueur, qui donnent la paix
avec tant de moderation, qui traitent de si
bonne foi avec leurs ennemis, &c.* parce
que les deux premiers *avec* ont rapport
aux choses, & que le troisiéme se rapporte à la personne. J'avouë que je n'y
sens rien qui me blesse. Ces trois verbes
differens, *qui donnent la paix, qui fassent
la guerre, qui traitent de si bonne foi,* font
comme autant de périodes, dont chacune a son sens particulier, ce qui est
cause que mon oreille s'accommode très-
bien du dernier *avec,* quoiqu'il ait rapport à la personne, & que les deux premiers se rapportent à la chose.

CCLXIX.

Exemple.

CE mot eſt maſculin ſans difficulté; mais j'en fais une Remarque, parce qu'à Paris dans la Ville on le fait ordinairement féminin, & l'erreur vient apparemment de ce que *exemple* eſt de ce dernier genre, quand il ſignifie *le patron*, ou *le modelle d'écriture*, que les Maîtres Ecrivains donnent aux enſans pour leur apprendre à écrire, *de belles exemples.* J'ai dit dans la Ville, parce qu'à la Cour on ne l'a jamais fait que maſculin, *donner bon exemple, de bons exemples.*

NOTE.

Le ſentiment de M. Menage eſt entierement conforme à la déciſion de M. de Vaugelas, & malgré ces vers qu'il rapporte de Regnier;

Dire que cette exemple eſt fort mal aſſortie.

il le tient abſolument maſculin, ſi ce n'eſt en la ſignification de patron ou de modelle d'écriture, en laquelle il eſt féminin. C'eſt
cette

cette derniere fignification qui eft caufe
que plufieurs perfonnes s'y trompent
encore aujourd'hui, en le faifant féminin par tout. M. Chapelain dit que M.
de Gomberville l'a employé dans ce
genre, & qu'il s'en eft enfuite dédit par
écrit. Il ajoûte que ce font les ignorans
qui ont donné le genre féminin à ce
mot, *exemple*, à caufe de la terminaifon
féminine, comme les femmes par la
même raifon, ont fait *ouvrage* féminin,
& *enfans* auffi, quoique la terminaifon
n'y contribuë rien.

CCLXX.

Faire piece. (1)

CEtte façon de parler qui eft fi fort
en vogue depuis quelques années
à Paris, d'où elle s'eft répanduë par
toutes les Provinces de la France, bien

(1) Tout ce que dit ici l'Auteur eft vrai en
quelque chofe, mais non pas abfolument. Dans
le ftile oratoire & dans le difcours férieux, &
même dans les converfations férieufes, je croi
qu'on ne s'en doit pas fervir. Mais comme cette
phrafe, *faire piéce*, eft très-ufitée, je penfe
qu'on peut bien l'employer en ftile bas & dans
le burlefque, même dans les converfations
ordinaires & enjoüées.

Tome II.   V.

loin d'être si excellente que la croient
ceux qui en pensent orner leur langage,
& affectent d'en user à tous propos,
comme d'un terme de la Cour, qu'au
contraire, je leur déclare de la part de
tous ceux qui sçavent bien parler &
bien écrire, qu'il n'y en a point de plus
mauvaise en toute notre Langue, ni
qui leur soit plus desagréable. Je dis
même que la Cour en sa plus saine partie ne la peut souffrir, & qu'entre tous
les mots & toutes les phrases qu'elle
condamne, celle-ci se peut dire l'objet principal de son aversion. Mais
voyons si cette aversion est de la nature de celles qui sont bien souvent
sans fondement, & examinons la chose
avec équité, bien qu'en matière de
langage il suffise que plusieurs des meilleurs Juges de la Langue rejettent une
façon de parler, pour nous obliger à
ne nous en servir pas, sans qu'il soit
besoin d'en rechercher les raisons. *Piece*
en cette phrase veut dire deux choses,
si je ne me trompe ; l'une, c'est *une*
malice inventée contre quelqu'un; l'autre,
un tour que l'on fait ingénieusement à
quelqu'un, non pas pour lui nuire, mais

pour s'en jouer. En tous les deux usages,
c'est une signification qu'on a tirée,
comme je crois, d'*une piece de Théatre,*
comme si l'on vouloit dire que tout de
même qu'on invente des sujets de Tra-
gédie ou de Tragicomédie, de Comédie, & même (2) de farce pour divertir
le monde, & que ces inventions-là
s'appellent *des pieces de Théâtre ;* aussi
ce que l'on invente contre une personne,
ne, soit pour lui faire du mal, ou pour
s'en joüer & s'en divertir, s'appelle *une*
piece; & inventer ces choses-là, s'appelle
faire une piece. Dès-là je laisse à juger
à ceux qui se connoissent aux bonnes
figures & aux belles manières de parler, si celle-ci est du nombre, & si elle
n'est pas tirée de bien loin. *Une piece*
de Théâtre, s'appelle *piece,* parce que
piece veut dire *ouvrage,* comme qui diroit, *un ouvrage de Théâtre ;* car tous
les ouvrages, soit des mains, soit de

(2). *Et même de farce.*] Je croi que *faire*
piéce vient de là ; car c'est principalement
dans les *farces* qu'on fait ces malices, qui
pour l'ordinaire vont à tromper un avaricieux
ou un mari; de là l'usage a porté *faire piéce,*
aux deux significations dont l'Auteur parle.

l'efprit , s'appellent *pieces* , & pour
dire , *voilà un bel ouvrage* , on dit , *voilà une belle piece* , *voici une riche piece* ;
de forte que *piece* , même en matière
de Théâtre , ne veut dire qu'*ouvrage*.
Il y a donc une grande violence à tranf-
ferer ce mot-là au fens qu'on lui donne,
lorfque l'on dit , *faire piece* , & je m'af-
fure que Quintilien n'auroit pas trouvé
en cette métaphore toutes les condi-
tions qu'il demande , & que nos Maîtres ont obfervées. Mais ce qui acheve
de la rendre infupportable , c'eft (3) la
phrafe *faire piece* ; car encore fi l'on
difoit , *faire une piece* , au lieu de deux
maux , il n'y en auroit qu'un , parce
que l'on fe tiendroit au moins dans les
termes d'une conftruction réguliere ;
mais une perfonne de grande condi-
tion , & qui parle parfaitement bien, a
accoûtumé de dire que cette phrafe ,
faire piece , eft le plus cruel fupplice
qui ait encore été inventé en ce genre-
là contre les oreilles délicates. Il n'appartient qu'à celui qui a dit le premier,
il a efprit , *il a cœur* , *il a efprit & cœur*,

(3) C'eft la phrafe *faire piéce* , &c.] *Faire
piéce* fe dit comme *faire injure* , *faire outrage.*

d'avoir enrichi notre Langue de cette
belle locution , *faire piece* , fur-tout
dans la conftruction qu'on lui donne ,
en difant , *il m'a fait piece* , qui eft comme le comble & le couronnement d'un
fi bel ouvrage ; mais c'eft trop s'arrêter
à une chofe qui n'en vaut pas la peine.

N O T E.

Je vais rapporter ce que Monfieur
Chapelain a écrit fur cette Remarque ;
voici fes termes. *Piece & malice font
fynonymes , fur-tout en ces malices qui con-
fiftent en paroles , mais l'un veut l'article
une , & l'autre ne le veut point ; la con-
jecture eft douteufe que*, faire piéce , *vienne
d'une piéce de Théâtre , & je ne croi pas
que ce foit la vraie origine ; mais n'importe
d'où vient ce mot en cette fignification.*
Faire tort , *eft bon, fans dire un tort , &
c'eft la même efpèce.* Faire querelle , faire
infulte , *font du même ordre , & font bons,
comme auffi ,* faire affront , faire injure
Faire dépit , & *faire pitié,* faire honte,
faire peur , *font d'un autre ordre , & tombent fur une autre regime ; car c'eft* faire
du dépit , &c. *mais ces phrafes conviennent en ce qu'elles fe paffent de l'article élegamment.*

Il y a plufieurs autres noms qu'on
met fans article après le verbe *faire*,
comme , *faire raifon, faire peine, faire mar-*

ché, &c. Quoique M. de Vaugelas ait condamné *faire piéce*, comme une façon de parler insupportable à tous ceux qui sçavent bien parler & bien écrire, on le dit encore aujourd'hui, & sans article, & avec article. *Je lui ferai piece, il m'a fait une rude piéce, la plus sanglante piece du monde.*

CCLXXI.

Acheter.

JE ne ferois pas cette Remarque, si je n'avois oüi plusieurs hommes dans la Chaire & dans le Barreau prononcer mal ce mot, & dire, *ajeter* pour *acheter*; mais ce qui m'étonne davantage, c'est que je ne vois personne qui les reprenne d'une faute si évidente. Ce défaut est particulier à Paris : c'est pourquoi ce sera leur rendre un bon office, que de les en avertir.

CCLXXII.

Eu.

CE mot du prétérit parfait d'*avoir*, *j'ai eu, tu as eu, &c.* n'est qu'une syllabe, qui est une des diphtongues

de notre Langue ; néanmoins plusieurs
font cette faute de prononcer *eu* , en
faisant de chaque lettre une syllabe ,
comme si l'on écrivoit *eü* avec deux
points , pour en faire deux syllabes.

N O T E.

Il y a une affectation très-condam-
nable à prononcer *eü* en deux syllabes
pour *eu*. Monsieur Chapelain dit qu'on
le prononçoit autrefois en deux syllabes ; qu'on le tenoit de l'Italien *havuto* ,
& que ce qui le montre , c'est que le
bas peuple dit encore *eveu* , pour *eu*.
M. Menage dit qu'il n'y a que les Badauts de Paris qui prononcent *eü* , &
que les honnêtes gens disent *eu* en une
syllabe. C'est ainsi que je l'entends prononcer par tous ceux qui parlent bien.

C C L X X I I I.

En mon endroit, à l'endroit d'un tel.

CEs façons de parler, par exemple,
*je ne serai jamais ingrat en votre en-
droit* , *en son endroit* , &c. il faut être
charitable à l'endroit des pauvres, ne font
plus du beau langage , comme elles
l'étoient du temps de M. Coëffeteau.
On dit toûjours , *envers*.

NOTE.

Monfieur de la Mothe le Vayer dit que, *je ne ferai jamais ingrat en votre endroit*, n'eft pas moins du beau langage que, *je ne ferai jamais ingrat envers vous.* M. Chapelain s'eft contenté de dire, qu'*en mon endroit* eft une façon de parler qu'il ne faut pas bannir tout-à-fait. Pour moi, j'aurois de la peine à lui faire grace, & je ne voudrois jamais dire, *à l'endroit d'un tel*, je dirois toûjours, *envers un tel.*

CCLXXLIV.

Avant que, devant que.

TOus deux (1) font bons. M. Coëffeteau a toûjours écrit *devant que*, mais *avant que* eft plus de la Cour, & plus en ufage. L'un & l'autre devant l'infinitif demande l'article *de.* Par exemple, il faut dire, *avant que de mourir*, & *devant que de mourir*, & non pas, *avant que mourir*, ni *devant que mourir*, & beaucoup moins encore, *avant mourir*, comme difent quelques-uns en langage barbare.

(1) Je les tiens indifferens, quoique je me ferve plus volontiers d'*avant que.*

NOTE

N O T E.

Je connois d'habiles gens qui veulent qu'on dise toûjours, *avant que*, & qui ont peine à souffrir *devant que*. Ils le souffrent beaucoup moins, quand *devant* se joint avec un nom ; ils disent qu'alors il ne signifie qu'*en presence de*, & que n'étant point une préposition de temps, il n'est point permis de le confondre avec *avant*, qui en est une. Je trouve qu'ils ont raison ; ils apportent pour exemple, *je suis venu devant lui*, cela signifie simplement, *j'ai comparu devant lui*, comme on dit, *comparoître devant le Juge*, *en presence du Juge*, & non pas, *je suis venu avant qu'il soit venu*. Voici un autre exemple qui le fera mieux connoître. Si je dis, *j'ai allegué ces raisons devant ma partie*, on entendra seulement que je les ai alleguées en presence de ma partie. Cependant mon intention est de faire entendre, que j'ai allegué ces raisons avant que ma partie les ait alleguées. On voit par-là, que *devant* mis pour *avant*, peut souvent causer de grandes ambiguitez dans le discours, & qu'on les evitera, en ne le faisant servir que pour signifier *en presence de*. *Devant* est encore employé dans son vrai usage, quand on dit, *il marchoit devant*

lui ; le nominatif doit être mis devant le
verbe.

Monfieur Menage demeure d'accord,
que *devant hier* n'eft plus du bel ufage.
Cela vient affûrément de ce que dans
la compofition de ce mot, *devant* eft
mis pour *avant*. Il ajoûte, fur ce qu'on ne
dit plus qu'*avant hier*, que plufieurs perfonnes de qualité, qui prononcent *avan-*
hier prononcent très-mal ; que le mot
hier, n'étant point afpiré, oblige à dire
avanthier, en faifant fentir le *t* dans *avant*,
& qu'*avanshier* eft auffi une prononciation très-viciufe.

C C L X X V.

Croître.

CE verbe eft neutre, & non pas
actif, & jamais M. Coeffeteau,
ni aucun de nos Auteurs en profe ne l'a
fait que neutre ; mais nos Poëtes pour
la commodité des vers s'émancipent,
& ne feignent point de le faire actif,
quand ils en ont befoin.

Qu'à des cœurs bien touchez tarder
la jouiffance,
C'eft infailliblement leur croître le
defir.

dit M. de Malherbe. Et en cet exemple
il faut noter qu'il s'eſt encore donné la
même licence au verbe *tarder*, qui eſt
auſſi neutre, & non pas actif, comme
eſt ſon compoſé *retarder*. Il faut donc
dire *accroître* en proſe, quand on a beſoin de l'actif, & non pas *croître*.

N O T E.

Monſieur Chapelain dit que *tarder*,
pour *retarder*, eſt moins uſité que *croître*, pour *accroître*. L'un & l'autre verbe eſt neutre, & on ne le doit point
employer en vers non plus qu'en proſe,
dans une ſignification active, pour dire,
retarder, & *accroître*. M. Menage rapporte pluſieurs endroits de Montagne,
qui a employé *joüir* activement, comme Malherbe, *tarder*, & *croître*. *Ni la
ſanté que je joüi juſqu'à preſent. La Lune
eſt celle même que nos Ayeuls ont joüie,
l'amitié eſt joüie à meſure qu'elle eſt deſirée.*
Il dit avec raiſon, que ce ſont des Gaſ-
coniſmes qu'il ne faut pas imiter.

CCLXXVI.

Fournir.

IL a trois conſtructions différentes ; car on dit, *la riviere leur fournit le ſel, leur fournit du ſel, les fournit de ſel,* qui eſt le meilleur & le plus élégant des trois.

NOTE.

Monſieur de la Mothe le Vayer prétend que ces trois manières de parler ſont ſemblables, & qu'il n'y a aucun lieu de dire que la derniere eſt meilleure & plus élégante que les autres.

CCLXVII.

Rien autre choſe. (1)

PLuſieurs croyent que cette façon de parler, quoique familiere à quelques excellens Auteurs, ne vaut rien. Par exemple, ſi l'on dit, *les paroles ne ſont rien autre choſe que les images des penſées,* ils ſoûtiennent que c'eſt

(1) *Rien autre choſe, les perſonnes ne ſont rien autre choſe.*] En cet endroit *rien* eſt mal

mal parler, & qu'il faut dire, *les paroles ne sont autre chose que les images des pensées*, ou, *les paroles ne sont rien que*, &c. qu'il suffit de l'un ou de l'autre, & que si on les met tous deux, l'un est redondant. Mais il y a beaucoup d'endroits, où pour exagerer, il est nécessaire de dire, *rien autre chose;* par exemple, nous dirions, *mais quand il parle ainsi, que veut-il dire? rien autre chose, Messieurs, sinon*, &c. Il est donc emphatique en certains endroits; mais pour l'ordinaire, il est bas, & l'autre façon de parler sans dire *rien*, est élégante.

N O T E.

Monsieur Chapelain dit que cet exemple, *rien autre chose, Messieurs*, rapporté par M. de Vaugelas, est de M. Patru, & il a raison de dire que *rien* y est de necessité, & non d'ornement; car il seroit impossible d'ôter *rien* dans cet exemple, comme on le pourroit ôter dans le premier, où il croit que la phrase est plus élegante avec *rien*, quoiqu'il y soit redondant. On peut l'en croire, il sçavoit très-bien la Langue.

X iij

CCLXXVIII.

Quoi qu'il arrive, quoi qu'il en soit.

C'Eſt ainſi qu'il faut dire, & non pas, *quoi qui arrive*, comme diſent pluſieurs ; car ce *quoi que* eſt le *quidquid* des Latins ; & c'eſt pourquoi l'on dit, *quoi que ç'en ſoit*, & *quoi qu'il en ſoit*, & qu'après *quoi* il faut dire *que*, & non pas *qui*. M. Coëffeteau dit toûjours, *quoi que ç'en ſoit*, & M. de Malherbe dit tantôt, *quoi que ç'en ſoit*, & tantôt, *quoi qu'il en ſoit* ; ils ſont tous deux bons ; mais le dernier, *quoi qu'il en ſoit*, eſt beaucoup plus en uſage aujourd'hui, & plus doux.

NOTE.

Ceux qui diſent, *quoi qui arrive*, ſont très-bien fondez à parler ainſi, par la raiſon que M. de Vaugelas apporte pour faire connoître qu'il faut dire, *quoi qu'il arrive*. Il dit, & il eſt vrai, que ce *quoi que* eſt le *quidquid* des Latins; & je ne vois pas qu'il ait ſujet de conclure, que c'eſt pour cela qu'on dit, *quoi qu'il arrive*, & qu'après *quoi*, il faut dire *que*, & non pas *qui*. Puiſqu'il eſt le *quidquid* des Latins, il eſt nominatif ou accufatif, felon le verbe avec lequel il eft employé, & fi on veut le rendre litteralement en notre Langue, comme *quidquid faciam*, fignifie, *quelque chofe, que je faffe*, *quidquid eveniat*, fignifie *quelque chofe qui arrive*, & non pas, *quelque chofe qu'il arrive.* Cela paroîtra inconteftable, fi au lieu de *quelque chofe*, on met, *quelques malheurs*, dans la phrafe. On dit, *quelques malheurs que je fouffre*, & alors *que* eft l'accufatif de *qui* regi par *je fouffre.* Avec le verbe *arriver*, qui veut un nominatif, on dira, *quelques malheurs qui arrivent*, & non pas; *quelques malheurs qu'il arrive.* Si devant *arrive*, il faut mettre neceffairement *qui* relatif, quand il y a un nom fubftantif qui le précede, *quelque chofe qui*, *quelques malheurs qui*, le monofyllabe *quoi*, mis pour *quelque chofe*, doit-il faire que *qui* dont il eft fuivi, fe change en *que*, pour ne plus fervir de nominatif à *arrive* ? Ce qui eft caufe de cet ufage établi par quelques-uns, c'eft qu'on eft accoûtumé à dire ; *quoique*, dans la fignification, d'*encore que; quoiqu'il arrive tous les jours des chofes fâcheufes dans la vie, toutefois*, &c. *quoiqu'il fe faffe tous les jours mille tromperies, on ne laiffe pas de croire*, &c. L'habitude qu'on a de dire, *quoiqu'il*, dans cette fignification, fait qu'on dit auffi, *quoiqu'il arrive*, pour *quoi qui arrive*, qui eft la veritable conftruction, ou bien on le dit, à caufe qu'on donne

X iiij

presque à ce verbe le nominatif *il des* verbes impersonnels, *il arrive souvent que*, *il arriva hier un grand malheur*; car il est certain que dans la signification de *quidquid*, on doit dire, *quoi qui*, si l'on en fait le nominatif du verbe, & *quoi que*, si l'on en fait l'accusatif. Si je veux exprimer ces mots Latins, *quidquid tibi molestum sit*, je dirai, *quelque chose qui vous chagrine*, *offrez vos peines à Dieu*; & si au lieu de *quelque chose*, on pouvoit mettre *quoi* dans cet exemple, on diroit, *quoi qui vous chagrine*, & non pas, *quoi qu'il vous chagrine*; ce qui fait connoître qu'il n'est pas vrai, qu'après *quoi*, il faille toûjours dire *que*, & non pas *qui*.

Quoi que c'en soit, n'est plus en usage, on dit, *quoi qu'il en soit*, cela est reçu de tout le monde : mais pour *quoi qui arrive*, qui n'a rien de rude, comme M. de Vaugelas demeure d'accord que plusieurs le disent, je ne ferois aucune difficulté de le dire aussi, bien que je ne veüille pas condamner, *quoi qu'il arrive*, parce je sçai que beaucoup de gens l'écrivent.

CCLXXIX.

Il m'a dit de faire.

CEtte façon de parler eft venuë de Gafcogne, & s'eft introduite à Paris, mais elle ne vaut rien, il faut dire, *il m'a dit que je fiffe.* Ce qui a donné lieu à cette erreur vrai-femblablement, c'eft que l'on a accoûtumé de dire, *il m'a commandé de faire, il m'a prié de faire, il m'a conjuré de faire, il m'a chargé de faire* ; car ce feroit mal dit, *il m'a commandé que je fiffe, il m'a prié que je fiffe*, & ainfi des autres.

N O T E.

Il m'a dit d'aller, il m'a dit de faire, font des façons de parler très-vicieufes ; & quoique plufieurs parlent encore aujourd'hui de cette forte, on ne doit jamais s'en fervir en écrivant. C'eft le fentiment du Pere Bouhours, & il en faut croire un auffi grand Maître que lui ; il dit que dans le difcours familier qui abrege tout, *il m'a dit d'aller*, eft plus court, & va plus vîte, & que, *il m'a dit que j'allaffe*, traîne davantage ; qu'ainfi il croit que dans la converfation, on peut ufer de ce Gafconifme, qu'il avoüe ne valoir rien dans le fond,

mais qu'il ne voudroit pas l'employer
en écrivant.

Monfieur Menage dit de même, que
cette façon de parler eft Gafconne, &
non pas Françoife; mais que comme il
y a grand nombre de Gafcons à la Cour,
elle y eft fi ufitée, qu'il n'ofe la condamner, quelque envie qu'il en ait. Il
ajoûte qu'elle eft appuyée de l'autorité
de M. de Balzac, qui a dit dans fon
Prince, *il me fembloit vifiblement de renaî-*
tre; & dans un autre endroit, *qui ré-*
pondit aux hommes de Jabés en Galaad, qui
lui demandoient d'entrer en alliance avec
lui, &c. Notre Langue doit beaucoup
à M. de Balzac, mais je ne croi pas
qu'on doive l'imiter dans ces phrafes,
& dire après lui, *me fembloit d'être dans*
une félicité, pour, *il me fembloit que j'étois.*
On dit, *demander à entrer, demander à*
faire, & non pas, *demander d'entrer, de-*
mander de faire.

CCLXXX.

Août.

CE mot ne fait qu'une fyllabe, qui
eft triphtongue, qu'ils appellent,
c'eft-à-dire, compofée de trois voyelles. Elle fe prononce donc, comme fi
l'on écrivoit *oût*, & qu'il n'y eût point

d'*a* ; car ceux qui prononcent *a-oût* , comme fait le peuple de Paris, en deux syllabes, font la même faute que ceux qui prononcent *aider* en trois syllabes, *a-i-der* , quoiqu'il ne soit que de deux.

N O T E.

Il est certain que le mot *Août* , se doit prononcer comme étant monosyllabe. M. Chapelain qui est de ce sentiment, dit qu'il faut que l'*a* s'y fasse sentir. M. Menage, qui regarde *aou* , comme une triphtongue, qui n'a qu'un simple son, ne demande point qu'on y fasse sentir l'*a* , il dit seulement qu'il faut prononcer *oût* , en une syllabe, & non pas *Août* en deux, comme le prononcent les Badauts de Paris, & qu'il a autrefois ouï dire à M. le premier Président de Bellievre, qu'il s'imaginoit entendre miauler des chats, quand il entendoit dire aux Procureurs en l'Audience, la *Notre-Dame de la mi-a-oût*. Il ajoûte qu'on a dit, *Ousteron*, trissyllabe, pour dire *un moissonneur* , & non pas, *Aousteron*, quatrissyllabe, ce qui montre qu'*Aoust* est monosyllabe.

Aider , en trois syllabes, *a y der* est une prononciation du petit peuple. Nos anciens Poëtes n'en ont jamais fait que deux. C'est comme tout ce qu'il y a d'honnêtes gens prononcent ce verbe.

CCLXXXI.

Appareiller. (1)

BIen que ce mot foit un terme de marine & de l'art de la navigation, il eft néanmoins paffé en ufage commun, & entendu de prefque toute la Cour. Il fignifie *fe préparer à faire voile & à fe mettre en mer.* Ce verbe eft toûjours neutre, & jamais on ne dit *s'appareiller,* comme l'on dit fe préparer, ni *appareiller un vaiffeau,* mais on dit fimplement *appareiller,* comme, *on appareilloit lorfqu'il vint une tempête, &c.*

N O T E.

Monfieur Guillet, dans la troifiéme Partie de fon excellent Livre des Arts

(1) Quand on parle de marine, ou avec des gens de mer, c'eft ainfi qu'il faut parler; hors de-là, dans le ftile oratoire, dans le ftile hiftorique, & encore plus dans la converfation, je dirois toûjours *fe préparer à faire voile,* & je ne dirois jamais *appareiller,* fans l'expliquer auffi-tôt, comme il faut faire quand on fe fert de termes d'Arts ou des Sciences; en des difcours qui ne font ni d'Art ni de Science.

de l'Homme d'épée, a dit qu'*appareiller*,
c'eſt mettre les ancres, les voiles, &
les manœuvres en état de faire route.
Les deux exemples qu'il apporte font
voir que ce verbe eſt neutre, & qu'on
ne dit, ni *s'appareiller*, ni *appareiller un*
vaiſſeau. Les François, dit-il, *commencent*
toûjours à appareiller par la voile de l'Arti-
mon, & les Eſpagnols par la Sivadiere.
Notre vaiſſeau appareilla plus vîte que la
Fregate, quoi qu'elle eût coupé ſon cable bout
pour bout.

Monſieur Chapelain a dit ſur cette Remarque, qu'*appareiller*, c'eſt moins ſe
préparer à faire voile, que déployer &
tendre les voiles pour ſortir du port, &
ſe mettre à la mer. Cela ſe rapporte à la
définition de M. Guillet, qui en l'expli-
quant a dit, que ce qu'on fait pour appareiller, conſiſte à boſſer les ancres
moüillées, à déferler ce qu'on veut porter de voiles, à larguer quelques manœuvres, &c. *Déferler les voiles*, c'eſt les mettre hors, & les déployer.

CCLXXXII.

Il n'y a rien de tel , il n'y a rien tel.

TOus deux (1) sont bons , & il semble qu'en parlant on dit plûtôt, *il n'y a rien tel*, que l'autre ; mais en écrivant on dit plûtôt , *il n'y a rien de tel*. Pour moi , je voudrois toûjours écrire ainsi.

NOTE.

Je croi qu'on peut employer *de*, ou le supprimer dans cette phrase , comme on le juge à propos, aussi-bien en écrivant qu'en parlant. Il semble que quand on de, *il n'est*, au lieu de, *il n'y a*, on supprime plûtôt la particule *de*, qu'on ne la conserve. C'est ainsi qu'en use M. Sarrasin dans sa Ballade sur l'enlevement de Mademoiselle Bouteville.

Il n'est rien tel que d'enlever.

Le Pere Bouhours dans son Livre des Doutes, reprend très-bien un *de* superflu dans cette phrase, *il donna soin de ses revenus à des personnes de conscience, qui n'avoient ni de cupidité pour les accroître, ne*

(1) Je les crois égaux , & je pense qu'il s'en faut servir suivant le conseil de l'oreille.

d'avarice, pour en faire des trésors. Il est
certain qu'il faut dire, *qui n'avoient ni
cupidité ni avarice*, & que ces deux *de*,
sont superflus. Il fait là-dessus une très-
bonne Remarque qui en donne la raison.
Quand *point* est devant le substantif, on
met *de* entre *point*, & le substantif, *il n'a
point de troupes*, *il n'a point d'argent* ; mais
quand *point* n'y est pas, on ne doit point
mettre *de*; on dit, *il n'a ni troupes, ni
argent*, & non pas, *il n'a ni de troupes ni
d'argent*. Il rapporte un autre exemple,
qui est de M. de Balzac, *je n'avois ni de
voix distincte, ni de parole articulée*. M. de
Balzac est d'une très-grande autorité
dans notre Langue ; mais il est aisé de
voir que ces deux *de* sont encore superflus en cette phrase, & qu'il faut dire,
*je n'avois ni voix distincte, ni parole arti-
culée*.

CCLXXXIII.

Fort, court.

CEs deux adjectifs ont un usage assez étrange, mais qui est bien
François, c'est qu'une femme parlant,
dira tout de même qu'un homme, *je me
fais fort de cela*, & non pas, *je me fais* (1)

(1) *Et non pas je me fais forte.*] Cela
est vrai, mais dans Amadis liv. 2. chap.
19. la Damoiselle injurieuse dit *qu'elle se
fait forte de son frere.*

forte. Elle dira auſſi , *en parlant je fuis demeurée court* , & non pas *courte.* Il eſt du nombre pluriel, comme du genre féminin ; car il faut dire auſſi , *ils ſe font fort de cela,* & non pas , *ils ſe font forts; ils ſont demeurez court* , & non pas *courts.* En ces phraſes ces deux mots ſont indéclinables , & mis comme adverbialement. Voyez *incognito.* (2)

N O T E.

Il n'y a point à douter que *fort* & *court,* ne ſoient indéclinables dans ces façons de parler. On dit de même, *des deniers revenans bon,* & non pas , *revenans bons ,* comme je ſouviens de l'avoir lü depuis peu. *Bon* eſt mis là comme une manière d'adverbe.

Je vous prens tous à témoin, & non *à témoins* , eſt une manière de parler de même nature que *ſe faire fort* , & *demeurer court.* M. de Vaugelas en a fait une Remarque particuliere.

Ibid. Remarque ccccxxxviij.

CCLXXIV.

CCLXXXIV.

De , *article du génitif.*

CEt article veut toûjours être joint immédiatement à fon nom , fans qu'il y ait rien d'étranger entre deux , qui les fépare. Par exemple ; *j'ai fuivi en cela l'avis de tous les Jurifconfultes , & de prefque tous les Cafuiftes.* Je dis que , *& de prefque tous les Cafuiftes ,* n'eft pas bon , & qu'il faut que *de* foit attaché à fon nom *tous* , & que l'on écrive , *& de tous les Cafuiftes.* Mais que deviendra *prefque ?* où le mettra-t-on ? car il le faut dire néceffairement. Je répons que ce font deux chofes de condamner une façon de parler comme mauvaife , & d'en fubftituer une autre en fa place qui foit bonne. Les Maîtres m'ont appris que cette façon d'écrire , *& de prefque tous les Cafuiftes,* eft vicieufe ; je m'acquitte de mon devoir , en le déclarant au Public , fans que je fois obligé de réparer la faute ; néanmoins il me femble qu'on la peut éviter , en difant, *j'ai fuivi le fentiment de tous les Jurifconfultes , & prefque de* *tous les Casuistes, ou bien, & de la pluspart des Casuistes, ou, & de la plus grand' part des Casuistes.*

NOTE.

Des trois moyens que M. de Vaugelas propose pour eviter de dire, *& de presque tous les Casuistes*, M. Chapelain ne pelain ne peut souffrir le premier, qui est, *& presque de tous les Casuistes*. Il dit que les deux autres sont bons; je croi que tout le monde sera de son sentiment.

On dit fort bien, *la perte fut d'environ mille hommes; le dommage est d'environ cent mille écus*, ce qui fait voir que l'article *de* ne veut pas toûjours être joint immediatement à son nom. Il y en a qui font une autre faute, en disant, *le parti étoit d'environ cinq ou six cens hommes*; c'est dire deux fois la même chose. *Cinq ou six cens hommes*, font un nombre incertain qui ne souffre point qu'on mette *environ*. Ainsi il faut dire, *il y avoit cinq ou six cens hommes*, sans ajoûter *environ*, ou bien, *il y avoit environ six cens hommes*, & non pas, *environ cinq ou six cens hommes*. M. Menage dit que, *environ de*, n'est pas François, & qu'il faut dire, *il étoit environ deux heures*, & non pas, *environ de deux heures*, comme disent les Angevins & les Poitevins. C'est une faute qui ne m'étoit pas connuë ; mais j'ai bien des fois entendu dire , *il étoit viron deux heures,* ce qui eſt très-mal parler. *Viron* n'a jamais été reçu pour *environ.*

CCLXXXV.

Le pronom démonſtratif avec la particule là.

JAmais on ne doit uſer du pronom démonſtratif avec la particule *là ,* quand il eſt immédiatement ſuivi du pronom relatif *qui* ou *lequel ,* aux deux genres & aux deux nombres. Exemple, *ceux-là qui aiment Dieu , gardent ſes Commandemens ,* c'eſt très-mal parler , il faut dire , *ceux qui aiment Dieu ,* & ainſi des autres. Mais quand le pronom relatif eſt ſéparé du démonſtratif par un verbe qui eſt entre deux , alors il faut mettre la particule *là ,* comme , *ceux-là ſe trompent , qui croyent.* Il n'eſt pas croyable combien de gens manquent à cela. Je ne ſçai s'il eſt permis aux Poëtes de s'en ſervir à l'imitation de celui qui a dit ,

Mais qu'il ſoit une amour ſi forte ,
Que celle-là que je vous porte.

Y ij

Mais je fçai bien qu'en profe la règle eft inviolable, & qu'en vers l'oreille eft d'autant plus choquée de cette
façon de parler, que la Poëfie doit être
plus douce que la profe. Qui oferoit
nier qu'il ne foit mieux dit en profe &
en vers, *qu'il foit une amour plus forte*
que celle que je vous porte, que non pas;
que celle-là que je vous porte ?

NOTE.

Il eft indifpenfable de mettre la particule *là*, après *celui*, lorfque ce pronom
n'eft pas fuivi immediatement du relatif
qui, mais je croi que comme cette manière de parler, *celui-là fe trompe, qui croit*
que, *&c.* a quelque chofe de rude, il
feroit plus doux de dire, *celui qui croit*
que, *&c.* & d'ajoûter quelques mots avec
fe trompe, pour foûtenir la fin de la période, comme, *fe trompe fort lourdement*,
ou quelque chofe femblable. Je dis feulement ce que je penfe fans condamner
ceux qui parlent de cette forte. A l'é-
gard de, *ceux-là qui aiment Dieu ; une amitié*
plus forte que celle-là que j'ai pour vous,
c'eft ce qu'on ne fçauroit dire, pour peu
qu'on fçache la Langue.

CCLXXXVI.

Dautant que pour *parce que.*

JE ne croyois pas faire cette remarque, comme la jugeant inutile, & m'imaginant qu'il n'y avoit que les Imprimeurs qui miffent une apoftrophe à *d'autant que*, quand il fignifie *parce que*; mais voyant que cette erreur fe rend commune, & comme univerfelle, il eft néceffaire d'en donner avis pour empêcher qu'elle ne s'établiffe tout-à-fait ; car encore qu'il femble qne cela importe peu d'y mettre une apoftrophe, ou de ne l'y mettre pas, fi eft-ce que fi on fe relâche tantôt en une chofe, tantôt en une autre, pour petite qu'elle foit, à la fin, comme je l'ai déja dit ailleurs, tout fera corrompu. Outre que je ne demeure pas bien d'accord que ce foit fi peu de chofe que d'empêcher une équivoque, *d'autant que*, avec une apoftrophe, voulant dire toute autre chofe, comme chacun fçait, que *dautant que*, ainfi orthographié. Quand je dirai donc, *d'autant que je fuis heureux d'un côté, je fuis malheu-*

reux *de l'autre* , en l'écrivant ainſi ; ce
d'autant que eſt un terme de comparaiſon entre le bonheur que j'ai d'un côté,
& le malheur que j'ai de l'autre ; c'eſt
pourquoi ſi je veux dire *d'autant que*
pour *parce que* , & que j'y mette une
apoſtrophe , ceux qui liront , *d'autant*
que je ſuis heureux d'un côté , ne ſçau-
ront en quel ſens le prendre , ſans étu-
dier ce qui va devant & ce qui va
après , pour s'en éclaircir. Sur quoi il
faut alleguer l'oracle de Quintilien
fulminant contre les équivoques , quelles qu'elles ſoient ſans exception , &
prier le Lecteur de s'en vouloir reſſou-
venir en tous les endroits de ces Remarques , où ce vice eſt condamné.
Vitanda , dir-il , *in primis ambiguitas ,*
non hæc ſolùm , de cujus genere ſuprà dic-
tum eſt , quæ incertum intellectum facit ,
ut Chremetem audivi percuſſiſſe Demeam;
ſed illa quoque , quæ etiamſi turbare non
poteſt ſenſum , in idem tamen verborum
vitium incidit , ut ſi quis dicat viſum à ſe
hominem librum ſcribentem : nam etiamſi
librum ab homine ſcribi pateat , malè ta-
men compoſuerat , feceratque ambiguum
quantùm in ipſo fuit.

NOTE.

Il est difficile que d'*autant que* fasse jamais d'équivoque, puisqu'il n'y a presque point d'occasions, où on le puisse employer au commencement de quelque phrase dans le sens qui lui fait donner une apostrophe. L'exemple que rapporte M. de Vaugelas n'est point une façon de parler naturelle. On dira, *je suis aussi malheureux d'un côté, que je suis heureux de l'autre*, & non pas, *d'autant que je suis heureux d'un côté, je suis malheureux de l'autre*. J'ai même observé, que les bons Auteurs ne se servent plus de *dautant que*, dans la signification de *parce que*, & qu'ils l'ont entierement banni du beau stile.

Après ce que dit ici M. de Vaugelas, qu'il faut éviter les équivoques, quelles qu'elles soient sans exception, je m'étonne qu'il n'ait préferé *quoi qui arrive*, à *quoi qu'il arrive*, dont il a parlé dans la Remarque qui porte ce titre, pour dire, *quelque chose qui arrive*, puisque, *quoiqu'il arrive*, peut faire une grande équivoque. Si je dis, *on m'a appris que mon ennemi doit être à Paris demain, & qu'il y vient pour me nuire ; quoi qu'il arrive, je ne m'en veux point inquieter ;* on ne sçait si je veux dire, *quoique mon ennemi arrive*, ou, *quelque chose qui arrive ;* & il n'y auroit aucune équivoque, si je disois, *quoi qui arrive.*

CCLXXXVII.

Un certain usage du pronom dé-
monstratif, & qui est nécessaire.

PEu de gens y prennent garde, s'ils
ne sont versez en la lecture des
bons Auteurs. Exemple, *il récompensa*
ceux de ses serviteurs qui l'avoient bien
servi. Je dis que quand on ne veut pas
parler généralement de tous, mais de
quelques-uns seulement qui font partie
du tout, comme en cet exemple, il faut
nécessairement user de ce pronom,
autrement on ne s'expliqueroit pas ;
car si pour exprimer cela, on dit simplement, *il récompensa ses serviteurs*
qui l'avoient bien servi ; qui ne voit que
cette expression est défectueuse, & que
l'on ne dit pas ce que l'on veut dire,
puisque l'on prétend faire une restric-
tion du général, c'est-à-dire restrain-
dre la récompense à ceux des serviteurs
seulement qui ont bien servi, & que
néanmoins en disant, *il récompensa ses*
serviteurs qui l'avoient bien servi, on entendra qu'il récompensa tous ses serviteurs.

teurs , qui tous l'avoient bien fervi ? Il n'eft pas befoin de donner des exemples de cet ufage, ils font fréquens dans Amyot & dans tous nos bons Auteurs anciens & modernes. Mais outre que cette façon de parler eft néceffaire pour exprimer de femblables chofes , elle a encore fort bonne grace , & eft bien Françoife.

CCLXXXVIII.

Quiconque.

QUand on a dit *quiconque* , il ne faut pas dire *il* après, quelque diftance qu'il y ait entre deux , par exemple , *quiconque veut vivre en homme de bien , & fe rendre heureux en ce monde & en l'autre , doit , &c.* & non pas , *il doit.*

CCLXXXIX.

Bel & beau.

TOus ces adjectifs qui ont deux terminaifons en *el* & en *eau,* felon qu'ils font fuivis d'une voyelle ou d'une confonne , comme , *bel & beau, nouvel & nouveau,* ne prennent pas leur terminaiſon *el* , indifféremment devant toutes ſortes de mots qui commencent par une voyelle , mais ſeulement devant les ſubſtantifs auſquels ils ſont joints. Par exemple, *un bel homme* eſt bien dit ; mais ſi l'on diſoit , *il eſt bel en tout temps* , il ne vaudroit rien , il faut dire , *beau en tout temps.* Ainſi l'on dit , *nouvel an* , & l'on ne dit pas , *nouvel à la Cour* , pour dire , *un homme nouveau à la Cour ;* cette règle n'a point d'exception. Devant l'*h* conſonne on le met comme devant les autres conſonſonnes , *beau harnois* , & non pas , *bel harnois.*

N O T E.

Bel ſe diſoit autrefois par tout au lieu de *beau* , & cela ſe voit par les ſurnoms qui ſont demeurez à quelques-uns de nos Rois, Charles le Bel , Philippe le Bel. On dit encore aujourd'hui par une manière de parler comme adverbiale, *cela eſt bel & bon.* Ici *bel* n'eſt point devant un nom ſubſtantif, mais devant la conjonction *&* , qui le joint avec un autre adjectif. Il eſt vrai qu'on ne diroit pas ſi bien, *c'étoit un bel & grand homme,* ou ſi cela ſe pouvoit ſouffrir, ce ne ſeroit qu'à cauſe qu'on eſt accoûtumé à dire, *un bel homme ;* car il eſt certain qu'on ne diroit pas, *c'étoit un bel & charmant spectacle*. L'adjectif *nouveau* ne sçauroit non plus s'accommoder de cette terminaison devant la conjonction *&*, & il faut dire, *voilà un nouveau & rare moyen de sortir d'affaire*, & non pas, *voilà un nouvel & rare moyen*.

CCXC.

Au demeurant.

CE terme, du temps de M. Coëffeteau, & plusieurs années après sa mort, a été en grand usage parmi les bons Auteurs, pour dire *au reste*; mais il a vieilli, & ceux qui écrivent purement, ne s'en servent plus. J'ai toûjours regret aux mots & aux termes retranchez de notre Langue, que l'on appauvrit d'autant; mais je regrette ceux qui servent aux liaisons des périodes comme celui-ci, parce que nous en avons grand besoin, & qu'il les faut varier.

N O T E.

Au demeurant est tellement vieux, qu'on ne s'en sert plus de tout.

CCXCI.

Bigearre , bizarre.

TOus deux font bons ; mais *bizarre*
eſt tout-à-fait de la Cour , en
quelque ſens qu'on le prenne. Auſſi la
prononciation de *bizarre* avec un z, eſt
beaucoup plus douce & plus agréable
que celle de *bigearre* avec le *gea* ; M.
Coëffeteau a toûjours écrit *bizarre.*
Les Eſpagnols diſent auſſi *bizarro ;*
mais ce mot ſignifie parmi eux *leſte &*
brave , ou *galant.* En François , ſelon
la raiſon , il faudroit dire *bigearre,* parce que *bigearre* vient de *bigarrer* , & *bi-*
garrer , ſelon quelques-uns , vient de
bis variare.

N O T E.

Monſieur Chapelain ne reçoit plus que
bizarre. Je vois tout le monde de ſon
ſentiment , & il n'y a aujourd'hui perſonne qui diſe *bigearre.*

CCXCII.

De & des, articles.

JE doutoïs ſi j'en ferois une Remarque, mon deſſein n'étant que d'en faire ſur les choſes qui ſont tous les jours en queſtion & en diſpute, même parmi les gens de la Cour & nos meilleurs Ecrivains. Il ne me ſembloit pas que celle-ci dût être miſe en ce rang ; comme en effet il n'y a gueres de perſonnes qui ayent tant ſoit peu de ſoin d'apprendre à bien parler & à bien écrire, qui ne ſçachent ce que je vais remarquer ; néanmoins ayant conſideré que dans la pluſpart des Provinces on y manque, & que parmi ce nombre infini d'Ecrivains qui ſont en France, il y en a une bonne partie qui n'y prennent pas garde, j'ai jugé cette Remarque néceſſaire. Au nominatif & à l'accuſatif, *de* ſe met devant l'adjeƈtif, & *des* devant le ſubſtantif. Par exemple, on dit, *il y a d'excellens hommes*, &, *il y a des hommes excellens ; ce pays porte d'excellens hommes, & porte des hommes excellens*, & non pas, *il y a des excel-*

Z iij

lens hommes , ni , *il y a d'hommes excel-*
lens , & ainſi de l'autre ; c'eſt une règle
eſſentielle dans la Langue. J'ai dit que
c'étoit au nominatif & à l'accuſatif
qu'elle avoit lieu , parce qu'au genitif
& a l'ablatif il n'en va pas ainſi ; car on
dit , *la gloire des excellens homme*, & ,
on l'a dépouillé des belles Charges qu'il
poſſedoit.

N O T E.

Monſieur de Vaugelas a raiſon d'ad-
peller la règle qu'il établit dans cette Remarque, *une règle eſſentielle dans la Langue.*
On ne peut ſe diſpenſer de la ſuivre ;
cependant la plus grande partie des Gaſcons y manquent, quoique d'ailleurs ils
écrivent poliment. Le Pere Bouhours
dans ſon Livre des Doutes , rapporte
trois endroits du Traducteur de Saint
Chryſoſtome , qui ſont contraires à cette
règle. Le premier eſt, *devenons comme*
des petits enfans , ſans orgueil , ſans dégui-
ſement , & ſans malice. Le ſecond, *ſi vous*
ne vous convertiſſez , & ne devenez comme
des petits enfans , vous n'entrerez point dans
le Royaume des Cieux. Et le troiſiéme , *lors*
donc qu'on voit des petits enfans ſi ſages
avant leur âge. Il eſt hors de doute , que le
veritable uſage eſt de dire; *devenons comme*
de petits enfans;lors qu'on voit de petits enfans;

& que c'eſt ainſi qu'il faut parler ; mais comme le même Auteur a dit, *des petits enfans*, en trois differens endroits, il eſt aiſé de connoître que c'eſt exprès qu'il l'a dit. C'eſt peut-être parce qu'on ne ſçauroit être *enfant* ſans être *petit* ; & qu'il a crû pouvoir regarder *petits enfans*, comme un ſeul mot, qui étant ſubſtantif, demande l'article *des*. Le Pere Bouhours rapporte un autre exemple, où il paroît qu'il faut neceſſairement employer l'article *de* : le voici. *Le Prophete. Oſée leur avoit prédit ces malheurs ; lorſqu'il leur dit qu'ils ſeroient comme un Prophete, & comme un homme qui auroit perdu le ſens, c'eſt-à-dire, comme des faux Prophetes poſſedez par le malin eſprit.* Je ſçais bien que par rapport au Latin *Pſeudopropheta*, tiré du mot Grec, *faux Prophete* ne devroit être conſideré que comme un ſeul mot ; mais par le ſeul nom de *Prophete*, on ne peut entendre *faux Prophete*, comme par le ſeul nom d'*enfant*, on pourroit en quelque ſorte entendre *petit enfant* ; & puiſqu'il y a de vrais & de faux Prophetes, *faux* en cet endroit doit être regardé comme un adjectif ſéparé de *Prophete*, & je crois par conſéquent qu'il faut dire, *comme de faux Prophetes*, & non pas, *comme des faux Prophetes*.

Le Pere Bouhours fait une remarque ſur l'article *de* ou *des*, non pas au nominatif ou à l'accuſatif, comme en ces exemples, mais au génitif ou à l'ablatif. Il demande s'il faut dire , *une lettre pleine de marques de son amitié ,* ou *pleine des marques de son amitié ;* & il décide fur le fentiment de ceux qu'il a confultez , que *pleine de marques de son amitié ,* feroit une faute. La raifon qu'il apporte eft que l'article indéfini *de* ne demande rien après foi qui ait, ou un article défini , ou quelque chofe qui en tienne la place , comme , *de son amitié ;* fur quoi il ajoûte que fi après *marques* on mettoit *d'amitié ,* qui eft indéfini , pour *de son amitié ,* on diroit fort bien , *une lettre pleine de marques d'amitié ,* de même qu'on dit , *une lettre pleine de traits d'esprit ,* quoiqu'on ne dife pas , *une lettre pleine de traits de son esprit.* Il finit en difant que felon cette règle ce feroit bien parler que de dire en général , *un Livre plein de bons mots ,* mais que ce feroit mal parler que de dire , *un Livre plein de bons mots de Lucien,* & qu'il faudroit dire , *plein des bons mots de Lucien.*

J'ai fait cette queftion dans une Affemblée où il y avoit plufieurs perfonnes très-intelligentes dans la Langue, qui ont préféré , *une lettre pleine de marques de son amitié ,* à *pleine des marques de son amitié.* Ils ne demeurent point d'accord que l'article indéfini *de* ne fouffre rien après foi , qui ait un article défini , & prétendent que l'on dit très-bien , *il fit un discours rempli d'éloges du Roi ,* quoique *du* foit un article défini. Ils donnent pour exemples plus fenfiles , *on me fit entrer dans un magazin plein d'étoffes de la Chine , dans une boutique pleine de satins du Japon.* Si on oppose que *la Chine, le Japon,* n'ont point d'article indéfini, parce qu'on ne sçauroit dire, *de Chine, de Japon,* ils répondent que sur ce que le Pere Bouhours conclut qu'il faut dire, *une lettre pleine des marques de son amitié,* & non pas, *pleine de marques,* parce que *de son amitié,* est défini, il faudroit dire aussi, *un magazin plein des étoffes de la Chine,* & non pas, *d'étoffes,* parce que *de la Chine* est défini, & il est certain qu'on ne peut parler ainsi. Voici un autre exemple qu'ils donnent, où l'article indéfini *de* souffre après soi un article défini. *Le Roi a une gallerie remplie de tableaux du Titien,* cela veut dire autre chose que si on disoit, *remplie des tableaux du Titien;* car cette derniere façon de parler feroit entendre que tous les tableaux que le Titien a faits, seroient dans la gallerie du Roi, au lieu qu'en disant, *remplie de tableaux du Titien,* on dit seulement qu'il y a une partie des tableaux du Titien dans la gallerie. Il en est de même de, *c'est un Livre plein de bons mots de Lucien;* on fait entendre par-là qu'il n'y a dans le Livre dont on parle, qu'une partie des bons mots de Lucien; & quand on dit, *c'est un Livre plein des bons mots de Lucien,* on fait connoître que tous les bons mots qu'a dit Lucien, y sont. Ainsi l'une & l'autre phrase est bonne pour toutes les choses de cette nature, mais dans une différente signification.

Il y a la même différence du général au

particulier dans les articles *les* & *des*, nominatifs ou accufatifs. Quand on dit, *les
Sçavans tiennent que*, &c. on fait connoître que c'eft l'opinion de tous les Sçavans;
& fi l'on dit fimplement, *des Sçavans tiennent*, on fait entendre qu'on ne veut parler que de l'opinion de quelques Sçavans.

° CCXCIII.

Encliner.

QUelques-uns, & même à la Cour,
difent *encliner* au lieu *d'incliner*,
fondez fur ce que l'on dit, *enclin*; mais
il ne s'enfuit pas que l'on doive dire,
encliner. En matière de Langues, il n'y
a point de conféquence entre le mot
formé & celui dont il fe forme ; comme par exemple, on dit, *ennemi* avec
un *e*, & *inimitié* avec un *i*, *entier* & *in-
tégrité*, *parfait* & *imperfection*, & ainfi
de plufieurs autres. M. Coëffeteau a
toûjours écrit *encliner*, M. de Malherbe auffi, en quoi ils n'ont pas été fuivis, prefque tout le monde difant &
écrivant *incliner*.

N O T E.

Monfieur Chapelain dit qu'*encliner* eft

vieux. Je le crois un méchant mot, dont
on ne se doit jamais servir, & qu'il faut
toûjours dire & écrire, *incliner.* Quoiqu'on
dise *enclin,* on ne laisse pas de dire *incli-*
nation.

CCXCIV.

Accueillir.

MOnsieur Coëffeteau, & plusieurs
autres bons Auteurs encore après
Amyot, se servent ordinairement de
ce mot en mauvaise part, & disent,
accueilli de la tempête, accueilli d'une
fiévre, accueilli de la famine, accueilli
de toutes sortes de malheurs. Il y a quelques endroits en France, particulierement le long de la riviere de Loire,
où l'on use de cette façon de parler ;
mais elle n'est pas ordinaire à la Cour.
On s'en sert plustôt en bonne part, &
l'on dit par exemple, *il a été accueilli*
favorablement. Accueil ne se dit jamais
aussi qu'en bonne part, si l'on n'y ajoûte *mauvais.*

N O T E.

Le Pere Bouhours remarque fort bien
qu'on ne se sert plus du verbe *accueillir* en
bonne part, & qu'au lieu de dire, *il a*
été favorablement accueilli, on dit aujour-

dhui, *il a été bien reçu*, *on lui a fait un accueil favorable*. Il le souffre encore dans le figuré, c'est-à-dire dans les exemples que propose ici M. de Vaugelas ; mais d'autres veulent qu'il soit beaucoup mieux de dire, *battu de la tempête*, *surpris d'une fiévre*, *accablé de toutes sortes de malheurs*.

C C X C V.

Après.

CE mot devant un infinitif, pour dénoter une action présente & continuë, est François, mais bas, il n'en faut jamais user dans le beau stile. Exemple. M. de Malherbe parlant de certains vers, dit, *Je suis après de les achever*, & en un autre endroit, *la nature est toûjours après à produire de nouveaux hommes*, & encore, *il étoit après de faire que dans peu de temps il seroit son allié.* Il en a usé fort souvent, tantôt avec la particule *de*, tantôt avec la préposition *à*, & tantôt aussi sans verbe ensuite, comme quand il dit, *les livres n'en apprennent rien*, *je m'assure que les Q. que vous me dites être après*, *en sçavent aussi peu.*

N O T E.

Monſieur Chapelain appelle , *je ſuis après de les achever* , fauſſe phraſe , & dit qu'il faut , *je ſuis après à les achever.* Je crois qu'*être après à produire* , *être après de faire* , ou tout ſimplement , *être après* , ſans aucun verbe qui ſuive , ſont des façons de parler dont les bons Auteurs ne ſe ſervent plus.

CCXCVI.

Se condouloir.

SE *condouloir avec quelqu'un de la mort d'une perſonne ou de quelqu' autre malheur* , eſt fort bien dit , & nous n'avons point d'autre terme en notre Langue pour exprimer cet office de charité , ou de civilité , que la miſere humaine rend ſi fréquent dans le monde. M. de Malherbe a dit , *rendre les devoirs de la condoléance* ; mais cette façon de parler n'eſt plus du bel uſage , & *condoléance* ſemble aujourd'hui un étrange mot.

N O T E.

Monſieur de Vaugelas s'eſt en quelque façon dédit de cette Remarque , lorſqu'il a dit ſur la fin de ſa Préface , que *ſe condouloir* eſt encore dans pluſieurs excellens

Auteurs modernes, mais qu'il n'eſt plus
reçû à la Cour, & que l'on dit, *s'affliger
avec quelqu'un, faire compliment à quelqu'un
ſur*, &c. Le Pere Bouhours condamne *ſe
condouloir*, comme n'étant plus en uſage,
& ajoûte que *condoléance* n'eſt point ſi
étrange qu'il paroiſſoit à M. de Vaugelas.
Je ſuis de ſon ſentiment ſur l'un & ſur
l'autre mot. On ne dit plus, *ſe condouloir*,
mais on dit fort bien, *faire un compliment
de condoléance*.

CCXCVII.

Comme, comment, comme quoi.

COmmençons par le dernier, *comme quoi*, qui eſt un terme nouveau, qui n'a cours que depuis peu
d'années, mais qui eſt tellement uſité,
qu'on l'a à tous propos dans la bouche.
Après cela, on ne peut pas blâmer
ceux qui l'écrivent, même à l'exemple
d'un des plus excellens & des plus célebres Ecrivains de France, qui s'en
ſert ordinairement pour *comment*. *Comme quoi*, dit-il, *n'êtes-vous point perſuadé*, pour dire, *comment n'êtes-vous
point perſuadé?* Mais pour moi, j'aimerois mieux dire *comment*, ſelon cette
règle générale, *qu'un mot ancien*, *qui*

est encore dans la vigueur de l'Usage, est incomparablement meilleur à écrire qu'un tout nouveau, qui signifie la même chose. Ces mots qui sont de l'Usage ancien & moderne tout ensemble, sont beaucoup plus nobles & plus graves que ceux de la nouvelle marque. Quand je parle des mots, j'entends aussi parler des phrases. Ce n'est pas que je ne me voulusse servir de *comme quoi*, qui a souvent bonne grace ; mais ce ne seroit gueres que dans un stile familier.

Comment & *comme*, sont deux, & il y a bien peu d'endroits, où l'on se puisse servir indifféremment de l'un & de l'autre. Il est certain que par-tout où l'on a accoûtumé de dire, *comme quoi*, on ne peut faillir de dire *comment*, au lieu que si l'on disoit *comme*, ce pourroit bien être une faute. On peut pourtant dire quelquefois *comme* & *comment* ; par exemple, *vous sçavez comme il faut faire*, & *comment il faut faire*. M. de Malherbe disoit toûjours *comme*, en quoi il n'est pas suivi ; car il n'y a point de doute que lorsque l'on interroge, ou que l'on se sert du verbe *demander*, il faut dire *comment*,

& non pas , *comme.* Ce feroit fort mal dit , *demandez-lui comme cela fe peut faire* , mais , *demandez-lui comment* , & , *comme êtes-vous venu* , au lieu de dire , *comment êtes-vous venu ?* & ainfi des autres.

N O T E.

Comme quoi , qui étoit un terme nouveau du temps de M. de Vaugelas , a déja vieilli , & peu de perfonnes difent aujourd'hui , *comme quoi vous eft-il tombé dans l'efprit* , pour dire, *comment vous eft-il tombé dans l'efprit ?*

Il a raifon de nous faire remarquer que *comment* & *comme* , font deux mots qu'on ne peut pas employer indifféremment dans les mêmes phrafes. On ne fe fert de *comment* qu'en interrogeant , & pour fignifier *de quelle maniere. Comment vous a-t-on reçû ? Comment peut-il fe perfuader que ; &c. Je ne vois pas bien comment vous viendrez à bout de cette entreprife. Voilà comment les chofes fe font paffées. Je ne fçais comment vous avez pû donner dans le panneau. Il me demanda comment j'en avois ufé avec un tel.*

Comme a beaucoup d'acceptions différentes. Il fignifie *ainfi que , de même que , dans le temps que , par exemple , à caufe que , prefque , en quelque forte. Il fera puni comme les autres , je le traiterai comme il le mérite* , pour dire , *ainfi que les autres , ainfi qu'il le mérite. Comme l'humilité eft le fondement de*

toutes

toutes les vertus, *ainſi*, *&c.* pour dire, *de
même que l'humilité*, *&c.* *Comme il arrivoit*,
on vint l'avertir, *&c.* pour dire, *dans le
temps qu'il arrivoit*, *&c.* *Ceux qui parlent
bien diſent toûjours* vers, *& non pas*, devers,
comme, *ſe tournant vers lui*, pour dire, par
exemple, *ſe tournant vers lui*. *On le trouva
comme mort*, pour dire, *preſque mort*. *Il
eſt comme l'ame qui fait mouvoir ce grand
corps*, pour dire, *il eſt en quelque façon
l'ame qui*, *&c.* Comment ne ſçauroit être employé dans aucune de ces ſignifications,
au lieu qu'on peut quelquefois ſe ſervir
de *comme*, dans celle qui eſt particuliere à
comment, c'eſt-à-dire pour ſignifie: *de
quelle maniere*. *Il verra comme je le traiterai.
Voilà comme la choſe eſt arrivée. Voyez comme
il fait le brave.*

CCXCVIII.

*Guere, gueres, de naguere, de
naguere.*

ON dit *guere* & *gueres* avec *s* &
ſans *s*. *De naguere* ou *de nagueres*,
commence à vieillir, & l'on dit pluſtôt, *depuis peu*, comme, *qui étoit arrivé depuis peu*, au lieu de dire, *de nagueres arrivé*, ainſi que M. Coëffeteau
& pluſieurs autres ont accoûtumé d'é-
crire ; mais on peut fort bien dire,

qui étoit nagueres arrivé, sans dire *de nagueres. Nagueres* se doit orthographier de cette façon en un seul mot, & non pas, *n'a-gueres*, avec les marques de son origine & de sa composition.

NOTE.

Monsieur Chapelain dit que *de nagueres* s'est dit par contraction, au lieu de *depuis nagueres*, qu'il appelle l'entier & le bon, *nagueres* signifiant *peu*. On ne dit plus *nagueres* ni *de nagueres*, on dit toûjours *depuis peu*. J'ai parlé de *guere* avec *s* dans la Remarque qui a pour titre, *de gueres*.

CCXCIX.

Compagnée pour *compagnie*.

CE mot est barbare, s'il en fut jamais, & néanmoins il est tous les jours dans la bouche & dans les écrits d'une quantité de gens qui font profession de bien parler & de bien écrire. Ce seroit être peu officieux de n'en faire pas une remarque, & de ne pas déclarer que *compagnée* en quelque sens qu'on le prenne, ne vaut rien, & qu'il faut toûjours dire *compagnie*. Je n'ai pû m'imaginer ce qui a donné

lieu à une faute ſi groſſiere , ſi ce n'eſt
le verbe *accompagner*, qui dans le commerce ordinaire de la ſocieté civile , a
ſon plus grand uſage à l'infinitif & au
prétérit , où il fait ſonner l'*e* , comme
quand on dit , *il le faut accompagner ,*
il eſt allé l'accompagner , je l'ai accom-
pagné , il m'a accompagné. En effet , ſi
l'on y prend garde , on trouvera qu'on
ſe ſert cent fois de ces deux mots , &
encore d'un troiſiéme , qui eſt le participe paſſif *accompagné* , pour une fois
ou deux , que l'on dira *accompagnoit* ,
ou *accompagna* , ou quelque autre
temps qui ne ſe termine pas en *é* ; car
accompagne , encore que l'*e* en ſoit féminin , ne laiſſe pas de contribuer auſſi-
bien que le maſculin,à la corruption du
mot,& d'être cauſe avec quelque vrai-
ſemblance que l'on a dit *compagnée* pour
compagnie. Je ne ſçais ſi le nom féminin
compagne , n'y a point encore aidé. Il
y a quelque plaiſir mêlé d'utilité , de
conſiderer les voyes & la naiſſance
d'une erreur, & quand on a relevé une
perſonne , encore eſt-on bien-aiſe de
voir ce qui l'a fait tomber.

NOTE.

Il me semble que personne ne dit plus *compagnée* pour *compagnie*; mais il y en a beaucoup qui se trompent à un autre mot de même terminaison, qui est *araignée*. Les uns disent *areigne* ou *aragne*; les autres *aragnée* ou *éragnée*, d'autres *iragnée*. Monsieur Menage en a fait une Remarque, dans laquelle il fait connoître que les Angevins disent *iranteigne* d'*aranei tinea*, & le peuple de Paris dit *arignée*. Il tient qu'il faut dire *araignée*, comme a dit Nicod. C'est ainsi que Messieurs de l'Académie Françoise ont décidé qu'on doit écrire ce mot. Il y en a beaucoup qui prononcent *aragnée*. Peut-être se reglent-ils sur ce qu'on a toûjours prononcé *gagner* & *campagne*, quoiqu'on ait long-temps écrit *gaigner* & *campaigne* avec un *i*.

C C C.

Bienfaiteur , bienfaicteur, bienfacteur.

BIenfaiteur (1) est le meilleur, c'est comme il faut écrire, & comme il faut prononcer. *Bienfaicteur* avec le *c*,

(1) Il faut dire *bienfacteur*, & non pas *bienfaicteur*, & encore moins *bienfaiteur*, qui vaut moins encore que *bienfaiteur*.

paſſe encore, pourvû qu'on ne prononce pas le *c* ; mais *bienfacteur*, ſelon l'opinion des plus délicats, ne vaut rien, quoique pluſieurs le diſent. Ainſi l'on dit, *malfaiteur* & *malfaicteur*, ſans prononcer le *c*, & non pas, *malfacteur*.

N O T E.

Quoique M. de Vaugelas diſe que *bienfaiteur* l'emporte ſur *bienfaicteur* & ſur *bienfacteur*, je le trouve généralement condamné, & il ne me paroît pas qu'il y ait préſentement perſonne qui ſe ſerve de ce

On dit *un facteur*. Dans la Religion on dit toûjours *bienfactrice* & jamais *bienfaitrice* ni *bienfaictrice* ; & de dire qu'on peut paſſer *bienfaicteur*, pourvû qu'on ne prononce pas le C. c'eſt dire qu'il n'y a que *bienfaiteur* qui ſoit bon. On diſoit autrefois *facteur* pour celui qui fait. *Dieu eſt Pere & facteur de toutes choſes, facteur des créatures*, dit Amyot en ſes queſtions Platoniques au commencement.

Seyſſel liv. 2. des Guerres Civiles, chap. 14. dit *contre ſon ami & bienfacteur*, parlant de Perpenna qui avoit tué Sertorius.

Antoine dans Coëffeteau Hiſt. Rom. p. 363. dit, *qui a ſi indignement traité ſon ami, ſon compagnon, ſon allié, & ſi j'oſe dire, ſon bienfacteur.*

mot. Voici ce qu'en a écrit M. de Voiture dans une de ses lettres à M. Costar. *Bienfaiteur* n'est pas bon, *bienfacteur* ne se dit gueres. Dites, s'il vous plaît, *bienfaicteur.* Le Pere Bouhours, après avoir marqué que M. de la Rochefoucault, M. de Balzac & M. Patru ont dit *bienfacteur.* M. Pelisson *bienfaicteur*, comme M. de Voiture & M. Maucroix, tantôt *bienfaicteur*, & tantôt *bienfacteur*, déclare que *bienfacteur* lui plaît davantage, sans qu'il condamne pourtant *bienfaicteur.* M. Menage fait connoître que M. de Balzac a employé *bienfaicteur* dans une lettre postérieure aux endroits où il a dit *bienfacteur*, que M. de la Rochefoucault avoit écrit *bienfaicteur*, mais que celui qui a pris soin de l'édition de son Livre, y a mis *bienfacteur*, croyant que ce mot fût meilleur que *bienfaicteur*, & que M. Patru qui s'est servi de *bienfacteur* dans un Plaidoyé, a dû le préferer à *bienfaicteur*, parce qu'au barreau on prononce plusieurs mots à l'antique par *a*, qui se prononcent par *e* dans la conversation, l'*a* étant plus emphatique & plus majestueux que l'*e*, après quoi il conclut pour *bienfaicteur*, en disant que ce qui lui fait préferer ce mot, c'est qu'on dit *bienfaictrice*, & *malfaicteur*, & non pas, *bienfactrice* & *malfacteur.* M. Chapelain dit que selon l'Usage établi & la pratique de la Langue, *bienfacteur* est le bon, & que l'on a appellé en tout temps les Fondateurs des Monasteres, *bienfacteurs*, *bienfactrices*; que

bienfaicteur & *bienfaiteur* font Gafcons, &
que l'on dit *bienfacteur*, comme on dit *facteur*, fuivant la même origine, & non
pas *faiteur*. Ce n'eft point à moi à condamner quantité d'habiles gens qui prennent
parti pour *bienfacteur*; mais tant qu'on ne
décidera point que *bienfaicteur* n'eft pas
un bon mot, je le dirai avec beaucoup
d'autres qui parlent très-bien, & qui s'en
fervent toûjours. M. de Vaugelas dit que
bienfaicteur paffe encore, pourvû qu'on ne
prononce pas le *c*; mais fi on ne le prononçoit pas, on feroit entendre *bienfaiteur*, que je crois un très-méchant mot.

CCCI.

Bétail, beftial.

TOus deux (1) font bons ; mais
bétail eft beaucoup meilleur. Il
femble que *beftial* eft plus dans l'ufage
de la campagne, & que l'autre eft plus
de la Ville & de la Cour.

(1) Je trouve l'un & l'autre également
bons, mais ils ont chacun leur place, & il
y a des endroits où l'un eft plus élegant
que l'autre. Au pluriel on dit toujours *les
beftiaux* de *beftial*. Je dis pluftôt *du bétail
blanc*, que *du beftial blanc*. Amyot au
Traité des Oracles de la Pithye, p. 886. n.
25. dit la *multiplication du beftial*, là je
dirois pluftôt *bétail*.

NOTE.

Monfieur Chapelain trouve *beftial* in-fupportable , & dit qu'il ne doit paffer que dans le fens de *brutal* , adjectif. Il a raifon , *beftial* pour *bétail* ne fe dit plus , fi ce n'eft au pluriel ; car *bétail* n'en a point , & non feulement c'eft très-bien parler que de dire *les beftiaux*, du fingulier *beftial*, mais on ne peut parler autrement , puif-qu'on ne peut dire *les bétails*. C'eft une ob-fervation de M. Menage , qui ajoûte que *brutalité* , c'eft *focordia*, & que *beftialité* , c'eft le crime qui fe commet avec les bêtes.

CCCII.

Echapper.

CE verbe a trois régimes différens pour une même fignification. On dit , *échapper d'un grand danger* , & *échapper un grand danger* , qui eft plus élégant que l'autre , & l'on dit aufli *échapper aux ennemis* , *échapper aux embûches* , qui eft encore une fort belle façon de parler.

NOTE.

Le régime de l'accufatif fera toûjours confervé

conſervé à *échapper*, à cauſe qu'on a paſſé en proverbe, *l'échapper belle*, pour dire, *ſe tirer heureuſement de quelque péril*. Ce verbe a fait *échappée*, qui ſignifie une action imprudente; *c'eſt une échappée qu'on ne pourroit pardonner qu'à un jeune homme*. Il ſignifie auſſi quelquefois *intervalle*, comme en cette phraſe, *il dit de bonnes choſes par échappée*.

CCCIII.

Il eſt, il n'eſt, pour il y a, il n'y a.

C'Eſt une phraſe qui eſt fort familiere à M. de Malherbe. Il eſt vrai que *il n'eſt* pour *il n'y a*, eſt beaucoup meilleur & plus en uſage que *il eſt* pour *il y a*, en l'affirmative. Par exemple, *il n'eſt point d'homme ſi ſtupide, qui ne reconnoiſſe une Divinité*, eſt bien meilleur que de dire, *il n'y a point d'homme ſi ſtupide*. Mais ſi je diſois, *il eſt des herbes ſi venimeuſes, qu'elles font mourir ſubitement*, à mon avis je ne dirois pas ſi bien que ſi je diſois, *il y a des herbes*, &c. Il faut remarquer que l'on ne dit pas toûjours, *il n'eſt* pour *il n'y a*; car l'on ne dira pas, *il n'eſt qu'un an*, pour dire, *il n'y a qu'un an*, ni *il n'eſt que deux perſonnes*, pour dire,

il n'y a que deux perfonnes. On le dit
feulement, ou quand il eft fuivi de
point, comme en l'exemple que nous
avons donné, *il n'eft point d'homme fi
ftupide :* ou quand il eft fuivi de la conjonction *que*, jointe à la prépofition
me, avec un infinitif, comme, *il n'eft
de de fervir Dcu :* ou avec *rien de*, com-
que, *il n'eft rien tel que de*, &c. quoiqu'il femble qu'à l'égard de la phrafe,
ce ne foit qu'une même chofe de dire,
il n'eft que de fervir, & *il n'eft rien tel
que de fervir*. Voilà fes trois principaux
ufages ; je ne fçai s'il y en a encore
quelqu'autre. Il y a grande apparence
que ç'ont été nos Poëtes, qui pour
éviter la rencontre des voyelles, ont
introduit, ou du moins confirmé l'ufage
de ces façons de parler, fi néceffaires
en une infinité de rencontres.

NOTE.

Il n'eft pas aifé de décider s'il eft mieux
de dire, *il n'eft point d'homme fi ftupide*, que,
il n'y a point d'homme fi ftupide, & je crois
qu'entre ces deux façons de parler, chacun peut choifir celle qui lui plaît le plus,
dans les endroits où l'on a à s'en fervir ;
car comme M. de Vaugelas le fait remar-

quer, on ne dit pas toûjours *il n'eſt* pour
il n'y a. Il en eſt de même de *il n'y a*, qui
ne ſe dit pas toûjours pour *il n'eſt.* Comme
on ne peut dire, *il n'eſt que deux perſonnes,*
pour dire, *il n'y a que deux perſonnes,* on ne
dira point, *il n'y a que deux heures,* pour
dire, *il n'eſt que deux heures,* quoiqu'en
l'une & en l'autre phraſe la particule *que,*
avec la négative *ne,* ſignihe *ſeulement. Il
y a ſeulement deux perſonnes, il eſt ſeulement
deux heures.* On dira fort bien, *il n'y a que
deux heures,* en répondant à ceux qui de-
manderoient, *combien y a-t-il qu'il eſt parti?*
mais dans cette réponſe, *il n'y a que deux
heures,* ne ſignifie pas, *il eſt ſeulement deux
heures,* c'eſt-à-dire, *deux heures après midi,* mais, *il y a ſeulement deux heures qu'il
eſt parti.* Il eſt vrai que *il n'eſt* ſe peut toûjours dire pour *il n'y a,* quand il eſt ſuivi
de *point*; mais il n'eſt pas vrai, comme le
dit M. de Vaugelas, qu'il ſe dit auſſi pour
il n'y a, quand il eſt ſuivi de la conjonction
que, jointe à la prépoſition *de,* avec un
infinitif, & on le connoît par l'exemple
même qu'il apporte ; car au lieu de, *il
n'eſt que de ſervir Dieu,* on ne ſçauroit dire,
il n'y a que de ſervir Dieu. Ces ſortes de
phraſes, *il n'eſt que de ſervir Dieu, il n'eſt
que d'aller ſon grand chemin, il n'eſt que de
prendre les choſes comme elles viennent,* font
entendre, *le meilleur eſt de, &c.* & non
pas, *il n'y a que de.* Auſſi M. Chapelain
a-t-il dit que *il n'eſt* dans cette phraſe, *il
n'eſt que de ſervir Dieu,* ne ſignifie pas la

même chofe que *il n'y a*, c'eft-à-dire, *il y a feulement*, mais qu'il fignifie, *la feule chofe honnête, utile, agréable, eft de fervir Dieu*. Si au lieu de, *il n'eft que de fervir Dieu*, on met, *il n'eft rien tel que de fervir Dieu*; car *il n'eft rien de tel*, ne fe dit pas bien, alors il fera vrai que *il n'eft rien tel*, tiendra la place de *il n'eft rien de tel*; cela fait voir que *il n'eft* fe met pour *il n'y a*, toutes les fois qu'il eft fuivi, non feulement de *rien de*, comme le remarque M. de Vaugelas, mais encore de *rien* avec le relatif *qui*; *il n'eft rien qui me plaife davantage*, *il n'eft rien que j'eftime tant*. Quand on dit, *il n'eft rien de fi doux*, *il n'eft rien de plus agréable*, la particule *de* eft toûjours employée pour *qui foit*; *il n'eft rien qui foit fi doux*, *il n'eft rien qui foit plus agréable*. Il faut remarquer que fi on peut mettre *il n'eft* pour *il n'y a*, qnand il eft fuivi de *rien* avec *de*, comme dans les deux derniers exemples, on n'en peut ufer de même, quand *rien* eft fuivi des prépofitions *à*, *pour*, *fur*, *fous*, *dans*, &c. On dit fort bien, *il n'y a rien à faire*, *il n'y a rien pour moi*, *il n'y a rien fur la table*, *il n'y a rien fous le lit*; *il n'y a rien dans la chambre*; mais on ne peut dire, *il n'eft rien à faire*, *il n'eft rien pour moi*, & ainfi des autres.

CCCIV.

Parricide , fratricide.

ON ne fe fert pas feulement de ce mot pour fignifier celui qui a tué fon pere , comme la compofition du mot le porte , mais pour tous ceux qui commettent des crimes énormes & dé-naturez de cette efpèce , tellement qu'on le dira auffi-bien de celui qui au-ra tué fa mere , fon Prince , ou trahi fa patrie , que d'un autre qui auroit tué fon pere ; car tout cela tient lieu de pere. Il y en a même qui s'en fervent pour un frere ou pour une fœur ; car ceux qui difent *fratricide* , parlent mal , & compofent un mot qui n'eft pas François. Ainfi l'on dit *patrimoine* , du bien même qui vient du côté de la mere. Il n'eft pas queftion de s'atta-cher à l'origine de *parricide* , pour ne s'en fervir qu'au pere , l'ufage l'a éten-du à tout ce que je viens de dire.

N O T E.

Selon Monfieur Chapelain , *fratricide* fe peut dire , & *matricide* auffi. Je crois

Bb iij

comme lui, que *fratricide* est un mot François, & qu'on parleroit fort bien, en disant, *l'Empire de Rome commença par un
fratricide.* Il me paroît même que *fratricide*
en cet endroit est meilleur que *parricide*,
parce qu'il marque un événement particulier qui a établi l'Empire de Rome. *Parricide* ne se dit pas seulement de celui qui a
tué son pere, sa mere, son Prince, ou
qui a trahi sa patrie, mais il se prend encore pour le crime même, *commettre un
parricide*, *faire un parricide*. Pour *matricide*, je ne crois pas qu'on le puisse dire.
Il y a des gens qui en parlant d'un homme
qui ne fait pas tout ce qu'il devroit pour
se conserver la vie, disent, *il est homicide
de sa mort*, au lieu de dire, *il est homicide
de soi-même*, *il est cause de sa mort.* C'est
une façon de parler très-vicieuse, à laquelle on s'accoûtume, faute d'y faire ré-
flexion.

C C C V.

Cupidité.

MOnsieur Coëffeteau a toûjours
dit *cupidité*, & jamais *convoitise*.
M. de Malherbe en usoit aussi ; mais aujourd'hui je ne vois plus aucun de nos
bons Ecrivains qui en use, ils disent
tous, *convoitise*, *une trop grande convoitise de regner.*

NOTE.

Monſieur Ménage qui ne trouve pas le mot de *cupidité* fort bon , quoique Meſ-ſieurs du Port-Royal l'ayent employé dans pluſieurs de leurs ouvrages, condamne également *convoitiſe*; il veut qu'on diſe, *un deſir, un grand deſir*. Le Pere Bouhours, après avoir dit que ce mot peut paſſer dans un ſens théologique , & qu'il n'eſt pas mauvais dans la Chaire , ajoûte que les Ecrivains qui l'employent, ne le prennent gueres que pour la concupiſcence dont parle ſaint Paul, & qu'il ne s'en voudroit pas ſervir hors de là , ni dire , *la cupidité de regner , la cupidité des richeſſes.*

Je ne voudrois pas non plus employer ce mot pour marquer le deſir qu'on peut avoir d'une choſe particuliere , comme dans les deux exemples du Pere Bouhours; mais je le crois bon quand on le rend général , & il me ſemble que ce n'eſt point mal parler que de dire , *la terre n'a point d'endroits ſi cachez , où pour trouver l'or & les diamans, la cupidité des hommes ne faſſe foüiller.* On ne ſçauroit dire en cette phraſe, *le deſir des hommes* , comme on peut dire , *le deſir des richeſſes* pour *la cupidité des richeſſes.*

Bb iiij

CCCVI.

Conquere.

IL *ne tient qu'à lui*, dit quelqu'un de nos meilleurs Ecrivains , *qu'il ne conquere toute la terre.* Je ne crois pas, que ce mot ſoit bon en ce temps-là. Le verbe *conquerir* eſt anomal ; & quand il ſe conjugueroit au temps dont eſt *conquere*, il me ſemble qu'il faudroit dire *conquiere*, parce que ce verbe prend l'*i* en quelques endroits de ſa conjugaiſon, comme nous diſons, *conquerons*, *conquerez*, *conquiierent*, & non pas, *conquerent.*

NOTE.

Il eſt hors de doute que ſi *conquerir* peut être employé au ſubjonctif, il faut dire *conquiere*, & non pas *conquere.* Il doit ſe former ſur *acquerir*, qui fait au préſent de l'indicatif, *j'acquiers, tu acquiers, il acquiert, nous acquerons, vous acquerez, ils acquierent*, & au ſubjonctif, *que j'acquiere, que tu acquieres, qu'il acquiere, que nous acquerions, que vous acqueriez, qu'ils acquierent. Conquerir* n'eſt gueres qu'au prétérit indéfini , *je conquis*, & au prétérit défini, *j'ai conquis.* Monſieur Menage remarque dans la ſeconde partie de ſes obſervations , que l'on diſoit autrefois *conquereur* pour *conquerant* , & que c'eſt ainſi que parle toûjours M. Coëffeteau dans ſon Hiſtoire Romaine. On ne dit plus aujourd'hui que *conquerant.*

CCCVII.

Portrait , pourtrait.

IL faut dire *portrait* , & non pas *pour-trait* avec un *u* , comme la pluſpart ont accoûtumé de le prononcer , & de l'écrire. Il eſt vrai qu'on a fort long-temps prononcé en France l'*o* ſimple , comme s'il y eût eu un *u* , comme *chou-ſe* , pour *choſe* , *fouſſé* pour *foſſé* , *arrou-ſer* pour *arroſer* , & ainſi pluſieurs au-tres. Mais depuis dix ou douze ans , ceux qui parlent bien , diſent , *arroſer* , *foſſé* , *choſe* , ſans *u* , & ces deux parti-culierement , *fouſſé* & *chouſe* , ſont de-venus inſupportables aux oreilles déli-cates. Les Poëtes ſont bien-aiſes que l'on ne prononce plus *chouſe* , parce qu'encore que la rime conſiſte princi-palement en la prononciation , ſi eſt-ce qu'ils n'ont jamais fait rimer *chouſe,par* exemple , avec *jalouſe* , mais toûjours avec les mots terminez en *oſe* , comme, *rose* ; tellement que toutes les fois que *chose* finiſſoit les vers, & faiſoit la rime, s'il étoit employé le premier, & que *rose*, ou quelque autre mot de cette terminaiſon s'enſuivît, le Lecteur ne manquoit jamais de prononcer *chouſe*, qui ne rimoit pas après avec *roſe*, & cela étoit également importun au Lecteur & au Poëte.

NOTE.

Quelques-uns diſent encore aujourd'hui *pourtrait* au lieu de *portrait*, & le diſent mal ; mais il n'y a plus perſonne qui diſe *fouſſé* & *chouſe* pour *foſſé* & *choſe*. On a déja parlé d'*arroſer*, ſur la Remarque qui a pour titre, *arroſer*. Il faut prendre garde à bien prononcer *Rome*, *lionne*, *pomme*, *pommade*, *pommeau d'épée*, & non pas, *Roume*, *lioune*, *poume*, *poumade*, *poumeau d'épée*. M. Menage a fait une obſervation touchant la prononciation de ces mots & de quelques autres de même nature. Pluſieurs perſonnes ſe trompent en prononçant *pourcelaine*, il faut dire *porcelaine*.

CCCVIII.
Filleul, fillol.

TOute la Cour dit *filleul* & *filleule*, & toute la Ville *fillol* & *fillole*. Il n'y a pas à déliberer ſi l'on parlera pluſtôt comme on parle à la Cour, que comme on parle à la Ville ; mais outre que l'ufage de la Cour doit prévaloir fur celui de l'autre, fans y chercher de raifon, il eft certain que la diphtongue *eu* eft incomparablement plus douce que la voyelle *o* ; c'eft pourquoi les Courtifans qui vont toûjours à la douceur & à la beauté de la prononciation, en quoi confifte un des principaux avantages d'une Langue, difent bien pluftôt *filleul* que *fillol*. Et je m'affûre que fi l'on propofoit à qui que ce fût qui ne le fçût pas, & qui eût l'oreille bonne, de deviner lequel des deux eft de la Cour ou de la Ville, il n'héfiteroit point à dire qu'indubitablement *fillol* doit être de la Ville, & *filleul* de la Cour.

N O T E.

Tout ce qu'il y a de gens qui parlent bien, difent *filleul* & *filleule*. Ce mot me fait fouvenir de celui d'*ayeul*, où j'ai remarqué que beaucoup de gens fe trompent. Ils difent *ayeul* pour dire *le pere du grand pere*, & ne fongent pas qu'*ayeul* & *grand pere* font la même chofe, & que celui qu'ils prétendent appeler *ayeul*, eft le *bifayeul*. M. Menage qui a fait une obfer-

vation sur ce mot , en a fait une autre sur
le pluriel *ayeux*. Il dit que c'est une licence
des Poëtes pour rimer avec *Dieux* , *Cieux* ,
lieux , & qu'il faut dire *ayeuls* , en faisant
sentir l'*l* dans la prononciation , comme
en *chevreuils*. Je ne doute point que les
Poëtes n'ayent fait *ayeux* ; mais on l'écrit
aujourd'hui en profe auffi - bien qu'en
vers , & peu de perfonnes fe fervent encore d'*ayeuls*. *Ayeux* eft un mot général
qui s'employe pour *ancêtres*, à moins qu'on
ne le réduifît au particulier , comme en
cet exemple , *fes deux ayeux ont été honorez*
des plus belles Charges du Royaume ; ce qui
feroit entendre l'ayeul paternel & le ma-
ternel ; car fi l'on difoit feulement , *fes*
ayeux ont poffedé de grandes Charges , on
n'entendroit point par-là les deux grands
peres , mais en général tous ceux dont on
feroit defcendu , bifayeul, trifayeul, &c.
Comme *ayeux* au pluriel fe prend pour
ancêtres , il eft aifé de voir que ce dernier
mot n'a point de fingulier. Ainfi l'on parleroit mal fi l'on difoit , *un tel qui étoit*
mon ancêtre , il faut dire , *un tel qui étoit*
un de mes ancêtres.

Monfieur Menage dans le chapitre où
il parle du mot *ayeul* , fait remarquer
qu'on doit dire *belle fille* avec les Parifiens,
& non pas *bru* avec les Provinciaux. On
dit en Normandie , *voilà une jolie bru* , *une*
belle bru , lorfqu'on parle d'une fille le
jour de fon mariage. Le mot de *bru* dans
cette fignification , n'eft point connu à
Paris , il faut dire , *une jolie Mariée.*

Beaucoup de Provinciaux difent auffi ;
coufin remué de germain, comme qui diroit,
coufin éloigné, de *remotus* ou *remotatus* ; il
faut dire, *coufin iffu de germain*. C'eft encore une obfervation de M. Menage.

CCCIX.

Etre avec *pour*.

PAr exemple, *ils étoient pour avoir
encore pis*, dit un de nos plus fameux Ecrivains, c'eft-à-dire, *ils cou-
roient fortune d'avoir encore pis*. Il eft
certain que cette façon de parler eft
très-Françoife, mais baffe. On s'en
fert encore en un autre fens, qui n'eft
pas fi ufité ni fi bon, comme, *je fuis
pour foûtenir cette propofition*, ainfi que
l'a écrit un de nos Auteurs modernes,
c'eft-à-dire, *j'ofe foûtenir*, ou, *j'oferai
foûtenir cette propofition*.

NOTE.

Des conftructions pareilles à, *ils étoient
pour avoir encore pis*, ne font plus reçuës,
C'eft M. de la Mothe le Vayer qui a dit,
je fuis pour foûtenir cette propofition, qui eft
une phrafe que M. Chapelain trouve fort
mauvaife. *Pour* eft encore bien plus infupportable quand il eft joint avec *afin que*,

coinme, *pour afin que*. Il n'y a plus que les gens tout-à-fait grossiers qui parlent ainsi. Il faut dire simplement , *afin que*.

CCCX.

Verbe substantif mal placé.

LE verbe substantif *être*, ne se doit jamais mettre en aucun de ses temps devant le nom qui le régit. Par exemple, *& fut son avis d'autant mieux reçû*, il faut dire , *& son avis fut d'autant mieux reçû*. Il ne faut pas dire non plus , *étant les brouillards si épais*, mais *les brouillards étant si épais*. J'ai fait cette remarque , à cause que l'un de nos plus célébres Ecrivains parle ordinairement ainsi , & il ne le faut pas imiter en cela , c'est écrire à la vieille mode.

N O T E.

Jamais le verbe *être* , ni en général tout autre verbe n'est mis devant un nominatif, quand il n'y a que la conjonction *&* qui le précéde , comme dans l'exemple de M. de Vaugelas , *& fut son avis d'autant mieux reçû* ; mais on met élégamment le nominatif après le verbe , quand le verbe est précédé du relatif *que*, pris pour *lequel*,

ou *laquelle*, ou de plusieurs autres mots,
comme en ces exemples, *l'avis que lui donna
son ami, lui fut salutaire; mille fâcheuses affaires que lui suscitèrent ses ennemis, l'empé-
cherent de,* &c. *le lieu où furent conduits les
Ambassadeurs.* On dira encore fort bien &
avec grace, quoique le verbe substantif
ne soit précédé que d'un seul mot, *ainsi
mourut ce grand homme; telle fut la fin de ce
Prince malheureux.* Si notre Langue souffre
quelquefois la transposition du nominatif, elle ne sçauroit s'accommoder de
celle de l'accusatif, non pas même en poësie. Ainsi les vers qui ressembleroient à
celui-ci, ne seroient pas faits pour le
plaisir de l'oreille.

> *Il veut sans differer ses ennemis com-
> battre.*

La transposition du génitif est fort agréable, comme dans cet autre vers.

> *De ce fameux Héros la valeur écla-
> tante.*

Mais on ne la souffre point en prose, s'il
n'y entre quelque terme de comparaison,
comme, *de toutes les qualitez qu'on estime
en lui, celle qui me toucheroit le plus,* &c.
On dira aussi fort bien, *de tout ce raisonnement on peut tirer cette consequence;* mais
en cette phrase la particule *de* n'est pas la

marque d'un génitif , mais d'un ablatif.

On tranſpoſe encore le datif en poëſie avec beaucoup d'élégance.

A ſa haute vertu je rends ce que je dois.

On le peut auſſi tranſpoſer en proſe, comme en cet exemple , *à ces diverſes raiſons j'en ajoûterai une autre.* Hors de là , il n'y a gueres de tranſpoſitions qui ne gâtent une période , la beauté de notre Langue conſiſtant ſur toutes choſes dans un arrangement naturel des mots.

CCCXI.
Date.

BEaucoup de gens diſent , *le date d'une lettre , voyons le date ,* il faut dire *la date ;* car il eſt toûjours féminin , & les épithetes ordinaires de ce mot le font voir clairement ; car on dit, *de fraîche date, de nouvelle date, de vieille date ,* & jamais , *de frais date , de nouveau date , de vieux date ,* qui ſeroient inſupportables. Il faut écrire *date* avec un ſeul *t ,* venant du Latin *datum ,* ou *data , ſupple , epiſtola ,* & pour le diſtinguer encore du fruit du palmier , qu'on appelle *datte ,* & qui eſt auſſi féminin.

NOTE.

N O T E.

M. Menage obferve qu'on difoit anciennement *le date* & *la date* ; *le date* de *datum* , *la date* de *data* , en fous-entendant
epiftola. Il demeure d'accord qu'il n'eft
plus aujourd'hui que féminin ; & il parle
enfuite d'un autre mot , où beaucoup de
gens fe trompent , c'eft celui de *dot.* Il eft
certain qu'il eft auffi féminin , & qu'il
faut dire *la dot,* & non pas *le dot.* Ceux
qui difent le dernier , ont l'autorité de
M. de Vaugelas , qui a dit *le dot* dans fa
traduction de Quinte-curce , auffi - bien
que M. d'Ablancourt dans tous fes Livres. Quoique M. Menage ait obfervé
qu'ils ont dit tous deux *le dot* , il ne laiffe
pas de fe déclarer entierement pour *la
dot.* Il ajoûte que M. Patru dans fes Plai-
doyers a toûjours dit *la dote* avec un *e* à la
fin,& qu'il foûtenoit que c'étoit ainfi qu'il
falloit parler , à caufe qu'il n'y a aucun
mot dans notre Langue terminé en *ot* ,
qui ne foit mafculin , à la réferve de *Mar-
got.* C'eft pour *la dot* que l'Ufage a décidé.

CCCXII.

Sûreté , sûrté.

QUoiqu'en parlant il femble que
l'on ne faffe ce mot que de deux
fyllabes , fi eft-ce qu'il eft toûjours de

trois , & qu'il n'eſt pas même permis
en vers de ne le faire que de deux.
Toûjours *ſûreté* , & jamais *ſûrté*. Mais
outre que la prononciation qui ne le
fait paroître que de deux ſyllabes , eſt
capable de tromper , on peut encore
être trompé par l'analogie de pluſieurs
autres noms qui ne ſont que de deux ,
comme , *clarté* , *cherté* , *fierté* , &c.
Néanmoins *ſûreté* n'eſt pas tout-à-fait
ſans exemple ; car nous diſons *pureté* ,
& non pas , *purté*.

NOTE.

On fait en parlant la ſeconde ſyllabe de
pureté auſſi brève que celle de *ſûreté* , en
ſorte qu'il ſemble qu'on prononce auſſi
purté. Ce qui eſt cauſe d'une prononciation ſi brève , c'eſt que cette ſeconde ſyllabe eſt compoſée d'une *r* , qui eſt une
lettre liquide , & d'un *e* muet. La même
choſe arrive au mot *ſaleté*; il ſemble qu'on
n'en faſſe que deux ſyllabes , en prononçant *ſalté* ; & cela vient encore de ce
que l'*l* liquide eſt ſuivie d'un *e* muet ; car
dans *chaſteté* on fait ſonner les trois ſyllabes , à cauſe que le *t* de la ſeconde n'eſt
pas une liquide. Tout le monde prononce
carfour , & non pas *carrefour* , par cette
même raiſon , & il y en a même qui l'é-
crivent en deux ſyllabes.

CCCXIII.

Dont.

CEtte particule eſt très-commode
& de très-grand uſage en notre
Langue. C'eſt un mot indéclinable ,
qui convient à tout genre & à tout
nombre, & qui s'accommode avec toutes ſortes de choſes ſans exception, ce
que ne fait pas *quoi*, comme vous verrez en ſon lieu. Il ſe met au lieu du
génitif & de l'ablatif, pour *duquel &*
de laquelle , ou *deſquels & deſquelles ;*
comme , *l'homme* ou *la femme dont j'ai*
épouſé la fille , *les hommes ou les femmes*
dont je vous ai parlé. On s'en ſert encore pour *de quoi* , comme , *ce dont je*
vous ai parlé. Mais il faut prendre garde de n'en pas abuſer , à cauſe qu'on en
a ſouvent beſoin. J'appelle abuſer, en
uſer trop fréquemment ; car il n'eſt
pas croyable que ce mot, tout mono-
ſyllabe qu'il eſt , ne laiſſe pas de bleſſer
la vûë ou l'ouïe , quand il eſt répété
trop ſouvent en une même page.

Quelques-uns diſent encore *dont*
pour *d'où* , comme , *le lieu dont je viens ;*

C c ij

mais c'eſt très-mal parler, il faut dire, *d'où je viens*, quoique ce fût ſa vraye & ſa premiere ſignification ; car *dont* vient de *unde*. On dit néanmoins, *la race* ou *la maiſon dont il eſt ſorti*, mieux que *d'où il eſt ſorti*, qui toutefois eſt bon. En cet exemple, *dont il eſt ſorti*, veut dire, *de laquelle eſt ſorti*.

Il y en a qui font ſcrupule de ſe ſervir de ce mot dans la ſituation où vous l'allez voir en cet exemple. *C'eſt un homme dont l'ambition exceſſive a ruiné la fortune.* Quoiqu'ici il ſe rapporte à *homme*, comme ſignifiant *duquel*, néanmoins y a encore un autre rapport à ce qui ſuit auſſi-bien qu'à ce qui précede, & ils diſent que ce n'eſt pas parler nettement, parce que *dont* étant proche *d'ambition*, il ſemble qu'il s'y rapporte, & toutefois cela n'eſt pas ; car il ſe rapporte à *fortune* : & qu'ainſi ne ſoit, rapportez-le à *ambition*, vous trouverez que le ſens ſera imparfait, & que *fortune* demeurera un mot indéfini, ſans que l'on ait fait entendre de la fortune de qui l'on parle. Cependant la pluſpart de nos meilleurs Ecrivains, & en proſe & en vers, n'en font nulle

difficulté ; tous leurs écrits en font
pleins, je n'en donnerai qu'un exemple
de M. de Malherbe.

Que peut la fortune publique
Te vouer d'assez magnifique,
Si, mis au rang des immortels,
Dont la vertu suit les exemples,
Tu n'as avec eux dans nos Temples
Des Images & des Autels ?

Ce *dont* ne se rapporte pas à *vertu*,
qui est proche, mais à *exemples*. C'est
pourquoi je l'ai appellé scrupule, &
néanmoins j'ai trouvé à propos de le
proposer ici, afin qu'on y prenne garde, & que chacun en use selon son
jugement. Pour moi, je voudrois, autant qu'il se pourroit, éviter cette équivoque, sans que pourtant je la voulusse condamner.

N O T E.

C'est très-bien parler que de dire, *la*
maison dont il est sorti, pourvû que *maison*
signifie *race*, comme dans l'exemple de
M. de Vaugelas : mais si *maison* étoit pris
au propre, il faudroit assurément mettre,

d'où il *eſt ſorti* , & ce ſeroit une faute que
de dire , *la maiſon dont vous venez de me
voir ſortir* , quoique dans l'un & dans l'autre exemple *dont* veuille dire *de laquelle*.
C'eſt la même choſe que ſi l'on diſoit , *le
lieu dont je viens* , que M. de Vaugelas a
raiſon de condamner.

Pour cette phraſe, *c'eſt un homme dont
l'ambition exceſſive a ruiné la fortune*, M.
Chapelain dit qu'il eſt du nombre des
ſcrupuleux , qui ne voudroient pas employer *dont* dans la ſituation où il eſt en
cet exemple , & qu'il tourneroit ainſi l'expreſſion pour éviter ce rapport ambigu
qui fait obſcurité , *c'eſt un homme qui par
ſon exceſſive ambition a ruiné ſa fortune*. Il eſt
certain que dans cette ſorte de ſituation
dont ſe rapporte à deux noms ; & ſi je dis ,
c'eſt un homme dont le mérite égale la naiſſance,
duquel mis au lieu de *dont*, ſe rapporte également à *mérite* & à *naiſſance* ; ce qui eſt
mal , puiſque ſi-tôt que j'ai dit, *le mérite
duquel* , je fais attendre quelque choſe de
moins indéfini que ce qui ſuit dans ces
mots , *a égalé la naiſſance*. Ainſi pluſieurs
trouvent qu'il eſt mieux de tourner la
phraſe , & de dire par exemple , *c'eſt un
homme qui a autant de mérite que de naiſſance,
qui n'a pas moins de mérite que de naiſſance.*
C'eſt peut-être une délicateſſe exceſſive à
laquelle il ne faut pas toûjours s'aſſujet-
tir.

CCCXIV.
Ambitionner.

IL y a long-temps que l'on ufe de ce mot , mais ce n'eft pas dans le bel ufage ; ceux qui font profeffion de parler & d'écrire purement , l'ont toûjours condamné ; & quoi que l'on ait fait pour l'introduire , ç'a été avec fi peu de fuccès , qu'il y a peu d'apparence qu'il s'établiffe à l'avenir. On dit, *affectionner* , *cautionner* , *proportionner* , & quelques autres femblables ; mais ce n'eft pas à dire que l'on puiffe par analogie former des verbes de tous les noms terminez en *ion* , comme , d'*affection* on a fait *affectionner* , & de *caution*, *cautionner* , &c. Il y en a qui fe difent au participe paffif, dont le verbe n'eft point ufité que parmi ceux qui n'ont aucun foin de la pureté du langage. Par exemple , on dit *paffionné* , qui eft un très-bon mot ; mais *paffionner*, actif, eft très-mauvais, comme quand on dit, *paffionner quelque chofe* , pour dire , *aïmer ou defirer quelque chofe avec paffion*. En neutre paffif, *fe paffionner* , eſt excellent. On dit auſſi *intentionné*, & jamais *intentionner*, comme, *mentionné*, *conditionné*, & jamais *mentionner*, *conditionner*, ſi ce n'eſt au Palais. Mais pour *ambitionner*, il eſt ſi mauvais, que même il ne vaut rien au participe, & que ceux qui rejettent le verbe, rejettent auſſi *ambitionné*.

N O T E.

Ce mot que M. de Vaugelas trouve ſi mauvais, quoiqu'il avoüé qu'il y a long-temps que l'on en uſe, eſt demeuré en uſage. Pluſieurs bons Auteurs s'en ſervent, & je crois que c'eſt fort bien parler que de dire, *la gloire de vous ſervir eſt une des choſes que j'ambitionne le plus.* Je crois auſſi qu'on peut l'employer dans le participe. *Servir ſon pays eſt un honneur ambitionné de tout le monde.* Ambitionner, dont M. Menage dit qu'il ne feroit point difficulté de ſe ſervir dans un ſtile ſublime, fait entendre plus que *deſirer*, puiſqu'il marque qu'on ſe fait une gloire de la choſe qu'on ſouhaiteroit de faire. C'eſt un mot qui ſonne bien à l'oreille, & autant qu'on peut, il faut éviter d'appauvrir la Langue. *Affection* n'a pas eu plus de droit de faire *affectionner*, qu'*ambition* de faire *ambitionner*

Le Pere Bouhours obſerve ſur ce mot, qu'on

qu'on dit fort bien , *affectionner une affaire,*
pour dire , *s'interesser à une affaire ,* mais
qu'on ne dit point , *affectionner une per-*
sonne , sur-tout quand elle est égale , ou
qu'elle est au-dessus de nous , & que ce
verbe n'est employé dans le genre d'*aimer,*
qu'au participe , comme en ces exemples,
les Ecossois sont affectionnez à la France ; je n'ai
jamais vû de serviteur plus affectionné à son
maître. Il ajoûte que dans les lettes , *affec-*
tionné serviteur ne se dit qu'à l'égard des
gens qui sont au-dessous de la personne qui
écrit , ce qui est très vrai. On peut encore remarquer ici que *votre très-humble*
& très-affectionné serviteur , est plus que
votre très-humble & obéïssant serviteur , à
moins qu'on ne répéte *très* avec *obéïssant.*
Affectionner a un autre sens très-bon , dont
le même Pere Bouhours rapporte ces deux
exemples.*Les faiseurs de Comédies & Nouvel-*
les historiques , doivent affectionner les specta-
teurs & les lecteurs à leurs principaux person-
nages. Je n'ai jamais vû une Nouvelle histo-
rique plus languissante & plus froide ; en la
lisant on ne prend parti pour personne, l'Auteur
n'affectionne à rien. Voici encore d'autres
phrases qu'il rapporte , & qu'on employe
tous les jours , *s'affectionner à une chose.* Il
s'affectionne à l'étude ; il faut s'affectionner à
son métier pour y réussir. Il demande dans
son Livre des Doutes , si l'on peut dire
ambitieux d'honneur , & s'il n'est pas mieux
de dire simplement , *un Prince ambitieux ,*
une ame ambitieuse , sans mettre après ni

honneur ni *gloire*. M. Menage répond là-dessus qu'*ambitieux d'honneur* est bien dit, mais que le régime du génitif ne s'accorde pas pourtant si naturellement avec l'adjectif *ambitieux*, qu'avec *victorieux & impatient*, qui font des mots qu'on prend d'ordinaire absolument, aussi-bien qu'*ambitieux*, *victorieux des ans*, *impatient du joug & de la contrainte*. Il me paroît que ces manières de parler se souffrent beaucoup mieux en vers qu'en prose.

Monsieur Chapelain dit que *passionner quelque chose* s'est fait bon, & qu'il est devenu élégant ; j'en doute fort, & ne voudrois pas l'écrire.

CCCXV.

Fond & fonds.

CE sont deux choses différentes que l'on a accoûtumé de confondre, & que les Latins appellent diversement; car *fond* sans *s*, se dit en Latin, *hoc fundum*, & *fonds* avec une *s*, *hic fundus*. *Fond* sans *s*, est la partie la plus basse de ce qui contient, ou qui peut contenir quelque chose, comme, *le fond du tonneau, le fond du verre, le fond de la mer, le fond d'un puits.* Les Latins, selon l'opinion de Valla, ne disent *fundum*, proprement que de la plus basse partie de ce qui contient ou qui peut contenir quelque chofe de liquide; mais en François *fond* a une plus grande étenduë, & fe dit aufsi-bien des autres chofes qui ne font pas liquides; car nous difons, *le fond d'une tour, le fond d'un fac, le fond d'une poche, le fond d'un chapeau, &c. Fonds* avec une *s* eft proprement *la terre qui produit les fruits propres à la nourriture de l'homme ou des animaux* ; mais cette fignification s'etend figurément à *tout ce qui rapporte du profit*, & à beaucoup d'autres chofes encore, qu'il n'eft pas à propos de dire ici. Il fuffit d'avoir fait remarquer la différence des deux, afin que deformais on fçache quand il y faut mettre l'*s*, ou quand il ne l'y faut pas mettre. Par exemple, il faut dire, *de fond en comble*, & non pas, *de fonds en comble*, parce que *fond* en cet endroit, eft la plus baffe partie de l'édifice oppofée à *comble*, qui en eft la plus haute. On dit aufsi, *au fond*, & *venir au fond*, & non pas *au fonds*, parce qu'on entend parler de la derniere partie que l'on atteint après avoir pénétré tout le refte. Mais on dira, *il a vingt*

D d ij

mille livres de rentes en fonds de terre,
avec une *s*, & non pas en *fond de terre*
fans s. Et de même dans le figuré, *il n'y*
a point de fonds, *il faut faire un fonds*,
&c. il faut dire *fonds*, & non pas *fond*,
parce que ce *fonds*-là vient de *fundus*,
& non pas de *fundum* : le François
ayant confervé l's au propre & au figuré du mot qui vient de *fundus*, & ne
l'ayant pas reçûë en celui de *fundum*,
comme il n'y en a point au Latin.

N O T E.

Monfieur Menage rapporte, contre
l'opinion de M. de Vaugelas, que les Latins ont dit *fundus*, non feulement d'une
portion de terre, mais encore de cette
partie la plus baffe qui contient ou qui
peut contenir quelque chofe, & prétend
qu'il faut dire *un fond de terre* fans *s*, &
non pas un *fonds de terre*. Il fait remarquer
que lorfqu'on dit, *il a vingt mille livres de*
rente en fonds de terre, c'eft parce que *fonds*
en cet endroit eft pluriel, *in fundis terræ*,
de même qu'en cet exemple, *Il n'y a point*
de fonds, *nulli funt fundi*. Il demeure d'accord qu'on dit ordinairement, *il faut faire*
un fonds, avec une *s* ; mais il foûtient auffi
qu'on parleroit bien en difant, *il faut faire*
un fond, fans y mettre une *s*.

Je fuis perfuadé de tout ce que dit Mon-

fieur Menage ; & cela me fait écrire *fond* ;
& non pas *fonds*.

CCCXVI.

Tant & de fi belles actions.

PAr exemple , *il a fait tant & de fi
belles actions.* Cette façon de parler a été fort ufitée autrefois par les
meilleurs Ecrivains ; mais aujourd'hui
elle a je ne fçais quoi de vieux & de
rude , & ceux qui écrivent bien purement ne s'en fervent plus. Ils fe con-
tentent de dire , *il a fait tant de belles
actions* , qui eft incomparablement plus
doux , & qui comprend & la quantité,
& la qualité des actions, auffi-bien que
fi l'on difoit , *il a fait tant & de fi belles
actions ;* car encore que l'on ne mette
pas *fi* avec *belles* , on ne laiffe pas d'exprimer fuffifamment ce que l'on veut
dire. Quelques-uns néanmoins croyent
que dans le genre fublime cela fait tout
un autre effet de dire , *tant & de fi belles actions* , que fi l'on difoit , *tant de
fi belles actions ;* mais plufieurs ne font
pas de cet avis, fur-tout en écrivant ;
car en parlant c'eft une autre chofe , &

je fens bien que la prononciation lui
peut donner quelque emphafe.

NOTE.

Tant & de fi belles actions , tient du ftile
oratoire , & pourroit encore paffer dans
un difcours qu'on prononceroit. Il faut
pourtant demeurer d'accord qu'il commence à vieillir. Cette manière de s'exprimer nous vient des Latins , qui difent
élégamment , *tot tantaque facinora* ; mais
tanta s'accommode mieux avec *tot* , que
tant & de fi belles ne s'accommodent enfemble. La raifon eft qu'il faut un *de* après
tant , & que n'étant mis qu'après la conjonction *&* , *de* n'eft joint qu'avec *fi belles*,
& non avec *tant*. Les Latins difent encore
tantummodo , que l'on rendoit autrefois
par *tant feulement*. Aujourd'hui *tant feulement* ne fe dit plus que par le bas peuple,
on dit *feulement*, fans le faire précéder de
tant. M. Menage remarque que Marot &
Bertaud fe font fervis de *tant feulement* ,
qu'il appelle très-mauvais & très-defa-
gréable.

Défend tant feulement à ta jeune beauté ,
   D'étouffer de douleur , &c.

CCCXVII.

Quoi que l'on die , quoi qu'ils dient.

AU ſingulier , (1) *quoi que l'on die,* eſt fort en uſage , & en parlant , & en écrivant , bien que *quoique l'on diſe*, ne ſoit pas mal dit ; mais *quoi qu'ils dient*, au pluriel , ne ſemble pas ſi bon à pluſieurs que *quoi qu'ils diſent.* Je voudrois uſer indifféremment de l'un & de l'autre. Il y en a qui diſent , *quoi que vous diiez* , pour dire , *quoi que vous diſiez ;* mais il eſt inſupportable.

(1) *Quoique l'on die , &c.*] On diſoit autrefois *conduie* pour *conduiſe.* Amadis liv. 6. chap. 34. *Dieu vous conduie,* dit Amadis au Chevalier Solitaire qui l'avoit délivré. *Die* eſt vieux auſſi , & *quoique l'on diſe,* eſt comme il faut parler. Neanmoins parce que tous nos Auteurs s'en ſervent, je ne le condamne pas , ſur-tout en vers, mais je ne le dirai jamais ; en tout cas il ne ſe dit point en tous les compoſez du verbe *dire.* On ne dit point *contredie , médie* , mais *contrediſe, médiſe,* quoiqu'Amyot diſe toûjours *contredie.*

NOTE.

Monſieur de Vaugelas employe par-
tout *die* pour *diſe* ; cependant la pluſpart
de ceux qui écrivent bien , ſont perſuadez
que *die* n'eſt bon qu'en vers , & qu'il faut
dire en proſe *quoiqu'on diſe,* pluſtôt que *quoi
qu'on die* ; le pluriel de *die* ne vaut rien du
tout , & je ne me ſouviens point d'avoir
jamais lû , *quoi qu'ils dient.* M. Chapelain
dit qu'il n'a jamais oui dire à perſonne ,
quoi que vous diiez ; tout le monde dit ,
quoi que vous diſiez. M. de la Mothe le
Vayer condamne *die* & *dient* ; il ajoûte
que tous ceux qui ſont intelligens dans la
Langue , les condamnent comme lui , &
que le compoſé *médire* a ſes temps qui fa-
voriſent leur opinion. Ce compoſé ne
doit rien faire conclure à l'égard du ſimple , puiſqu'il ne le ſuit pas en tout. On
dit à la ſeconde perſonne du pluriel de
l'indicatif , *vous dites* , & on dit , *vous
médiſez* , & non pas , *vous médites.* Il en
eſt de même des autres verbes compoſez
de *dire* , *vous contrediſez* , *vous interdiſez* ,
vous prédiſez. Il n'y a que le reduplicatif
redire , qui fait *vous redites* , comme ſon
ſimple. *Maudire* prend deux *s* , quoique
dire n'en prenne qu'une , *nous maudiſſons* ,
vous maudiſſez , *je maudiſſois* , &c. Quelques-uns diſent , *il l'interdiſit* , *ils l'inter-
diſirent* , au prétérit indéfini d'*interdire* ;
c'eſt mal parler , il faut dire , *il l'interdit* ,
ils l'interdirent.

CCCXVIII.

Bailler , donner.

CE verbe , *bailler* , a vieilli , & l'on ne s'en fert plus en écrivant que fort rarement. On dit toûjours *donner*, au lieu de *bailler* , fi ce n'eft en certains endroits , comme quand on dit , *bailler à ferme* , ou bien lorfque l'on a été contraint de fe fervir fouvent de *donner* , & que l'on eft encore obligé de le répéter. M. de Malherbe l'a préféré une fois à *donner*.

> *Telle que notre fiecle aujourd'hui vous*
> *regarde ,*
> *Merveille incomparable en toute qua-*
> *lité ,*
> *Telle je me promets de vous bailler en*
> *garde ,*
> *Aux faftes éternels de la poftérité.*

J'ai oüi dire à l'un des plus beaux Efprits de ce temps une affez plaifante chofe, que ce qui lui a fait haïr premierement ce mot de *bailler* , c'eft un de fes amis qui ayant heurté à la porte

d'un logis où il y avoit affemblée, demanda a celui qui lui vint ouvrir,
baille-t-on le bal céans ? Je dis ceci
pour faire voir le mauvais effet de ce
mot employé au lieu de *donner*. Outre
que je fuis bien-aife de fortifier cette
Remarque, du fentiment d'une perfonne qu'on peut nommer un des Oracles de notre Langue, aufli-bien que
de la Grecque & de la Latine, & chez
qui les Mufes & les Graces qui ne s'accordent pas toûjours, font parfaitement unies.

N O T E.

Meffieurs de l'Académie Francoife font
du fentiment de Monfieur de Vaugelas.
Ils t'ennent que *bailler* vieillit, & qu'il
n'eft plus en ufage qu'en termes de pratique, comme *bailler à ferme*. Monfieur
de la Mothe le Vayer dit que *bailler* pour
donner, ne doit pas être méprifé, & qu'il
eft néceffaire pour diverfifier, outre qu'il
le prétend en ufage. Pour moi, je crois
qu'il ne s'employe que dans le ftile bas,
quoiqu'il fignifie autre chofe que *donner*,
qui dans fa fignification naturelle veut
dire, *faire un don*, au lieu que *bailler* fignifie fimplement, *mettre entre les mains*.
Ainfi je ne voudrois point m'en fervir,
fur-tout en écrivant ; & fi j'avois déja

employé *donner* plufieurs fois , je tâche-
rois de trouver un autre tour , pluſtôt
que de dire *bailler*. Quoiqu'on diſe encore
bailler à ferme , on dit auſſi *donner à ferme,*
& même on ne dira pas moins bien , *vous*
m'en donnez à garder , par une manière de
parler proverbiale , que *vous m'en baillez*
à garder ; ce qui fait voir qu'on dit par-
tout *donner* au lieu de *bailler*. M. Chapelain n'excepte que *baille lui belle* , qu'on
dit proverbialement & baſſement pour ſe
moquer de quelqu'un.

CCCXIX.

Ce peu de mots ne ſont que pour, &c.

V Oici un exemple d'une conſtruction étrange , où le génitif régit
le verbe. On dira que ce *peu* eſt collectif , qui par conſequent a le ſens du
pluriel , & qu'ainſi il ne faut pas s'é-
tonner s'il régit le pluriel ; mais nous
avons remarqué ailleurs qu'encore que
le nominatif ſingulier ſoit un mot collectif , néanmoins il ne régira pas le
le pluriel ſi le génitif n'eſt pluriel , comme, *la pluſpart ſont, la pluſpart des hom-*
mes ſont, & la pluſpart du monde fait ,
une infinité de gens ſont entrez , & une
infinité de monde eſt entrée. D'ordinaire

après ce *peu*, ſi le génitif eſt pluriel, il faut que le verbe ſoit pluriel auſſi ; mais ſi le génitif eſt au ſingulier, il faut que le verbe ſoit ſingulier auſſi, comme, *ce peu de ſel ſuffira*. Quelquefois avec le génitif pluriel on met le verbe au ſingulier, comme, *ce peu d'exemples ſuffira ;* mais cela ſe fait rarement, & il eſt bon de l'éviter.

N O T E.

Il eſt certain que dans cette phraſe, *ce peu de mots ne ſont que pour,* &c. le verbe n'eſt au pluriel, qu'à cauſe du génitif plu-riel qui l'y détermine. Si dans la conver-ſation l'oreille n'eſt point choquée d'en-tendre, *ce peu d'exemples ſuffira,* c'eſt par-ce qu'elle ne diſtingue point ſi *exemples* eſt au ſingulier ou au pluriel ; mais je crois que ſi on l'écrivoit, les yeux en ſeroient bleſſez. Toutes les fois que le génitif plu-riel eſt exprimé de telle ſorte que l'oreille n'y puiſſe être trompée, il faut néceſſai-rement que le verbe ſoit mis au pluriel, comme en cet exemple, *le peu d'amis qu'il trouva, n'eurent point aſſez de crédit pour,* &c.

CCCXX.

Mon , ton , son.

PLusieurs ne peuvent comprendre comment ces pronoms possessifs qui sont masculins , ne laissent pas de se joindre avec les noms féminins qui commencent par une voyelle ; car on dit , *mon ame , mon envie , mon inclination , &c.* & ainsi des autres deux , *ton* & *son.* Quelques-uns croyent qu'ils sont du genre commun , servant toûjours au masculin , & quelquefois au féminin , c'est-à-dire à tous les mots féminins qui commencent par une voyelle , afin d'éviter la cacophonie que feroient deux voyelles , comme , *ma ame , ma envie , ma inclination , &c.* venant à se rencontrer. On dit pourtant , (1) *m'amie* & *m'amour* , en ter-

(1) *On dit pourtant m'amie.*] Il est vrai qu'autrefois on le disoit ainsi , & cela se voit dans l'Amadis & autres anciens Livres, où *m'amie* est toûjours écrit en la manière que l'écrit l'Auteur : il en est de même de *m'amour* ; & même ils disoient *s'amour* pour *son amour* : en l'Amadis au liv. 10, chap. 65. *Quand je laissai seulette s'amour*

mes de careffes ; mais ce n'eft qu'en
ces deux mots, que je fçache, & en
certaines occafions qu'on parle ainfi;

allai demandant. Mais il femble que maintenant , au moins en ce jargon de petits
enfans , il faut écrire *ma-mie* , & non pas
m'amie , comme dit l'Auteur : *mie* eft pour
amie. Les enfans appellent *mies* les fui-
vantes qui ont foin d'eux : *mie Ago* , *mie*
Renée. Ainfi *ma mie* en ce jargon femble
être dans la regle , & n'être point une exception , comme l'Auteur penfe. Je croi
auffi que *ma-mour* fe doit écrire fans apoftrophe , & qu'en ces deux mots *mour* &
mie fe difent pour *amour* & *amie* , quoique
mie foit plus convainquant que *mour* ;
neanmoins comme *m'amour* eft terme de
careffes amoureufes, ceux qui ont quelque
experience de ces chofes, fçavent qu'en ces
rencontres on tronque tous les mots , *mou-*
rette pour *amourette* , *tite* pour *petite* , &
ainfi des autres. Au refte ces deux mots
fe doivent écrire enfemble avec leur *ma*
fans féparation , & fans apoftrophe , *mamie*,
mamour , parce que ce font des mots de
jargon , que l'ufage a fait ainfi. Il faut
encore obferver que *mamour* ne fe dit point
par les honnêtes gens. J'en ai vû rire plufieurs fois dans les compagnies : on laiffe
ce terme au petit bourgeois qui s'en fert
fort ordinairement. Il en eft de même de
mamie , dont on ne fe fert gueres en ca-

car on ne dira point , *une telle étoit fort m'amie* , mais , *étoit fort mon amie* ; ni *m'amour eft conftante* , pour dire , *mon amour eft conftante*. D'autres foûtiennent que ces pronoms font toûjours mafculins , mais qu'à caufe de la cacophonie on ne laiffe pas de les joindre avec les féminins qui commencent par une voyelle , tout de même , difent-ils , que les Efpagnols fe fervent de l'article mafculin *el* pour mettre devant les féminins commençans par une voyelle , difant , *el alma* , & non pas , *la alma*. De quelque façon qu'il fe faffe , il fuffit de fçavoir qu'il fe fait ainfi , & il n'importe gueres , ou point-du-tout , que ce foit pluftôt d'une maniere que de l'autre. Il faut ajoûter ce mot pour l'*h* confonne , quoique nous en ayons

reffes de femmes , au moins les honnêtes gens , fi ce n'eft en riant. On laiffe encore ce terme au petit bourgeois qui s'en fert fort. Mais on fe fert fouvent de *mamie* pour des fervantes , qu'on ne veut pas fimplement appeller par leur nom , parce que cela fent le maître, ni *Madame* , parce que cela ne fe fait gueres en des lieux où on eft un peu familier : tellement qu'au lieu de dire par exemple *Judith* , on dit *mie Judith*.

parlé à plein fond dans la Remarque de l'*h*, que comme lorſqu'elle s'aſpire, elle tient lieu d'une véritable conſonne en tout & par-tout & ſans exception, auſſi devant les noms féminins qui commencent par cette ſorte d'*h*, il faut dire *ma*, & non pas *mon*; *ma haquenée*, *ma harangue*, & non pas, *mon haquenée* & *mon harangue*, tout de même que l'on dit (2) *ma femme*, & non pas, *mon femme*, comme parlent les Étrangers qui apprennent notre Langue. Que ſi l'*h* eſt muette, alors on dit *mon*, comme on a accoûtumé de dire toûjours devant les voyelles, cette *h* n'étant comptée pour rien, *mon heure*, & non pas *ma heure*; *ſon hiſtoire*, & non pas *ſa hiſtoire*.

(1) *Ma femme* & non pas *mon femme*.] Autrefois on diſoit *ma*, non pas *mon*, devant les féminins, commençant par une voyelle: *ma unique maîtreſſe*, dit le Traité de la manière de dicter Lettres miſſives, compoſé par Jean Quincoy de Mouru, imprimé en 1543. C'eſt en la page 45.

N O T E.

Il eſt hors de doute qu'on ne met les pronoms *mon*, *ton*, *ſon*, devant les noms féminins qui commencent par une voyelle, que pour éviter la cacophonie de deux voyelles qui ſe rencontreroient ſi l'on mettoit *ma* au lieu de *mon*. Ainſi cet uſage de notre Langue n'autoriſe pas à dire que ces pronoms ſont du genre commun. Si cela étoit, on ne mettroit pas *mon* & *ma*, *ſon* & *ſa*, devant les mêmes noms adjectifs, ſelon qu'ils ſe rapportent à des ſubſtantifs maſculins ou féminins, & l'on employeroit toûjours *mon*, *ton*, *ſon*, devant ces adjectifs, ſi ces trois pronoms étoient du genre commun. Par exemple, on diroit, *mon fidelle amie*, auſſi-bien que *mon fidele ami*, & *ſon haute élévation*, de même que *ſon haut rang*, s'il y avoit une autre raiſon de dire *mon amie*, *ſon élévation*, que celle d'éviter la cacophonie qui ſe trouveroit dans *ma amie* & *ſa élévation*. Cette remarque ne peut être utile que pour les Etrangers qui apprennent notre Langue, & pour ceux qui ne s'attachent pas aſſez à obſerver l'aſpiration de l'*h* dans de certains adjectifs. J'ai entendu dire à quelques-uns, *ſon hideuſe figure*, parce qu'ils ne prenoient pas garde que l'*h* de l'adjectif *hideuſe* eſt aſpirée. Ils pourroient dire de même, *ſon hazardeuſe entrepriſe*,

Tome II.   E e

au lieu de *sa hazardeufe entreprife*, comme
ils difent, *fon hideufe figure* pour *fa hideufe
figure*.

Le Pere Bouhours fait une remarque
fort jufte fur le pronom poffeffif *fon*,
qu'on employe quelquefois abufivement
pour *en*. Il apporte cet exemple, *Je ne
m'arrêterai point à écrire le progrès de fa maladie, ni à rechercher fon origine*, & dit qu'il
falloit dire, *ni à en rechercher l'origine*. Il a
raifon, & c'eft parler beaucoup plus correctement, non feulement parce qu'on ôte
l'équivoque de *fon*, qui femble fe rapporter à la perfonne, ainfi que *fa* s'y rapporte,
& non pas à la maladie, mais encore parce qu'en parlant d'une maladie, comme de
la fiévre, on ne dit point, *je connois fa
caufes, fes accès font longs*, mais, *j'en connois la caufe, les accès en font longs*. Il eft vrai
qu'on dit, *fes accès font longs, fon redoublement a duré deux heures*; mais alors ces pronoms poffeffifs *fes* & *fon*, fe rapportent au
malade, & non à la fiévre, & c'eft comme fi on difoit, *les accès qu'il a font longs,
le redoublement qu'il a eu, a duré deux heures*.
Tout cela eft du Pere Bouhours.

CCCXXI.
Mes obéïssances.

UNe infinité de gens disent & écrivent, *je vous irai assurer de mes obéïssances.* Cette façon de parler n'est pas Françoise, elle vient de Gascogne, il faut dire *obéïssance* au singulier, & jamais au pluriel, *je vous irai assurer de mon obéïssance ;* car ce mot au singulier signifie, & l'habitude, & tous les actes réïterez de l'obéïssance.

NOTE.

Je crois qu'il faut toûjours dire *obéïssance* au singulier dans cette phrase, & jamais *obéïssances* au pluriel, par la raison qu'en apporte Monsieur de Vaugelas ; mais on dit également au singulier & au pluriel, *j'irai vous assurer de mon respect, & j'irai vous assurer de mes respects.*

CCCXXII.
Le voilà qui vient.

C'Est ainsi qu'il faut dire, & non pas, *le voilà qu'il vient ;* car ce *qui* est relatif à *le* qui est devant ; mais

Ee ij

parce que dans le masculin l'oreille ne discerne pas aisément si l'on dit, *le voilà qui vient*, ou *le voilà qu'il vient*, il faut donner un exemple au féminin, qui ne permettra pas d'en douter. On dit donc aussi, *la voilà qui vient*, & non pas, *la voilà qu'elle vient*; ce dernier n'est point François. On dit tout de même, *le voyez-vous qui vient? la voyez-vous qui vient?* & non pas, *qu'il vient* ni *qu'elle vient*; mais il est à remarquer que pour *qui*, on ne dit jamais *lequel* ni *laquelle* en cet endroit, ni au singulier ni au pluriel.

N O T E.

Il est certain que dans ces deux phrases, *le voilà qui vient*, *la voyez-vous qui vient*, *qui* est relatif à *le* & à *la* qui sont devant, quoiqu'on ne puisse l'exprimer par *lequel* ni par *laquelle*. C'est la même chose que si on disoit, *voilà lui qui vient*, *voyez-vous elle qui vient?* & alors il est évident que *voilà lui qui vient*, est aussi la même chose que *voilà lui lequel vient*. Monsieur Menage rapporte un exemple de Monsieur de Racan, qui a dit,

> *La voici qu'elle vient plus belle que l'Aurore.*

Et il dit que c'est mal parler, & qu'il faut dire, *la voici qui vient.*

Qui s'employe encore quelquefois d'une manière très-irreguliére, sans qu'on puisse le résoudre par *lequel* ni par *laquelle*. L'exemple qui suit le fera connoître. *C'est un temps de confusion & de trouble, qu'on souhaiteroit qui n'eût jamais été.* Cette façon de parler ayant été proposée à d'habiles gens, quelques-uns crurent d'abord qu'il falloit dire, *c'est un temps qu'on souhaiteroit qu'il n'eût jamais été,* & non pas, *qui n'eût jamais été.* Ce qui les portoit à être de ce sentiment, c'est qu'il y a un *que* relatif à *temps* qui le suit immédiatement, & qui se résout fort bien par *lequel. C'est un temps lequel on souhaiteroit qui n'eût jamais été.* Ils disoient que ce premier relatif en excluoit un second, d'autant plus que *qui* dans cette phrase ne peut se résoudre par *lequel;* car on ne peut dire, *c'est un temps de troubles, qu'on souhaiteroit lequel n'eût jamais été.* Ils disoient encore qu'il est naturel de mettre *que* après *souhaiter,* comme, *je souhaite que vous profitiez de mes avis,* & qu'ainsi il falloit écrire, *qu'il n'eût jamais été.* On opposa un exemple dans le féminin, & cet exemple décida la question. On dit, *c'est une femme qu'on ne sçauroit croire qui ait jamais été belle,* & chacun tomba d'accord qu'on ne sçauroit dire, *c'est une femme qu'on ne sçauroit croire qu'elle ait jamais été belle,* quoiqu'il y ait d'abord un *que* relatif à *femme,* qui se résout par, *laquelle on ne sçauroit croire, &c.* On dit de même, *ce sont des choses qu'on ne peut s'imaginer, qué ayent été faites par un homme de bon sens* , & non pas, *qu'elles ayent été faites.* Tout ce qu'on peut dire de cette construction qui est fort particuliere, c'est qu'on ne sçauroit parler autrement, à moins qu'on ne tourne ces phrases par l'infinitif du verbe, en disant, *c'est un temps qu'on voudroit n'avoir jamais été* ; *c'est une femme qu'on ne sçauroit croire avoir été jamais belle* ; *ce sont des choses qu'on ne peut s'imaginer avoir été faites.* Le Pere Bouhours dans ses Remarques nouvelles, rapporte un exemple de cette nature ; le voici. *Le Soleil que les Mathematiciens disent être plus grand que la terre.* Il dit que si on parloit selon la règle, on diroit, *Le Soleil que les Mathematiciens disent qu'il est plus grand que la terre* , mais que cette construction seroit bien choquante, quelque réguliere qu'elle fût. Je crois qu'il faudroit dire, *qui est plus grand que la terre* ; mais supposé qu'il fallût dire, *qu'il est plus grand* , je ne vois pas la régularité de cette construction, non plus qu'en disant, *qui est plus grand.* Le *que* qui est devant *les Mathematiciens* , & qui se résout par *lequel,* doit être à l'accusatif, *que* étant l'accusatif de *qui.* Sera-t-il gouverné par *disent ? Le Soleil lequel les Mathematiciens disent.* Dans cette autre phrase, *le Soleil que quelques Mathematiciens disent que Dieu a fait immobile,* le *que* accusatif qui est devant *quelques Mathematiciens* , est gouverné par le verbe *a fait,* & non pas par *disent.* Ainsi *disent* ne doit pas, gouverner *que* dans la premiere phrase , non plus que dans la seconde. Il en est de même de, *C'est une femme que je ne puis croire qui ait été belle.* Est-ce *croire* qui gouverne *que* ou *laquelle* accusatif, qui est devant *femme* ? Pour faire voir que ce n'est pas *croire*, je n'ai qu'à dire, *c'est une femme que je suis fâché qui ait été trouvé belle.* On ne dira pas que *je suis fâché* puisse gouverner un accusatif. Tournons la phrase d'une autre manière. *C'est une femme que je suis fâché que vous ayez trouvée belle.* Il est certain que dans cette phrase qui est entierement réguliere, c'est le verbe, *vous l'ayez trouvée,* & non pas *croire*, qui gouverne le premier *que*, qui se résout par *laquelle*; car le second ne s'y peut résoudre. Il faut donc demeurer d'accord que dans toutes les manières de parler semblables à , *c'est un temps qu'on voudroit qui n'eût jamais été*, il y a une irrégularité dont on ne peut rendre raison, qu'en disant que l'usage l'a ainsi voulu.

Que est l'accusatif de *qui*, comme je l'ai dit , & il n'est jamais nominatif. On dira bien, *que sera-ce, si je vous fais voir*, &c. Mais ce *que* d'interrogation est different du *que* relatif qui se résout par *lequel* ou *laquelle* , & signifie le *quid* des Latins. *Quelle chose sera-ce ?*

CCCXXIII.

Comme je suis.

ON a repris, comme plusieurs sçavent, cette façon de parler, *quand je ne serois pas votre serviteur comme je suis,* disant que ces dernieres paroles, *comme je suis,* sont inutiles, & qu'il suffit de dire, *quand je ne serois pas votre serviteur.* Mais outre que l'Usage autorise cette façon de parler, & que cette répétition a bonne grace, comme les répétitions l'ont souvent en notre Langue ; il n'est pas vrai que ces paroles-là soient inutiles ; car pour être inutiles, il faudroit qu'on ne pût jamais dire, *quand je ne serois pas votre serviteur,* que nécessairement & tacitement on n'entendît les paroles suivantes, *comme je suis.* Or est-il que cela est faux, parce qu'après ces paroles, *quand je ne serois pas votre serviteur,* tant s'en faut qu'il faille nécessairement sous-entendre les autres, qu'au contraire on peut dire, *comme je ne le suis pas.* Par exemple, un homme dit à un autre, *je suis assuré que vous n'êtes n'êtes point mon serviteur*, ou *mon ami*, & l'autre répond, *& quand je ne serois pas votre serviteur*, ou *votre ami*, *comme en effet je ne le suis pas*, *me seroit-il imputé à crime ?*

N O T E.

Monsieur Menage confirme par quelques exemples qu'il rapporte de Malherbe, le sentiment de Monsieur de Vaugelas, qui veut que dans la phrase dont il est question en cette remarque, ces dernieres paroles, *comme je suis*, ne soient pas inutiles. Je suis persuadé comme lui, que cette répétition a bonne grace ; mais je crois que pour rendre cette façon de parler tout-à-fait juste, il faudroit dire, *quand je ne serois pas votre serviteur comme je le suis*, & non pas, *comme je suis*. Cela se connoît par le même exemple, quand on y ajoûte la négative. Il faut dire nécessairement, *quand je ne serois pas votre serviteur*, *comme en effet je ne le suis pas*, & on ne pourroit dire simplement, *comme en effet je ne suis pas*. Il y a une infinité d'exemples, où quand il n'y a point de negative, on s'accoûtume à supprimer le relatif *le*; *Quand il ne seroit pas aussi habile homme qu'il est* ; *on n'a jamais vû d'homme plus amoureux qu'il étoit*. Si l'on met une négative dans les derniers mots de toutes ces phrases, on ne sera plus en liberté de n'y pas mettre auſſi le relatif *le* , & il faudra dire , *Quand il ne ſeroit pas habile homme , comme il ne l'eſt pas ; quand il n'eût pas été amoureux , comme en effet il ne l'étoit pas.* On peut inferer de-là qu'on parleroit plus correctement en diſant , *quand il ne ſeroit pas auſſi habile homme qu'il l'eſt ; on n'a jamais vû d'homme plus amoureux qu'il l'étoit.* Les noms ſubſtantifs demandent un relatif , comme en cet exemple , *on ne peut avoir plus d'eſprit qu'il en a* , & non pas, *plus d'eſprit qu'il a.* Pourquoi ne dira-t-on pas de même , *on ne peut être plus galant qu'il l'eſt* , & non pas , *qu'il eſt ?* Je ſçais que quelques-uns tiennent que c'eſt bien parler que de dire , *on ne peut avoir plus d'eſprit qu'il a* , & en effet rien ne déplaît à l'oreille dans cette phraſe ; mais on connoîtra que la particule *en* y manque , ſi on met devant le verbe un autre nominatif que le relatif *il.* Ainſi ce ſeroit mal parler, que de dire , *on ne peut avoir plus d'eſprit que mon frere a.* Il faut dire , *que mon frere en a.* On doit donc demeurer d'accord que cette ſuppreſſion des relatifs *le* & *en,* ne ſçauroit être permiſe que quand le verbe a *il* ou *elle* pour nominatif ; encore ſeroit-il mieux de ne la pas faire , & de dire , *jamais on n'eut plus d'enjoüement qu'il en avoit. Cette femme n'avoit point encore paru ſi belle qu'elle l'étoit ce jour-là* , & non , *plus d'enjoüement qu'il avoit , ſi belle qu'elle étoit ;* car on ne pourroit pas dire , *jamais on n'eut plus d'enjoüement que mon frere avoit ; jamais femme n'a paru si belle que ma sœur étoit ce jour-là.*

CCCXXIV.
Vers où.

EXemple, *il se rendit à un tel lieu, vers où l'armée s'avançoit.* Cette façon de parler qui s'est introduite depuis peu, & qui commence à avoir cours, parce qu'elle est commode, n'est pas bonne, tant à cause de la transposition de ces deux mots, que pour la nature de la préposition *vers*, qui ne régit jamais un adverbe, comme est *où*, mais toûjours un nom, soit avec article, soit sans article, comme, *vers Paris, vers l'Orient, vers la Ville.* Nous avons pris ce *vers où* des Italiens, qui disent *verso dove.*

NOTE.

M. Chapelain prétend que ce ne soit pas un barbarisme de dire *vers où*, mais une élégance. Monsieur Menage au contraire, condamne *vers où*, aussi-bien que Monsieur de Vaugelas. Ce qui peut tromper ceux qui le disent, c'est que la particule *où*, quoiqu'adverbe, s'employe quelquefois pour le pronom *lequel & laquelle*, & comme on dit ordinairement, *l'état où vous m'avez réduit,* pour dire, *auquel vous m'avez réduit,* ils croyent que l'on peut dire également bien, *le lieu vers où,* pour dire, *le lieu vers lequel ;* mais la préposition *vers,* ne s'accommode pas bien avec *où,* & je dirois, *& il prit le chemin de la montagne vers laquelle le bagage s'avançoit,* & non pas, *vers où le bagage s'avançoit.*

Le même Monsieur Menage rapporte plusieurs exemples de fameux Auteurs qui se sont servis de l'adverbe *où* dans un autre usage. Ils ont dit *où que,* pour *en quelque lieu que.*

Je vis où que je sois avec toute assurance.
  Où que le sort le fasse aller.
  Où que sa cruauté l'emporte.
Où qu'il jette la vûë, il voit briller des armes.
Où qu'il porte les yeux, il y porte la mort.

Quoique cette façon de parler soit très-commode en poësie ; car elle n'est pas usitée en prose ; il ne laisse pas de la condamner comme vicieuse, & je crois qu'il a raison.

CCCXXV.

Plaire.

CE verbe se met quelquefois avec *de*, & quelquefois sans *de* ; & en certains lieux il est comme indifférent de le mettre ou de le laisser. Je dis *comme indifférent*, parce qu'aux endroits où l'on a le choix de l'un ou de l'autre, il semble qu'il est toûjours mieux de le laisser. Par exemple, on dit fort bien, *la faveur qu'il vous a plû me faire*, & *qu'il vous a plû de me faire* ; mais l'opinion la plus commune est que, *il vous a plû me faire*, est beaucoup mieux dit. Ce seroit une faute de ne mettre pas le *de* aux phrases suivantes, *il me plaît de faire cela*, *il me plaît d'y aller*, *il ne lui plaît pas d'y aller* ; car on ne dira jamais, *il me plaît faire cela*, ni *il me plaît y aller*, ni *il ne lui plaît pas y aller*. Et cependant il faut dire, par exemple, *afin qu'il lui plaise me faire l'honneur de m'aimer*, & non pas, *afin qu'il lui plaise de me faire l'honneur de m'aimer*, non seulement à cause de la répétition de deux *de*, mais par la na-

ture même du verbe , qui en cet endroit & en une infinité d'autres femblables , aime à fe paffer de cette particule;car nous difons tout de même,*afin
qu'il lui plaife me faire cette grace*, quoiqu'il n'y ait pas lieu de répéter deux
fois *de*. Il eft vrai que pour l'ordinaire
on eft obligé de fe fervir de la particule
de , foit avec le nom ou avec le verbe,
comme ; *s'il lui plaifoit m'honorer de fes
commandemens , s'il lui plaifoit me faire
l'honneur de me commander* , tellement
que fi l'on mettoit encore un *de* après
le verbe *plaire* , cela feroit bien rude ,
& c'eft peut-être la caufe pour laquelle
le plus fouvent on n'y met point de *de*,
parce que fon plus grand ufage eft en
ces fortes de phrafes. Et de fait lorfqu'il n'y a pas lieu de mettre un autre
de , je remarque qu'on le met après
plaire , comme, *s'il vous plaît de m'oüir*,
eft fort bien dit , & je doute un peu
que *s'il vous plaît m'oüir* , foit fort bon.

Quant à ce qui eft des phrafes, *il me
plaît de le faire , il me plaît d'y aller* ,
& autres de cette nature , où le *de* ne
peut être omis , peut-être que c'eft
pour la même raifon , qui eft qu'il n'y

a point d'autre *de* qui suive. Mais je
crois qu'on le peut encore attribuer à
une autre cause, à sçavoir à la différence qu'il faut faire entre *plaire*, quand il
signifie une volonté absoluë , comme
quand on dit, *il me plaît de le faire, il me
plaisoit d'y aller* ; & *plaire* , quand on
s'en sert en termes de civilité , de respect & de courtoisie , comme quand on
dit , *s'il lui plaisoit me faire l'honneur ,
il lui a plû me faire une grace* ; car quand
il exprime une volonté absoluë , il faut
toûjours mettre *de* , & quand on l'employe par honneur , souvent on ne le
met pas. Il est vrai aussi que cette différence peut-être ne procede que de ce
qu'on ne répéte point le *de* après l'un ,
& qu'on le répéte presque toûjours
après l'autre.

N O T E.

Monsieur Chapelain ne demeure pas
d'accord que *la faveur qu'il vous a plû me
faire* , soit mieux dit que , *qu'il vous a plû
de me faire* ; & il ajoûte que si on peut
omettre *de* dans cette phrase, *afin qu'il
lui plaise de me faire l'honneur de m'aimer ,*
ce n'est que pour éviter la repetition des
deux *de*. Je croi comme lui que c'est la

Ff iiij

véritable raiſon qui fait quelquefois ſupprimer *de*. Cependant il me paroît très-
bien remarqué par Monſieur de Vaugelas que quand *il me plaît*, exprime une
voloné abſoluë, il faut mettre *de*. *Il m'a*
plû de lui confier mon ſecret, & non pas,
Il m'a plû lui confier mon ſecret. Le *de* ne
ſçauroit même être omis dans les phraſes de cette nature, quand il y auroit un
autre *de*, comme en ces exemples. *Il me*
plaît de l'avertir de ſon devoir. *Il m'a plû de*
le punir de ſes fautes, & l'on ne diroit pas
bien, *il me plaît l'avertir*. *Il m'a plû le*
punir.

Pluſieurs perſonnes mettent auſſi *de*
après les verbes *ſouhaiter* & *deſirer*. Il
peut être mis en beaucoup de phraſes,
mais il n'eſt pas néceſſaire de le mettre
toutes les fois qu'on employe l'un de
ces deux verbes. On dit auſſi-bien, *Il*
deſiroit ſçavoir comment les choſes s'étoient
paſſées, que, *Il deſiroit de ſçavoir*. Je dirois même pluſtôt, *Je ſouhaite vivre dans*
une parfaite intelligence avec lui, que, *Je*
ſouhaite de vivre.

Il y en a d'autres qui mettent *de* après
les verbes *croire*, *prétendre*, *eſperer*. C'eſt
une faute après *croire* & *prétendre*, & il
eſt inutile de le mettre après *eſperer*. On
ne dit point, *Je croyois d'aller aujourd'hui*
en un tel lieu; *Si vous prétendez de vous*
juſtifier; *Il a prétendu de vous faire grace*,
& il me ſemble que ceux qui parlent
le mieux, diſent *J'eſpere venir à bout de*

cette affaire, & non pas, *J'espere de venir à bout*, &c.

CCCXXVI.

Corrival, complaintes.

Corrival, qui signifie proprement, comme chacun sçait, un concurrent en amour, & figurément un compétiteur en toute sorte de poursuite, est devenu vieux, & n'est plus gueres en usage. On ne dit plus que *rival*, qui aussi est bien plus doux & plus court. Ainsi nos Poëtes, jusques au temps de M. Bertaut inclusivement, ont dit *complaintes* pour *plaintes*, & ont intitulé leurs *plaintes*, *complaintes*.

NOTE.

Ce n'est point assez de dire que *corrival* n'est plus guere en usage. On ne s'en sert plus du tout aujourd'hui, & pour le mot de *complaintes*, il n'est démeuré que dans le stile des Monitoires, où l'on dit *faire complainte à l'Eglise*.

CCCXXVII.

Il s'est brûlé, & tous ceux qui étoient auprès de lui.

CEtte façon de parler, quoique familiere à un de nos meilleurs Ecrivains, n'est pas bonne, parce que la construction en est très-mauvaise ; car il faudroit dire, *il s'est brûlé, & a brûlé tous ceux qui étoient auprès de lui*, & il n'est pas question d'affecter la briéveté, ni de craindre la répétition d'un mot en de semblables occasions. Rien n'en peut dispenser en celle-ci, & il est impossible que la construction du verbe passif puisse compâtir avec celle du verbe actif, ni le verbe auxiliaire *être*, tenir la place *de* l'autre verbe auxiliaire *avoir*, tant leurs fonctions & leurs régimes sont différens, ou pour mieux dire, opposez. Et néanmoins ceux qui écrivent selon l'exemple qui sert de titre à cette Remarque, pechent contre tout cela.

N O T E.

Monsieur de Vaugelas a eu très-gran-

de raison de condamner cette façon de
parler, dans laquelle le verbe auxiliaire
être, tient la place du verbe auxiliaire
avoir, à l'égard de ces derniers mots,
tous ceux qui étoient auprès de lui. Voici
une autre phrase dans laquelle il y a de
l'irrégularité, quoique le verbe *être* n'y
soit point mis pour *avoir*. Cette irrégularité est dans le regime du verbe. *Il
s'est acquis une estime générale, & rendu
considerable auprès des Ministres*. On dira
fort bien, *Il s'est attiré l'amour du Peuple,
& acquis la confiance des Ministres*, parce
que le pronom *se* qui est au datif, convient
fort bien à l'un & à l'autre verbe. Cela
veut dire, *Il a attiré à soi l'amour du Peuple,
& acquis à soi la confiance des Ministres*.
Mais dans la phrase que j'ai proposée,
le pronom personnel *se* qui est d'abord
au datif, *Il s'est acquis*, c'est-à-dire *à
soi*, ne peut convenir à, *rendu considerable*, puisque *rendu* demande un accusatif.
Cela paroîtra fort clair dans la même
phrase, si on y met *lui* au lieu de *se*. On
ne sçauroit dire, *sa sagesse & sa probité
lui ont acquis une estime générale, & rendu
considerable auprès des Ministres*. Il faut
necessairement répéter *ont*, & dire, *&
l'ont rendu considerable*, parce que *lui* qui
est dans *lui ont acquis* est un datif, &
que *rendu* demande un accusatif. Ainsi
à moins que l'on ne tourne la phrase
pour éviter la répétition de *s'est*, il faut
dire pour parler correctement, *Il s'est ac-*

quis une eſtime générale, & s'eſt rendu conſiderable. Alors le premier ſe eſt au datif, & le ſecond à l'accuſatif.

CCCXXVIII.

Demi-heure, demi-douzaine.

C'Eſt ainſi qu'il faut dire & écrire, & non pas, *demie heure* ni *demie douzaine*; mais il faut bien dire, *une heure & demie*, *une douzaine & demie*, *une lieue & demie*, &c.

NOTE.

Demi ſe met toûjours avec une diviſion devant les noms ſubſtantifs & jamais *demie*. Ce n'eſt pas ſeulement avec des noms féminins comme *demi-aune*, *demi-lieuë*, mais on dit auſſi au pluriel, *ce ne ſont que des demi-hommes*, *des demi-Heros*, & non pas *des demis-hommes*, *des demis-Heros*.

CCCXXIX.

Quelque riches qu'ils ſoient.

IL faut écrire ainſi, & non pas *quelques* avec une *s*, parce que *quelque* eſt là adverbe, & non pas pronom, & ſignifie *encore que*, ou proprement le *quantumlibet* des Latins ; néanmoins il faut remarquer qu'il n'eſt adverbe qu'avec les adjectifs, comme en l'exemple propoſé, & non pas avec les ſubſtantifs ; car on ne dira pas, *quelque perfections qu'il ait*, mais, *quelques perfections*, parce que là *quelques* n'eſt pas adverbe, mais pronom, & ainſi il prend l'*s* au pluriel. Nous avons fait une autre Remarque de *quelque* adverbe auſſi en une autre ſignification, qui eſt *environ*.

N O T E.

Monſieur de la Mothe le Vayer prétend que Monſieur de Vaugelas ſe trompe, & qu'il faut écrire *quelques riches qu'ils ſoient*, & non pas *quelque* ſans *s*. Il veut que ce ſoit la même choſe à l'adjectif qu'au ſubſtantif. Le Pere Bouhours dans ſon Livre des Doutes, rapporte ces deux exemples de deux bons Auteurs qui ne demeurent pas d'accord que cette remarque doive être ſuivie. *De toutes ſortes de pechez, quelques infâmes & quelques atroces qu'ils ſoient. Quelques impudens qu'ils fuſſent.* Je connois des perſonnes qui parlent bien, & qui veulent *quelques* au pluriel avec des pluriels adjectifs. Cependant le plus grand nombre convient qu'il faut écrire *quelque riches qu'ils ſoient*, & non pas *quelques* avec une *s*. Je croi

comme eux, que *quelque* eſt là adverbe,
& non pas pronom, & qu'il ſignifie le
quantumlibet des Latins.

CCCXXX.

Valant & vaillant.

NOus avons déja fait une Remarque pour aſſurer qu'il faut dire,
par exemple, *il a cent mille écus vail-*
lant, & non pas *valant*, encore que
l'on die *équivalant*, & non pas *équi-*
vaillant. Mais j'ajoûte ici que l'on ne
laiſſe pas de dire *valant* en certain endroit, qui eſt quand on ne le met pas
après l'argent, mais devant, comme,
je lui ai donné vingt tableaux valans cent
piſtoles la piece, & non pas, *vaillans*
cens piſtoles la piece, en quoi il faut admirer la bizarrerie de l'Uſage.

NOTE.

La remarque ſur ce mot, dont parle
Monſieur de Vaugelas, eſt au commencement de la premiere partie de ce livre.
Il eſt certain que l'uſage eſt entierement
pour *cent mille écus vaillant*, quoique
Monſieur de la Mothe le Vayer diſe
qu'il ſeroit fâché de condamner abſolu-

ment *cent mille écus valant*. Il demeure
pourtant d'accord qu'on dit, *son vaillant*,
& jamais *son valant*, quand on parle de
toute la richeffe d'un homme. *Tout son
vaillant confifte en fes meubles.*

Du verbe *valoir* eft venu *valeur*. Le
Pere Bouhours a fait une obfervation
fort judicieufe fur ce mot, qui fignifie
deux chofes, *courage & prix*, mais avec
cette difference qu'il ne fe joint qu'aux
perfonnes, quand il fignifie *courage*, &
qu'aux chofes, quand il fignifie *prix*. Il
apporte pour exemples de cette derniere
fignification, *c'eft une chofe de valeur, de
peu de valeur ; Il m'a donné la valeur de
mon diamant*, & il ajoûte qu'on ne dit
pas, *c'eft un homme de valeur, de peu de
valeur*, pour dire que c'eft un homme
qui vaut beaucoup, qui a peu de mérite.
On dira bien *c'eft un homme qui a de la
valeur*, pour fignifier qu'il a du courage,
mais on ne le dira pas, quand on voudra
faire entendre qu'il a du mérite en général. Tout cela eft très-bien obfervé,
& le Pere Bouhours a raifon de dire
qu'il ne croit pas que Monfieur de Voiture ait parlé exactement, en difant dans
une Lettre à Monfieur de Balzac : *Ne vous
plaignez plus de l'injuftice des hommes, puifque tous ceux qui ont quelque valeur font
de votre côté.* Car en cet endroit *valeur*
eft mis pour *mérite*, & non pas pour
bravoure. Il fait voir enfuite que Monfieur de Balzac lui-même a abufé de ce

mot en difant de Monfieur le Comte de Fiefque. *Je fais une eftime parfaite de fa valeur. Je prends ici valeur dans fa plus étenduë fignification, & enferme fous ce mot une infinité d'excellentes qualitez naturelles & acquifes, civiles & militaires.* Quoique *valeur*, appliqué à une perfonne fignifie feulement *courage* & *bravoure*, il ne peut être tout-à-fait condamné en cet endroit, puifque Monfieur de Balzac a déclaré qu'il en étend la fignification aux qualitez naturelles.

CCCXXXI.

A moins de faire cela.

PLufieurs manquent en cette phrafe, les uns difant, *à moins de faire cela*, & les autres, *à moins que faire cela*; car ni l'un ni l'autre n'eft bon, quoique le premier foit moins mauvais, il faut dire, *à moins que de faire cela.*

NOTE.

A moins de faire cela, n'eft pas plus correct que, *à moins que faire cela*, c'eft faire la même faute que celle qu'on fait en difant, *avant de mourir*, & *avant que mourir*. Il faut dire, *à moins que de faire cela*, comme Monfieur de Vaugelas l'a décidé. La particule *de* fe met fort fouvenvent avec *que*, sur tout après quelque terme de comparaison , comme *moins*, *plus*, *plustôt*, *mieux*, *si*, *tant*, *tel*, &c. *A moins que de prouver ce qu'on avance. Pardonner à ses ennemis est plus glorieux que de les persecuter. Il sert ses amis plustôt que de songer à ses propres avantages. Il aime mieux passer les jours entiers dans son cabinet , que d'aller se promener avec des gens qui ne soient pas de son caractere. Il n'est pas si peu sensé que de découvrir son secret à un inconnu. Rien ne lui plaît tant que de voir des gens d'esprit. Il n'est rien tel que de ne s'inquiéter point mal à propos.*

CCCXXXII.

Loin , bien loin.

Par exemple , *bien loin de m'avoir récompensé , il m'a fait mille maux* , est très-bien dit ; mais il y en a plusieurs , qui au lieu de parler ainsi , disent , *loin de m'avoir récompensé, &c.* sans mettre *bien* devant *loin*. C'est une faute en prose, où il faut toûjours dire, *bien loin* & jamais *loin* tout seul ; mais en vers non seulement *loin* tout seul se peut dire, mais il a bien meilleure grace que *bien loin* , qui seroit trop languissant & sentiroit trop la prose.

N O T E.

Plusieurs personnes qui écrivent bien, ne conviennent pas que ce soit une faute en Prose de dire, *loin de m'avoir récompensé.* Je suis de ce même avis, & crois qu'on peut employer indifferemment *loin de* & *bien loin de*, selon qu'une syllabe de plus ou de moins remplit mieux l'oreille. Il y en a qui disent en vers & peut-être en Prose, *loin qu'il le récompense,* pour dire *loin de le récompenser.* Je ne sçai si c'est écrire correctement.

CCCXXIII.

Jours Caniculaires.

ON demande s'il faut dire, *les jours caniculiers* ou *les jours caniculaires.* On dit l'un & l'autre ; mais *caniculaires* est beaucoup meilleur, & tellement de la Cour, qu'on n'y peut souffrir *caniculiers.* Ceux qui croyent qu'il faut dire *caniculiers,* se fondent sur l'analogie de plusieurs mots François qui ont la même terminaison, comme, *singulier, régulier, séculier, particulier, &c.* qui viennent d'un mot Latin terminé en *aris, singularis, secularis, &c.* comme *caniculier* vient de *ca-*

nicularis ; mais ils ne prennent pas garde que ceux qui difent *caniculaires*, alleguent auffi l'analogie de plufieurs autres mots venans du Latin terminez en *aris*, qui prennent néanmoins leur terminaifon en *aire*, comme, *falutaris*, *falutaire*, *militaris*, *militaire*, *circularis*, *circulaire*, *auricularis*, *auriculaire*, Mais quand le mot de *caniculier* auroit toute l'analogie pour lui, *caniculaire* ayant l'ufage pour foi, doit prévaloir, parce que l'analogie n'a lieu que là où l'ufage l'autorife, ou bien où il ne paroît pas.

N O T E.

Caniculiers n'eft plus du tout en ufage.

CCCXXXIV.

Gangreine.

IL faut écrire *gangreine* avec un *g* au commencement, & non pas *cangreine* avec un *c* ; mais on prononce *cangreine* avec un *c*, & il eft plus doux, à caufe qu'on évite la répétition des deux *g*. Nous avons beaucoup de mots en notre Langue où le vulgaire confond ces deux lettres *c* & *g* ; par exem-

ple , il dit *fegret* pour *fecret* , & *vaca-*
bond pour *vagabond.*

NOTE.

Monfieur Chapelain dit qu'on prononce *Gangrene.* Je ne le croi pas , j'entends prononcer *cangrene* & *fegret* à tout
le monde. Pour *vagabond* , il me femble
qu'on y fait entendre le *g* , & que perfonne ne prononce *vacabond.*

CCCXXXXV.

Exemple:

PLufieurs à la Cour prononcent
exemple , comme fi l'on écrivoit
excemple avec un *c* après l'*x* ; mais ils
font une faute ; car nous avons des
mots où après l'*x* la voyelle fuit immédiatement , comme en ceux-ci , *exa-*
miner , *exempt* , *exemple* , *exil* , &c.
& d'autres où après l'*x* on met un *c* ,
comme à *excepter* , *exciter* , &c. Quand
il y a un *c* , il le faut prononcer ; mais
quand il n'y en a point , comme à *exem-*
ple , on ne le prononce jamais , & outre que la raifon le veut ainfi , c'eft l'u-
fage le plus général, y ayant incomparablement plus de gens qui difent

exemple fans *c*, que de ceux qui difent
exemple avec un *c*.

N O T E.

Monfieur Chapelain remarque qu'A-
lexandre fans *c*, après l'*x*, fe prononce
comme s'il y en avoit un, auffi-bien que
Xerce & *Artaxerce*. Si dans Alexandre on
pouvoit mettre une confonne après l'*x*
ce feroit un *f*, & non pas un *c*, *Alex-*
fandre, car il ne fçauroit s'accommoder
avec un *c* & un *a*. Le *c* pourroit être
mis dans *Artaxcerce*, & on le prononceroit comme on prononce *excellent*. On a
parlé ailleurs du genre d'*exemple*.

CCCXXXVI.

Horrible, effroyable.

CEs épithetes & quelques autres
femblables s'appliquent fouvent
en notre Langue aux chofes bonnes &
excellentes, quoiqu'elles ne femblent
convenir qu'à celles qui font très-
mauvaifes & très-pernicieufes Par
exemple, on dit tous les jours, *il a une*
mémoire effroyable, *il fait une dépenfe*
horrible, *il a une horrible grandeur*,
quand on parle d'une chofe où la *gran-*
deur eft louange, comme d'un palais,

d'un parc, d'un jardin, d'une Eglise,
&c. Et tant s'en faut que cette façon
de parler soit mauvaise, ni qu'il la
faille condamner, qu'au contraire elle
est élégante, & a Ciceron même pour
garant, qui dit en une de ses lettres *ad
Atticum*, en parlant de César, *Horri-*
bili vigilantiâ, celeritate, diligentiâ. Il
veut louer Cesar, & il dit que *sa vigi-*
lance, sa vîtesse ou *promptitude, & sa*
diligence est horrible.

N O T E.

Horrible, effroyable, épouvantable, fu-
rieux, & autres adjectifs de cette nature,
s'appliquent souvent à des substantifs,
pour dire *grand, excessif. C'est une opiniâ-*
treté épouvantable. C'est un furieux entête-
ment. On dit de même, *horriblement, ef-*
froyablement, furieusement, pour signifier
extrêmement. Il est horriblement paresseux,
effroyablement dissimulé, furieusement opi-
niâtre.

CCCXXXVII.

Souvenir.

LEs uns disent par exemple, *il faut*
faire cela pour eux, afin de les faire
souvenir de, &c. & les autres disent,
il faut faire cela pour eux, afin de leur

faire souvenir de, *&c*. Mais il y a cette différence entre ces deux façons de parler, que *leur faire souvenir* est l'ancienne, qui n'est plus dans le bel usage, & *les faire souvenir*, est la nouvelle, aujourd'hui usitée par tous ceux qui font profession de bien parler & de bien écrire.

N O T E.

Tous ceux que j'ai consultez veulent qu'on dise, *Faire souvenir quelqu'un de sa promesse*, & non pas, *Faire souvenir à quelqu'un*. Ainsi je ne doute point qu'il ne faille dire, *Afin de les faire souvenir*, & qu'on ne parle mal en disant, *afin de leur faire souvenir*.

CCCXXXVIII.

Mien, tien, sien.

CEs trois pronoms ne se mettent plus dans le beau stile de la façon qu'on avoit accoûtumé d'en user. Par exemple, on disoit autrefois, comme le disent & l'écrivent encore aujourd'hui ceux qui n'ont pas soin de la pureté du langage, *un mien frere*, *une tienne sœur*, *un sien ami*. Mais on ne s'en sert plus ainsi ; & si l'on demande

comment il faut donc dire, on répond
que s'il y a plufieurs freres, il faut dire,
un de mes freres , & s'il n'y en a qu'un ,
mon frere ; de même , *une de tes fœurs,*
ou *ta fœur, un de tes amis* , ou *ton ami.*

NOTE.

On ne dit plus *un mien frere* , & ces
trois pronoms , ne font en ufage que
quand ils font relatifs , comme *fon étoile*
eft plus heureufe que la mienne. Mon credit
n'eft pas fi grand que le fien. On dit , *Il*
étoit fuivi de vingt des fiens , pour dire,
il étoit fuivi de vingt de fes gens. Ainfi *les*
fiens dans cette maniere de parler fignifie *ceux de fa fuite.* On dit encore, *cha-*
cun le fien n'eft pas trop, chacun veut avoir
le fien, & dans ces phrafes *le fien,* fignifie *ce qui appartient à quelqu'un.* On dit
de même, *On étoit heureux au temps que*
le mien & le tien étoient inconnus , c'eft-
à-dire au temps où les biens étoient communs , ce qui empêchoit de dire, *cela*
m'appartient, cela t'appartient.

CCCXXXIX.

Notamment.

CEt adverbe n'eft pas du bel ufage,
il faut pluftôt dire *nommément.* Les
meilleurs font , *particulierement* , *prin-*
cipalement, fur-tout, &c.

NOTE.

N O T E.

Monſieur de la Mothe le Vayer dit qu'il ne voudroit pas bannir *notamment*, & qu'il lui ſemble qu'il vaut bien *nommément* que Monſieur de Vaugelas lui ſubſtituë. Monſieur Chapelain a écrit ſur cette Remarque, que *notamment* n'eſt pas ſynonyme de *nommément*, qui ſignifie *nominatim*, *préciſément*, au lieu que *notamment*, ſignifie *præcipuè*, *ſur tout*. Je croi que ni l'un ni l'autre n'eſt du beau ſtile.

C C C X L.

Pſeaumes pénitentiaux.

SElon la règle, il faudroit dire *péni tentiels* ; car tous les noms dont le pluriels ſe terminent en *aux*, ſe terminent en *al* ou en *ail* au ſingulier, comme, *mal*, *maux* ; *animal*, *animaux* ; *brutal*, *brutaux* ; *émail*, *émaux* ; *ail*, *aux*. Or il eſt certain qu'on ne dit point *pénitential* au ſingulier, mais *pénitentiel*, & par conſéquent il faudrois dire *pénitentiels* au pluriel, & non pas *pénitentiaux*. Cependant l'Uſage veut que l'on die *pénitentiaux*, *les Pſeaumes pénitentiaux*, & non pas, *les Pſeaumes pénitentiels*. C'eſt une exception à la

règle ; je pense qu'elle est unique. Il
y a quelque plaisir à deviner ou à re-
cercher d'où cela peut être venu.
C'est, à mon avis, de ce que l'on ne
se sert point de ce mot, qu'en le joignant avec *Pseaumes*, & toûjours au
pluriel, *Pseaumes pénitentiaux ;* car
quand on veut parler d'un seul Pseaume de ce genre-là, on dit, *un des
Pseaumes pénitentiaux*, & non pas, *un
Pseaume pénitentiel :* & assurément si
l'on disoit quelquefois *un Pseaume pénitentiel* au singulier, on diroit aussi au
pluriel, *les Pseaumes pénitentiels :* mais
parce qu'on ne le dit jamais qu'au pluriel, & qu'on l'a pris du Latin, *Psalmi
pœnitentiales*, on a traduit *pœnitentiales
pénitentiaux*, à cause que le Latin porte
à cette terminaison *aux*, par le moyen
de l'*a* qui y conduit, à l'exemple d'une
infinité d'autres, qui finissant en Latin
en *ales*, se terminent en *aux* en François, comme, *æquales*, *égaux ; ani-
males*, *animaux ; rivales*, *rivaux*. Ce
n'est pas qu'il n'y ait plusieurs mots
aussi, qui venant du Latin, terminez
en *ales*, se traduisent en *els* en François, comme, *mortales*, *mortels ; tales*,

tels , *&c.* mais il fuffit qu'il y en ait d'autres , qui ayant *ales* en Latin , ont *aux* en François. Mais il n'y en a point qui ait *aux* au pluriel , qui n'ait *al* ou *ail* au fingulier. Il eft à remarquer qu'on prononce *Seaumes* , & non pas *Pfeaumes.*

N O T E.

Monfieur de Vaugelas dit que tous les noms qui ont *aux* au pluriel , ont *ail* ou *al* au fingulier , & que *Penitentiaux* qui doit avoir *Penitentiel* au fingulier , parce qu'on ne dit point *Penitential* , eft l'unique exception qu'il y ait à cette regle. Il n'a pas fongé qu'en termes de Philofophie , on dit les *Univerfaux* du fubftantif *univerfel*. Il eft vrai qu'*univerfel* adjectif qui veut dire *général* , fait au pluriel *univerfels*. Tous les autres noms terminez en *aux* au pluriel , ont *ail* ou *al* au fingulier , mais tous les noms terminez en *ail* ou en *al* , n'ont pas *aux* au pluriel. *Bal* fait *bals* , & *mail* fait *mails*. C'eft fans doute pour mettre de la difference entre les pluriels de *bail* & de *mal* , qui font *baux* & *maux* , car *émail* fait *émaux*. *Pal* en blazon fait *pals*. *Détail* a *détails* au pluriel. Le Pere Bouhours dit que ce pluriel n'eft guere ufité. Cependant plufieurs perfonnes qui parlent fort bien , approuvent qu'on dife , *Pourquoi entrer dans tous ces détails* , & il rapporte lui-

H h ij

même un exemple, où l'on ne sçauroit condamner *détails*. *Pour avoir une connoissance parfaite des Finances, il faut descendre dans mille détails.* Il croit pourtant que le plus sûr feroit de dire, *Il faut descendre dans le détail de mille chofes.* *Attirail* fait *attirails*, & *gouvernail*, *gouvernails*. Il y en a qui difent *gouvernaux*. Le plus grand nombre eft pour *gouvernails*. Monfieur Menage qui a fait un chapitre de ces noms en *ail* ou en *al*, marque qu'on dit *des poitrals* & *des évantails*, & non pas *des poitraux* & *des évantaux*, ce qui fait voir qu'on dit *poitral* au fingulier, & non pas *poitrail*. Il marque auffi qu'il faut prononcer *métal*, *criftal* & *coral*, & non pas *métail*, *criftail* & *corail*. Pour ce dernier, il dit qu'il n'a point de pluriel. Quoi qu'il foit peu en ufage, on ne laifle pas de dire *coraux*. Je croi que *corail* au fingulier eft plus ufité que *coral*; mais je ne voudrois jamais dire *métail* ni *criftail*. Le même Monfieur Menage ajoûte, qu'on dit *portail* & non pas *portal*, & plus communément *portaux* au pluriel que *portails*. Il dit encore que les opinions font partagées pour *piédeftals* & *piédeftaux*. Il me femble qu'on ne dit plus prefentement que *piédeftaux*. Il y en a beaucoup qui écrivent *pied-deftal*, *pieds-deftaux*. Le plus commun ufage eft *piédeftal* en un feul mot, fans nulle divifion ni apoftrophe. *Naval* n'a point de pluriel mafculin, car on n'a jamais dit

des combats navaux, & *combats navals* n'eſt
guere meilleur. C'eſt encore une obſervation de Monſieur Menage, auſſi-bien
que celle de *Martial* Poëte, qui fait
Martials. *J'ai ſix Martials, ſix Juvenals de
differente édition.* On dit *Martiaux* en la
ſignification de courageux. *Des gens Martiaux.*

Quant au mot de *Pſeaume*, il eſt certain que l'on dit communément *les ſept
Seaumes*, & non pas *les ſept Pſeanmes*.
Monſieur Menage obſerve que ceux qui
diſent *Seaumes*, ne laiſſent pas de dire
Pſautier, & que la plûpart des Eccleſiaſ-
tiques prononcent *Pſeaume*. Il fait auſſi
remarquer qu'on diſoit autrefois *Pſalme*,
& qu'encore qu'on ne le diſe plus, on
dit toûjours *Pſalmiſte* & *Pſalmodier*.

CCCXLI.
Oratoire, Epiſode.

O*Ratoire* eſt toûjours maſculin; &
cela eſt ſi certain, qu'il ne ſeroit
pas beſoin d'en faire une remarque, ſi
certains Auteurs approuvez n'y avoient
manqué, en quoi tous les autres les
condamnent. Mais *Epiſode* eſt maſculin
& féminin, quoique plus ſouvent maſculin.

H h iij

NOTE.

Malgré la décision de M. de Vaugelas, qui dit qu'*Oratoire* est toûjours masculin, beaucoup de gens le font féminin, & soûtiennent qu'*une petite Oratoire* se dit plus souvent qu'*un petit Oratoire*. Monsieur Menage semble favoriser leur opinion, en disant qu'*écritoire* & *armoire* qui sont de même terminaison, sont aussi féminins. Pour *Episode*, Monsieur Chapelain dit qu'il ne doit être que masculin. Monsieur Menage qui lui donne les deux genres, dit, qu'il le feroit plustôt masculin que féminin, & que c'est de ce genre que l'ont fait Messieurs de l'Academie dans leurs sentimens sur le Cid. Ce mot ne me paroît point avoir encore de genre fixe.

CCCXLII.

Cy joint aux substantifs.

Out Paris (1) dit, par exemple, *cet homme-cy*, *ce temps-cy*, *cette année-cy* ; mais la plus grande part de

(1) Je suis en cela bon Parisien, & *ce temps ici* m'est insupportable. Villehardouin p. 27. *Vos voyez ci*, *vous voyez ici*, d'où nous avons fait *voici*. Villon p. 2. *En ce monde ci*, & non pas *ici*. Il est vrai

la Cour dit, *cet homme ici*, *ce temps ici*, *cette année ici*, & trouve l'autre insupportable, comme réciproquement les Parisiens ne peuvent souffrir *ici* au lieu de *cy*. Ce qu'il y a à faire en cela, est, ce me semble, de laisser le choix de l'un ou de l'autre à celui qui parle, bien que pour moi, je voudrois toûjours dire, *cet homme ici*, & non pas, *cet homme-cy*, & ainsi des autres. Mais pour écrire, si ce n'est dans le stile le plus bas, comme dans la Comédie, l'Epigramme burlesque ou la Satyre, je ne voudrois jamais (2) me servir ni de l'un ni de l'autre ; Et ce n'est

qu'il étoit Parisien, mais Villehardouin étoit Champenois. Calvin liv. 4. ch. 17. n. 16. *Cette vie ci*, & non *cette vie ici*. Marot p. 342. *En cette.... ici*. Mais c'est pour faire le vers. Amadis liv. 2. chap. 18. *Deux plus belles Dames que ces deux ici*. Amyot dit *ci* & *ici*, mais plus souvent *ici*. Coëffeteau dit *ici*.

(2) *Jamais me servir ni de l'un ni de l'autre.*] On s'en peut servir en toutes sortes de discours, où il donne quelquefois de la force, par exemple, *c'est cet homme-ci qui le veut*, *c'est cet homme-ci qui nous y force* ; mais il faut regarder où on s'en sert.

H h iiij

pas une règle que je faſſe moi-même ; je ne prétens pas avoir cette autorité, mais c'eſt une remarque tirée des écrits de tous nos meilleurs Auteurs qui ont toûjours évité une locution ſi baſſe & ſi populaire. En effet, *cet homme, ce temps, cette année*, ne diſent-ils pas toute la même choſe, ſans y ajoûter ni *cy* ni *ici?* Une des plus éloquentes piéces de nôtre temps a été comme ſouillée de cette tache, s'y rencontrant par trois fois *en ce Royaume-cy*, au lieu de dire ſimplement, *en ce Royaume*. Cette particule n'eſt bonne qu'aux pronoms *celui* & *cettui* en tous leurs genres & en tous leurs nombres, comme, *celui-cy, celle-cy, ceux-cy, celles-cy, cettui-cy, cette-cy*, qui ont les mêmes pluriels que *celui-cy* & *celle-cy. Cettui-cy* commence à n'être plus gueres en uſage.

N O T E.

Je vois preſque tout le monde du ſentiment du Pere Bouhours qui a décidé qu'on dit *ce temps-ci*, & non pas *ce temps-ici*. C'eſt comme je voudrois parler. Il a raiſon de dire qu'on doit ſe ſervir quelquefois de cette expreſſion pour bien marquer ce que l'on veut dire, & que *ce temps-ci* eſt oppoſé à *ce temps-là*, de la même maniere que *ceci* eſt oppoſé à *cela*. Monſieur Chapelain a écrit ſur cette remarque *ci*, *ici*, & *là*, à la ſuite des pronoms ou des ſubſtantifs, ſervent à rendre la choſe plus démonſtrative, comme qui diroit, *que vous voyez ici, qui eſt là preſent*. On peut ſupprimer *ci* en beaucoup d'endroits, & dire *cet homme*, *cette année*, *ce temps*, au lieu de cet *homme-ci*, *cette année-ci*, mais on ne ſçauroit quelquefois ſupprimer *là*. Si j'écris étant à Paris, & qu'après avoir nommé Orleans, je parle de quelque choſe qui s'y eſt paſſé, il faut que je diſe neceſſairement *en cette Ville-là*, c'eſt-à-dire, dans la Ville que j'ai nommée, car en diſant ſimplement *en cette Ville*, je ferois entendre que c'eſt à Paris que la choſe s'eſt paſſée.

CCCXLIII.

Ordres, pour *un Sacrement*.

ON demande s'il le faut faire maſculin ou féminin. On répond qu'il eſt l'un & l'autre, non pas indifféremment, mais ſelon la ſituation où il eſt. Par exemple, M. Coëffeteau & tous les bons Auteurs écrivent, *les ſaintes Ordres*, & cependant tout le monde dit & écrit, *les Ordres ſacrez*,

& non pas *sacrées*. Cette bizarrerie n'eſt pas nouvelle en notre Langue; nous diſons tout de même, *ce ſont de fines gens*, & *ces gens-là ſont bien fins*, & non pas *bien fines*.

NOTE.

Les ſaintes Ordres eſt une façon de parler qui a été conſacrée en quelque façon par l'uſage, & on ne peut conclure de-là, qu'*Ordre* pour *Sacrement* ſoit maſculin ou féminin ſelon la ſituation qu'on lui donne, car je croi qu'on diroit pluſtôt *les ſacrez Ordres*, que *les ſacrées Ordres*, quoique l'adjectif ſoit devant le ſubſtantif, auſſi-bien que dans *les ſaintes Ordres*. Il faut dire auſſi, *l'Ordre de Prêtriſe qu'il a reçû*, *l'Ordre de Prêtriſe lui a été conferé*, & non pas, *qu'il a reçûë*, *qui lui a été conferée*, ce qui fait voir qu'*Ordre* eſt toûjours maſculin, & que ce n'eſt qu'un vieil uſage qui fait encore dire *les Saintes Ordres*.

Il n'en eſt pas de même de *gens*, qui eſt toûjours féminin, quand l'adjectif le précede, *de bonnes gens*, *de fines gens*, *de ſçavantes gens*, & toûjours maſculin quand il eſt ſuivi du ſubſtantif. *Ce ſont des gens fort ſçavans*, *ce ſont des gens auſſi fins qu'il y en ait*. Il n'y a que *tous* excepté; il conſerve le maſculin devant *gens*, *tous les gens de bien*. Monſieur de Vau-

gelas a fait une remarque particuliere fur
ce mot.

CCCXLIV.

Evêché , Duché , Comté.

E*Vêché* , étoit autrefois un mot féminin , & Ronfard a dit .

> *& le dos empêché*
> *Sur le pefant fardeau d'une bonne*
> *Evêché.*

Mais aujourd'hui on le fait toûjours mafculin. Il en eft de même d'*Ar-*
chevêché , *un bon Evêché* , *un grand*
Archevêché. Pour *Duché* , on le fait
tantôt mafculin , tantôt féminin , mais
il me femble beaucoup plus ufité au
mafculin , & *Comté* de même , quoique l'on die *la Franche-Comté.* Ceux
du pays où elle eft , ne fçachant gueres bien notre Langue , peuvent l'a-
voir nommée ainfi. Ce n'eft pas que
quelques-uns à la Cour & à Paris ,
ne faffent *Comté* , feminin , mais il eft
plus ufité au mafculin , comme j'ai
dit.

NOTE.

Evêché & *Archevêché* ne font plus que
masculins. M. Menage dit que *Comté*
étoit autrefois féminin, qu'il a été ensuite masculin & féminin, & qu'il est
presentement toûjours masculin, si ce
n'est quand on dit *la Franche-Comté*, où
quand on dit *Comté-Pairie*, mais que
quand on parle de la Franche-Comté, &
qu'on n'ajoûte point le mot de *Franche*,
il faut dire, *le Comté*. Pour *Duché*, le
même Monsieur Menage veut qu'il soit
masculin & féminin, mais plustôt masculin que féminin. Il fait remarquer
qu'il n'est que féminin, lorsqu'il est joint
à *Pairie*, *une Duché-Pairie*, & il en apporte pour raison que ces mots, *Duché-
Pairie*, ne devant être considerez que
comme un seul mot, le dernier qui n'est
que féminin regle le genre.

CCCXLV.

Près, auprès.

LA préposition *près*, a deux regi-
mes, le genitif & l'accusatif, car
on dit *près du fleuve*, & *près le Palais Royal*, mais celui du genitif est
beaucoup meilleur, & plus en usage.
Neanmoins il y en a qui croyent,
que *près du Palais Royal*, non-seu-

lement ne feroit pas fi bien dit, mais feroit mal dit. Je ne fuis point de cette opinion , auffi n'eft-ce pas la plus commune. Il eft bien vrai qu'enfeignant un logis à Paris, il eft affez ordinaire d'oüir dire, *près la porte faint Germain, près la porte faint Jacques* , & c'eft peut-être pour abreger ce qui feroit plus long , en difant *près de la porte faint Jacques.* Au moins il eft très-certain qu'*avec les perfonnes* , on le met toûjours au genitif, & que l'on ne dit jamais que *près de moi, près de lui, près de cette Dame* : mais *auprès,* y feroit encore meilleur , & quoiqu'il s'employe fort bien aux chofes, comme *il loge auprès de l'Eglife* , fi eft-ce qu'à mon avis il convient beaucoup mieux aux perfonnes, & l'on dira, *il a des gens auprès de lui qui ne valent rien,* & l'on ne diroit pas , *il a des gens près de lui.*

N O T E.

Monfieur Chapelain dit , que dans, *près la porte faint Jacques,* il y a une double omiffion qui eft naturelle à *faint Jacques,* auffi-bien qu'à *la porte.* Je croi

qu'*auprès* est meilleur que *près*; quand
il s'agit des personnes, *auprès de moi, auprès de lui*, & qu'on ne parleroit pas si
bien en disant, *Il étoit assis près de moi.*
Près gouverne toûjours le génitif, mais
comme on s'est accoûtumé à supprimer
de pour abreger, & à dire *près la porte
saint Jacques, près l'Hôtel de Ville*, au lieu
de *près de la porte saint Jacques, près de
l'Hôtel de Ville*, on a dit aussi *près le Palais
Royal*, pour *près du Palais Royal*, qui est
le veritable regime de *près*. Il en est de
même des prépositions *proche* & *vis à vis*.
On dit *proche l'Eglise, vis à vis l'Hôtel de
Ville*, en supprimant *de*, comme on le
supprime *à*, *proche la porte saint Jacques*, &
parce qu'on dit *proche l'Eglise, vis-à-vis
l'Eglise*; on a dit aussi *proche le Palais Royal,
vis-à-vis le Palais Royal*, comme si ces prépositions gouvernoient l'accusatif: mais
pour faire voir que le genitif est leur
vrai regime, si on les met avec des pronoms personnels qui n'ont point d'article, on y joint nécessairement la particule
de, qui est la marque du génitif. Ainsi
on dit, *il étoit assis auprès de moi, proche
de moi, vis-à-vis de moi*, & non pas *auprès moi, proche moi, vis-à-vis moi.*

CCCXLVI.

Expédition.

JE fçais bien que depuis quelques années nos meilleurs Auteurs non-feulement ne font point de difficulté d'ufer de ce mot pour dire, *un voyage de guerre en pays éloigné*, comme *l'ex-pedition d'Alexandre*, ou *de Cefar*, mais le préferent même à toute autre expreffion qui puiffe fignifier cela. Tant d'excellens Hommes l'employent dans leurs plus belles pieces d'elo-quence, que je ne fuis pas fi témé-raire que de le condamner; mais avec le refpect qui leur eft dû, je dirai qu'aux ouvrages qui doivent voir la Cour, & paffer par les mains des Dames, je ne le voudrois pas met-tre, parce que ni elles, ni les Cour-tifans qui n'auront point étudié, n'au-ront garde de l'entendre, ni de pren-dre jamais *expedition*, qu'au fens or-dinaire, & auquel tout le monde a accoûtumé de s'en fervir. Je n'ai pas remarqué que M. Coëffeteau l'ait mis en aucun de ſes écrits, mais j'ai bien pris garde, que des Dames d'excellent eſprit liſant un livre, où ce mot étoit employé au ſens dont nous parlons, s'étoient arrêtées tout court au milieu d'un des plus beaux endroits du livre, perdant, ou du moins interrompant par l'obſcurité d'un ſeul mot, le plaiſir qu'elles prenoient en cette lecture. Si je m'en ſervois, j'y voudrois toûjours ajoûter *militaire*, & dire *une expedition militaire*, *des expeditions militaires* ; car cette épithete l'explique en quelque façon, quoique la plûpart des Dames entendent auſſi peu *militaire*, qu'*expedition*.

NOTE.

Le Pere Bouhours n'eſt pas du ſentiment de Monſieur de Vaugelas, qui veut qu'on diſe *une expedition militaire*, *des expeditions militaires*, afin que cette Epithete explique ce que ſignifie ce mot. Il dit qu'en liſant *expedition*, tout le monde entend *un voyage de guerre*, ſans qu'il ſoit beſoin d'y ajoûter *militaire*, pourvû que la matiere détermine *expedition* à la guerre. Il en donne ces exemples. *Ceſar partit pour cette grande expedition. Il ne s'eſt*
jamais

jamais vû d'expeditions plus hardies ni plus heureuses que celles d'Alexandre.

CCCXLVII.

Prévit, prévut.

ON demande s'il faut dire, *il pré-vit*, ou *il prévut*. Il faut dire *prévit*, quoi qu'il y en ait quelques-uns qui disent *prévut*. La raison de douter est, que *pourvoir*, est un com-posé de *voir*, & neanmoins on dit, *il pourvut*, & non pas *il pourvit*. Outre qu'il y a des verbes simples qui se conjugent d'une façon, & leurs com-posez se conjuguent d'une autre, par exemple on conjugue *nous disons*, *vous dites*, *&c.* & au composé l'on dit *nous medisons, vous medisez*, & non pas *vous medites*, & de même *nous prédisons, vous prédisez*, & non pas *vous prédites*. Ainsi nous disons au simple, *quoiqu'il die*; & nous ne dirons pas au composé, *quoi qu'il médie*, ni *quoi qu'il prédie*, mais *quoi qu'il médise*, & *quoi qu'il prédise*. Ainsi au participe simple, on dit *décidé*, & au composé, on dit *indécis*, & non pas *indécidé*. Il

y en a encore d'autres, qui ne se
presentent pas toûjours à la plume.
Ainsi encore pour la prononciation
on dit, *respondre*, sans prononcer l's,
& au composé on dit, *correspondre*,
en prononçant l's.

NOTE.

Monsieur de la Mothe le Vayer dit,
que *prévut* est plus en usage, & Monsieur Menage a marqué dans ses addi-
tions, qu'il faut ajoûter *prévit* & *prévut*
à ce qu'il dit dans le 178. Chapitre de
ses Observations, que l'usage est parta-
gé entre *survéquit* & *survécut*. Je ne croi
point qu'on puisse dire *il prévut*. Si on
le disoit au singulier, on diroit *ils prévûrent* au pluriel, & il n'y a personne
qui ne demeure d'accord qu'on dit toûjours *ils prévirent*. L'usage a pû être par-
tagé entre *survéquit* & *survécut*, par ce
qu'on a dit également au pluriel *survé-
quirent* & *survécurent*, mais *prévûrent* n'a
jamais été ni dit ni écrit. Peut-être que
sans y faire réfléxion, quelques-uns ont
dit *prévut*, à cause qu'on dit *pourvut*, &
que ces deux mots ont beaucoup de res-
semblance, mais *pourvut* fait *pourvurent*,
au pluriel,& puisqu'on ne dit point *ils pré-
vurent*,cela prouve assez qu'on ne peut
dire *il prévut*, car la troisième personne
du pluriel dans tous les temps, se forme
toûjours sur la troisième personne du

fingulier. Cela eft fi vrai, que quand les
deux premieres perfonnes du pluriel font
differentes du fingulier, la troifiéme de
ce même pluriel reprend l'analogie de la
troifiéme du fingulier. Le verbe *aller*,
en eft un exemple. Les deux premieres
perfonnes du pluriel, *nous allons*, *vous
allez*, font entierement differentes du fingulier, *je vais*, *tu vas*, & dans la troifiéme, on ne dit pas, *ils allent*, mais *ils
vont*, par rapport à la troifiéme perfonne
du fingulier *il va*. On peut remarquer
la même chofe dans les verbes, *mourir,
pouvoir, vouloir, venir*, & plufieurs autres ; on dit aux deux troifiémes perfonnes, *il meurt*, *ils meurent* ; *il peut*, *ils
peuvent* ; *il veut*, *ils veulent*; *il vient*, *ils
viennent*, quoique ces verbes faffent aux
deux premieres perfonnes du pluriel,
nous mourons ; vous mourez, & non pas
nous meurons, *vous meurez*, comme ils
devroient faire par l'analogie du fingulier ; *nous pouvons*, *vous pouvez* ; *nous vou-
lons*, *vous voulez* ; *nous venons*, *vous venez*.
Ce n'eft pas feulement au prétérit indéfini
jo pourvûs que le verbe *pourvoir* ne fuit
pas fon fimple. On dit au futur, *je pour-
voirai à cela*, & non pas *je pourverrai*,
quoique *voir* qui eft le fimple, ait au
futur *je verrai*. *Prévoir*, fait auffi, *je pré-
voirai* au futur. *Entrevoir* & *revoir*, fuivent *voir* dans tous fes temps.

Quelques-uns difent, *j'enverrai chez
vous* qui eft le futur du verbe *envoyer*,

& il y en a même qui l'écrivent. Je ne
sçai si cette prononciation est reçuë de
tout le monde ; mais je voudrois toûjours
écrire *j'envoirai.*

CCCXLVIII.

Aller au devant.

VOici comme il se faut servir de
cette phrase, par exemple il faut
dire, *il est allé au-devant de lui* ; &
non pas, *il lui est allé au-devant, il
lui faut aller au-devant*, comme parlent les Gascons, & même quelques
Parisiens, qui ont corrompu leur langage naturel par la contagion des
Provinciaux.

NOTE.

Lui aller à la rencontre est la même faute
que *lui aller au-devant*. Il faut dire *aller
à sa rencontre*. Il y a déja une remarque
sur ce mot, & l'on a fait observer qu'*aller à la rencontre de quelqu'un* se dit sans
déference, au lieu qu'*aller au-devant de
quelqu'un* marque quelque déference,

CCCXLIX.

Si, *particule conditionelle.*

L'*I* de cette particule, quand elle
eſt conditionnelle, & non autrement, ne ſe mange point devant aucune des cinq voyelles, ſi ce n'eſt
devant *i*, encore n'eſt-ce qu'en ces
deux mots, *il*, & *ils.* Par exemple
on dit, *ſi après cela*, & non pas *s'après
cela*; *ſi entre nous*, & non pas *s'entre
nous*; *ſi implorant*, & non pas *s'implorant*: *ſi on le dit* & non pas *s'on le
dit*; & enfin *ſi un homme*, & non pas
s'un homme. Mais devant *il*, & *ils*,
cet *i*, ſe mange, & l'on dit, *s'il faut,
s'il vient*, *s'ils viennent*, non pas
ſi il faut, *ſi il vient*, *ſi ils viennent*,
comme écrivent quelques-uns, même
de ceux qui ont la réputation de
bien écrire; & c'eſt ce qui a donné
lieu à cette Remarque, dont je ne
me ſerois pas aviſé, comme la croyant
ſuperfluë, ſi je n'euſſe trouvé cette
faute continuelle en leurs écrits, qui
étant dignes d'être imitez en tout le
reſte, pourroient ſurprendre en cela
leurs imitateurs.

NOTE.

Si , ne peut jamais être mis devant *il* & *ils* , que comme particule conditionelle, fi ce n'eft dans cette façon de parler qui eft populaire & de peu d'ufage. *Ils n'ont prefque pas de bien, & fi ils font tous les jours grand' chere,* pour dire *quoiqu'ils ayent fort peu de bien, ils ne laiffent pas de faire toûjours grand' chere.* Alors l'*i* de *fi* , ne fe mange point d. ... *i ils.* Il eft certain qu'on ne dit *s'il faut, s'il vient,* que pour éviter la cacophonie des deux *i* qui fe rencontreroient, en difant *fi il faut, fi il vient.* Cependant, comme le remarque fort bien Monfieur de Vaugelas, non feulement l'*i* de *fi* ne fe mange point devant les autres voyelles, & l'on ne dit point *s'elle vient,* pour *fi elle vient;* mais même *fi* ne perd point fon *i,* quand il eft devant les autres mots qui commencent par *i.* Ainfi l'on dit , *fi irrité du peu de refpect qu'il a pour vous , vous cherchez à l'en punir : Si imprudemment vous tombez dans quelque faute,* & non pas *s'ir-rité , s'imprudemment.*

CCCL.

Paſt , paſte , paſtion.

P *Aſt*, ne vaut rien du tout , *paſte* eſt bon. On dit *un paſte tacite ,* & que *les ſorciers font un paſte avec le Diable ,* mais *paſtion ,* eſt le meilleur, & le plus uſité, *faire une paſtion.* Il y a certaines Provinces en France , où l'on dit *pache ,* pour *paſtion ,* mais ce mot eſt barbare.

N O T E.

Sur ce que Monſieur de Vaugelas dit que *paſtion* eſt meilleur , & plus uſité que *paſte ,* Monſieur Chapelain a écrit qu'il faut dire , *les Sorciers font un paſte avec le diable ,* & que *font une paſtion avec le diable ,* ne vaut rien. Il ajoûte que *paſte* eſt conſacré aux ſortileges , & que *paſtion* eſt pour les traitez & conventions dans les choſes morales. *Paſt* ne ſe dit point.

CCCLI.

Ebene , yvoire.

C Es deux mots ſont féminins, il faut dire par exemple , *voilà de l'ébene bien noire , & de l'yvoire bien blanche.* Toute la Cour parle ainſi. Ceux qui travaillent en ébène, font ce mot des deux genres, mais il s'en faut tenir à la Cour. Pour ceux qui travaillent en ivoire, ils le font toûjours feminin.

N O T E.

Monſieur Menage rapporte un exemple de Rabelais qui a fait *yvoire* de ce même genre. Il ajoûte que préſentement tous les Ebeniſtes font *ébene* féminin. C'eſt aſſûrément de ce genre que ſont ces deux mots.

C C C L I I.
Courroucé.

CE mot dans le propre eſt vieux, & n'eſt plus guères en uſage, car on dira rarement, *il eſt courroucée contre moi*, pour dire *il eſt en colere contre moi*; mais dans le figuré il eſt fort bon, comme quand on dit que *la mer eſt courroucée*, pour dire qu'elle eſt fort agitée, & qu'il y a une grande tourmente. Il y a ainſi pluſieurs autres mots, qu'on rejette dans le propre, & qu'on reçoit dans le figuré; mais

mais ils ne se presentent pas maintenant à ma memoire.

N O T E.

Monsieur de la Mothe le Vayer dit,
que le figuré n'ôte rien au propre à l'é-
gard de *couroucé*, & que Monsieur de
Vaugelas n'a pas eu raison de flétrir cette façon de parler, *il est couroucé contre
moi*, en disant qu'on en use rarement. Je
crois qu'on parle très-bien lorsque l'on
dit dans le propre, *Dieu est couroucé contre son peuple, le Ciel est couroucé contre
nous*. Il semble même qu'en parlant d'un
homme, le mot *couroucé*, fait mieux entendre les effets extérieurs de la colere.
Je vois beaucoup de personnes qui ne
mettent qu'une *r* à *couroucé*, je croi que
c'est comme il faut l'écrire, & qu'en
prononçant ce mot, on n'y fait point
sentir une double *r*.

Monsieur Menage dit qu'en Prose on
n'employe jamais *couroux* qu'au singulier, mais qu'en vers on peut dire *mes
couroux*. Il en rapporte plusieurs exemples, & entre autres celui-ci de Malherbe.

*Certes vous êtes bons, & combien que
nos crimes
Vous donnent contre nous des courroux
légitimes.*

Tome II.   K k

Comme il ne faut pas imiter Malherbe dans *combien que*, qu'il employe pour *encore que*, je croi aussi qu'il est bon de s'abstenir de mettre *couroux* au pluriel.

CCCLII.

Vers, envers.

CEs deux prépositions ne veulent pas être confonduës. *Vers*, signifie le *versùs* des Latins, comme *vers l'Orient, vers l'Occident*; & *envers* signifie l'*ergà*, comme *la pieté envers Dieu, envers son pere, envers sa mere*, &c. *Vers* est pour *le lieu* & *envers* pour *la personne*. Ce seroit mal parler, de dire *la pieté des enfans vers le pere*, comme écrit toûjours un grand Homme. Que si l'on dit, *il s'est tourné vers moi*, & que de-là on veüille inferer, que *vers*, se dit aussi-bien pour *la personne* que pour *le lieu*, on répond qu'en cet exemple, *vers* ne laisse pas de regarder *le lieu*, plustôt que *la personne*, comme le mot de *tourner* le fait assez voir.

N O T E.

Monsieur Menage observe que *vers* se

dit, quelquefois de la personne. Il en donne pour exemples , *Ambassadeur vers le Pape , Ambassadeur vers la République de Venise.* Il est certain qu'on pa leroit très-mal en disant *Ambassadeur envers le Pape,* mais *vers* en cet endroit semble encore regarder le lieu , puisqu'on sous-entend en quelque sorte le mot *envoyé; envoyé Ambassadeur vers le Pape.* Monsieur Chapelain dit que dans , *il s'est tourné vers moi , vers* signifie *devers ;* & veut dire *de mon côté,* ou *du côté où j'étois. Devers* est une préposition qui a vieilli , & dont il n'y a plus que le peuple qui se serve.

CCCLIV.

Ulcere.

CE mot est masculin , *un ulcere amoureux*, dit un grand Personnage , en traduisant *vulnus alit venis.* On dit *un ulcere malin,* & non pas *maligne ;* neanmoins à la Cour plusieurs le font féminin.

NOTE.

C'est M. le Cardinal du Perron qui a dit *un ulcere amoureux.* Mon Chapelain condamne ceux de la Cour qui ont fait *ulcere* féminin. Il est masculin.

CCCLV.

Une partie du pain mangé. (1)

ON demande s'il faut dire, par exemple, *je n'ai fait que sortir de la chambre, j'ai trouvé une partie du pain mangé*, ou *j'ai trouvé une partie du pain mangée*. Cette question ayant été agitée en fort bonne compagnie, & de personnes très-sçavantes en la Langue, tous sont demeurez d'accord que selon la Grammaire ordinaire, il faut dire, *une partie du pain mangée*, & non pas *mangé*; mais la plûpart ont soûtenu que l'Usage disoit, *une partie du pain mangé*, & non pas *mangée*, & que l'Usage le voulant ainsi, il n'étoit plus question de Grammaire ni de Règle. Même on a ajoûté, ce que je pense avoir remarqué en di-

(1) *Une partie du pain mangé.*] Coëffeteau Hist. Rom. liv. 2. p. 32. *Il vit une partie de ses vaisseaux brûlée, & encore pleine de feu, une autre partie brisée contre les rochers.* Mais p. 330. il dit, *sur ce peu de vaisseaux qui lui restoient.* Pag. 354. *une partie (de ses gens de rame) s'en étoit enfuie, & l'autre perie de maladie.*

vers endroits , qu'il n'y a point de
locution qui ait si bonne grace en
toutes sortes de Langues , que celle
que l'Usage a établie contre la Règle ;
& qui a comme secoüé le joug de la
Grammaire. En effet les Poëtes Grecs
& Latins en ont fait de belles figures, dont ils ornent leurs écrits ,
comme est la synecdoche , qu'ils appellent , & plusieurs autres semblables,
sur quoi ce mot de Quintilien est excellent , *aliud est Latinè , aliud Gram-
maticè loqui.* Mais pour revenir à notre exemple , on dit tout de même ,
*il a une partie du bras cassé , il a une
partie de l'os rompu , il a une partie du
bras emporté ,* & non pas *cassée , rom-
puë ,* ni *emportée.* On pourroit en rendre quelque raison, mais il seroit superflu , puisqu'il est constant que l'U-
sage fait parler ainsi , & qu'il fait plusieurs choses sans raison , & même
contre la raison , ausquelles néanmoins il faut obéïr en matière de langage.

N O T E.

Monsieur Chapelain prétend qu'on dit,
Il a une partie du bras rompu , par le mê-

me usage qui fait dire *la plûpart du mon-*
de fait, *omnia ponius erat*, je ne croi pas.
On dit, *la plûpart du monde fait*, & non
pas *font*, parce qu'après *la plûpart*, il y
a un génitif singulier qui détermine le
verbe qui suit au singulier. Ainsi voilà
une regle, & elle est si bien établie,
que si le génitif est au pluriel, il faut
mettre nécessairement le verbe au pluriel, & dire, *la plûpart de ses amis l'ont*
abandonné, & non pas, *l'a abandonné*, mais
dans *j'ai trouvé une partie du pain mangé*,
il n'y a que l'usage seul qu'on puisse
donner pour raison.

Monsieur Menage ajoûte aux exemples de Monsieur de Vaugelas qu'il appelle *bizarres façons de parler*, les deux
exemples qui suivent. *Il trouva une par-*
tie de ses hommes morts, *& l'autre malade.*
De deux mille hommes qu'ils étoient, *six*
cens demeurerent sur la place, *& le reste*
se sauva par la connoissance qu'ils avoient du
païs. Il dit que pour parler regulicre-
ment, il faudroit dire, *Il trouva une par-*
tie de ses hommes morte; *par la connoissance*
qu'il avoit du païs; mais que ce seroit
parler Allemand en François que de parler de la sorte.

Quoi qu'il faille dire *la plûpart des*
hommes font, parce que dans ces sortes
de phrases, c'est le génitif singulier ou
pluriel qui détermine le verbe à être du
même nombre, on ne laisse pas de dire,
Une partie des ennemis prit la fuite, & je

croi même que c'eſt mieux parler que
de dire, *une partie des ennemis prirent la
fuite*, parce qu'*une partie* n'eſt pas un nom
qu'on puiſſe dire ſi collectif que la *plûpart*, mais je croi en même temps, que
quand au lieu de ce génitif *des ennemis*,
on met la particule relative *en*, on dit
également bien, *Il y en eut une partie qui
prit la fuite*, & *qui prirent la fuite*. La raiſon eſt que ces mots, *Il en eut*, offrent
à l'eſprit une maniere de pluriel dont il
ne perd point l'idée, & ce qui fait voir
cela, c'eſt qu'en ne mettant point *une
partie*, à quoi *qui prit* ſe doit rapporter,
il faut mettre neceſſairement le verbe
au pluriel, *Il y en eut qui prirent la fuite*,
c'eſt-à-dire, *Il y en eut pluſieurs qui prirent la fuite*, & comme *une partie* ſe prend
pour *pluſieurs*, on dit de même, *Il y en
eut une partie qui prirent la fuite*.

CCCLVII.

De la façon que j'ai dit.

C'Eſt ainſi qu'il faut dire, & non
pas *de la façon que j'ai dite*, quoique ſelon la Règle il le faudroit faire
feminin. Il y en a toûjours qui croyent
que l'un & l'autre eſt bon, mais j'ap-
prends qu'ils ſe trompent. En cet exemple, ces paroles *de la façon que*, ſont

comme *adverbiales*, & ont le même
sens que si l'on disoit *comme j'ai dit*.
Il s'en rencontre quelquefois d'autres de cette nature, dont je ne me
souviens pas maintenant, où il en faut
user de même.

NOTE.

De la façon que signifie simplement *com-*
me, & cela étant, il faut dire, *de la façon*
que j'ai dit, & non pas *que j'ai dite*, car
pour mettre le participe de *dire* au féminin, il faudroit que la particule relative *que* fût relative à *façon*, *de la façon*
laquelle j'ai dite, & dans cette phrase *que*
ne se résout point par *laquelle*. On y
sous-entend le relatif *le* ; c'est comme si
on disoit *de la façon que je l'ai dit*, & *le*
étant masculin, il faut mettre *dit*, &
non pas *dite*, par la regle établie dans
une autre Remarque, que toutes les fois
qu'un accusatif relatif est devant le verbe qui le regit, il faut que le participe
de ce verbe s'accorde en genre & en
nombre relatif. *Le Livre qu'il a lû*, *les*
Lettres que j'ai reçûës. *Je l'ai trouvé, je l'ai*
trouvée, *je les ai trouvez*, *je les ai trouvées*.
La particule *que* dans, *de la façon que j'ai*
dit, n'est pas plus relative, c'est-à-dire,
ne s'exprime non plus par *laquelle*, que
dans cette phrase, *de la façon qu'on m'a*
dit la chose, & il n'y a personne qui ne

voye qu'on ne fçauroit dire, *de la façon qu'on m'a dite la chofe*, que ne fe réfolvant point par *laquelle*, puifqu'on ne diroit pas, *de la façon laquelle on m'a dit la chofe*, ce qui fait connoître clairement que *de la façon que j'ai dit* eft mis pour, *de la façon que je l'ai dit*.

CCCLVII.

Il se vient justifier, il vient se justifier.

CEtte remarque eft de grande éten-duë, car à tous propos il s'offre occafion de dire l'un ou l'autre en d'autres exemples, que celui que je viens de propofer, comme, *je ne le veux pas faire*, ou *je ne veux pas le faire*, *ils me vont blâmer*, ou *ils vont me blâmer*, & ainfi d'une infinité d'autres, où l'on employe les pronoms perfonnels. Il s'agit donc de fçavoir fi tous deux font bons, & cela étant, lequel eft le meilleur. On répond que tous deux font bons, mais que fi celui-là doit être appellé le meilleur qui eft le plus en ufage, *je ne le veux pas faire*, fera meilleur que *je ne veux pas le faire*, parce qu'il eft incomparablement plus

uſité. M. Coëffeteau obſervoit ordinairement le contraire, & mettoit le
pronom auprès de l'infinitif, parce que
faiſant profeſſion d'une grande netteté
de ſtile, il trouvoit que la conſtruction en étoit plus nette & plus regu-
liere; mais il y a plus de grace, ce
me ſemble, en cette tranſpoſition,
puiſque l'uſage l'autoriſe, ſuivant ce
qui a été dit en la Remarque, qui a
pour titre, *Une partie du pain mangé.*
Une des principales beautez du Grec
& du Latin conſiſte en ces tranſpoſitions, & comme elles ſont fort rares
en notre Langue, ſur tout en Proſe,
elles en ſont plus agréables.

N O T E.

Je croi que l'oreille ſeule décide dans
toutes les façons de parler pareilles à celles qui ſont employées dans cette Remarque. Ainſi *je ne le veux pas faire* eſt
meilleur que *je ne veux pas le faire*, parce
qu'il ſonne mieux à l'oreille. Par cette
même raiſon je dirois que, *celui que je*
viens de vous nommer, pluſtôt que, *celui*
que je vous viens de nommer, à cauſe de
la rudeſſe de ces deux mots, *vous viens,*
qui ne ſont ſéparez par aucun autre. Il
y a pourtant des occaſions, où non-ſeu-

SUR LA LANGUE FRANÇOISE. 395

lement *il vient fe juſtifier* eſt meilleur,
que *il fe vient juſtifier*, mais ou ce dernier
feroit une faute. Ainſi il ne faut pas dire,
il fe vint juſtifier, & répondre aux accuſa-
tions qu'on lui avoit faites. La raiſon eſt
que ces premiers mots *il fe vint*, ne fe
rapportent pas moins à *répondre* qu'à *juſ-*
tifier, & qu'on trouve dans cette phraſe,
il fe vint répondre qui eſt mal, parce que
le pronom *fe* y eſt ſuperflu ; comme on
y trouve, *il fe vint juſtifier* qui eſt bien,
parce que le pronom *fe* y eſt gouverné
par *juſtifier*. On connoît par-là que la
tranſpoſition du pronom perſonnel *fe* eſt
vicieuſe, & qu'il faut dire, *Il vint fe juſ-*
tifier, & répondre aux accuſations, &c.
auquel cas *il vint* fait une conſtruction
correcte, & s'accommode auſſi bien avec
répondre, qu'avec *fe juſtifier.* De même il
n'eſt pas quelquefois indifferent d'écrire,
Je lui pouvois reprocher, ou quelque choſe
ſemblable, ou de mettre, *Je pouvois lui*
reprocher. En voici un exemple. *Je lui*
pouvois reprocher beaucoup de choſes, & dé-
couvrir la trahiſon qu'il m'avoit faite, mais
je crus qu'il valoit mieux, &c. Il y a là
une conſtruction fort défectueuſe, parce
que ces mots *Je lui pouvois* fe rapportent
auſſi-bien à *découvrir* qu'à *reprocher*, &
il eſt aiſé de voir que mon intention
n'eſt pas de dire, *Je lui pouvois découvrir*
la trahiſon qu'il m'avoit faite, mais ſeulement, *Je pouvois la découvrir à tout le monde,*
de ſorte que pour rendre la conſtruction

correcte, & empêcher que l'esprit ne prenne une fausse idée, il faut dire, *Je pouvois lui reprocher beaucoup de choses, & découvrir la trahison qu'il m'avoit faite.*

CCCLVIII.

Vieil, vieux.

TOus deux sont bons, mais non pas indifferemment; car *vieil*, ne se doit jamais mettre à la fin des mots, ni devant les substantifs, qui commencent par une consone, comme on ne dira pas, *c'est un homme vieil, c'est un habit vieil*, quoi qu'à Paris plusieurs disent, *du vin vieil*, mais mal. On ne dira pas non plus, *c'est un vieil garçon, c'est un vieil manteau*, mais *un homme vieux, un habit vieux, du vin vieux, un vieux garçon, un vieux manteau.* Le seul usage donc de *vieil*, est devant les substantifs, qui commencent par une voyelle, comme *un vieil homme, un vieil ami, un vieil habit*, &c. Ce n'est pas qu'on ne die aussi *un vieux homme, un vieux ami, un vieux habit*, mais *vieil*, y est beaucoup meilleur.

NOTE.

Monſieur Menage dit que ceux de nos Anciens qui ont le mieux écrit, on dit *vieil* devant une conſone auſſi-bien que devant une voyelle, que depuis on a dit *vieil* devant une voyelle, & *vieux* devant une conſone, mais qu'à preſent on dit toûjours *vieux*. Quoiqu'on le diſe devant pluſieurs mots qui commencent par une voyelle, dont Monſieur Menage rapporte ces deux exemples de Monſieur Maynard.

A Plote le vieux Eſclave, &c.
Un Rimeur vieux & Gaſcon, &c.

Je croi que *vieil* eſt beaucoup meilleur devant *homme*, *habit*, *ami*, & autres ſemblables. Ce qu'il y a de certain, c'eſt qu'il faut dire *dépoüiller le vieil homme, dépoüiller le vieil Adam*, & non pas, *dépoüiller le vieux homme, le vieux Adam*. *Vieils* au pluriel n'a point d'uſage, on dit *vieux*, comme en ce proverbe, qui n'eſt bon qu'au pluriel, *vieux amis & vieux écus*.

Le Pere Bouhours fait une remarque fort juſte ſur le mot de *vieux*. Il dit qu'il diffère du mot d'*ancien*, en ce qu'on ne dit pas, *Il eſt plus ancien que moi*; pour dire préciſément, *Il eſt plus âgé que moi*, & qu'*ancien* a rapport au ſiécle, & non pas à l'âge. Ainſi on dit qu'*Ariſtote eſt plus ancien que Ciceron*, parce qu'il vivoit dans un siécle qui précédoit de beaucoup celui où Ciceron vivoit. On dit au contraire, *Ciceron étoit plus vieux que Virgile*, parce qu'il avoit plus d'âge, & qu'il vivoit dans le même siécle. *Il est mon ancien dans le Parlement*, veut dire, *Il est reçû avant moi.* quoiqu'il soit peut-être plus jeune que moi. On dit aussi *une Maison ancienne*, quand on parle de la Famille, & *une vieille maison*, quand on parle des bâtimens. Toutes ces Remarques sont du Pere Bouhours, qui dans un autre Chapitre observe qu'il y a beaucoup de difference entre *antiquité* & *ancienneté*. Il fait remarquer qu'*antiquité* se prend d'ordinaire, pour les siécles passez, *les Héros de l'antiqulté*, pour les ouvrages, & quelquefois pour les personnes des siécles passez, *Ce sont des restes de l'antiquité ; cela sent sa bonne antiquité, on peut opposer les deux Scaligers à la plus sçavante antiquité*, & qu'on s'en sert aussi pour signifier d'anciens monumens, *Les antiquitez d'une Ville, les antiquitez Romaines.* Il dit ensuite qu'*ancienneté* dans sa propre signification marque le temps qu'il y a qu'une personne est reçuë en une charge ou en une societé, *Son ancienneté le fait passer devant les autres. C'est l'ancienneté qui règle les rangs, le droit d'ancienneté.* Il ajoûte qu'il se dit en général des Maisons & des Familles, *l'ancienneté des Maisons est une des principales marques*

de leur Nobleſſe; *cette Famille dont la gran-*
deur & l'ancienneté ſont connuës , & qu'on
dit auſſi *de toute ancienneté* pour dire *de*
tout temps. Il obſerve ailleurs qu'en matière de Médailles, de Statuës, de Tableaux, & même d'Architecture, *anti-*
que s'employe comme ſubſtantif, *une an-*
tique , *de belles antiques* , *les beautez de*
l'antique , & comme adjectif, *les eſtampes*
que nous voyons des choſes antiques , *dans*
les Statuës antiques , *dans les plus beaux*
reliefs antiques : quand je penſe à ces bâti-
mens antiques dont &c. Il fait encore remarquer, qu'on dit *un habit à l'antique* ,
un habit antique , *un air antique* , pour dire
un habit , *un air du vieux temps* , & que
Loix antiques , eſt une phraſe conſacrée
pour ſignifier les Loix des Viſigots, des
Bourguignons, des Francs, &c. recuëil-
lies enſemble , parce qu'en parlant des
autres Loix Romaines, Françoiſes, &c.
de quelque temps qu'elles ſoient , il faut
dire *Loix anciennes* , comme *Coûtumes an-*
ciennes , *Ceremonies anciennes.* Je ne parle
point *d'antique* employé en Vers, où il a
ſouvent plus de grace qu'*ancien.*

Vers les ſables brûlans de l'Africain
    rivage ,
Furent les murs hautains de l'antique
    Carthage.

CCCLIX.

Cymbales , tymbales , hemiſtiches.

CEs deux premiers mots ſont toûjours féminins , *des cymbales ſonantes. Hemiſtiche ,* qui ſignifie un demi-vers , eſt toûjours maſculin , *un hemiſtiche.*

NOTE.

Le genre de ces trois mots n'eſt conteſté de perſonne. Les deux premiers ſont féminins , & le dernier maſculin.

CCCLX.

Deux ou pluſieurs pluriels ſuivis d'un ſingulier avec la conjonction & , devant le verbe , comment ils régiſſent le verbe.

L'Exemple le va faire entendre, *Non ſeulement tous ſes honneurs & toutes ſes richeſſes , mais toute ſa vertu s'évanoüirent.* Quelques - uns ont ſoûtenu que c'étoit bien dit , à cauſe des pluriels & de pluſieurs choſes qui précédent le verbe ; car quand il n'y auroit que

que des singuliers, étant de diverse nature, & joints par la conjonction &,
ils régiroient toûjours le pluriel, donc
à plus forte raison y ayant des pluriels.
Néanmoins la pluspart ne sont pas de
cet avis, & tiennent qu'assurément il
faut dire, *non seulement tous ses honneurs & toutes ses richesses, mais toute
sa vertu s'évanoüit*, non pas à cause de
vertu, qui est au singulier, & le plus
proche du verbe *s'évanoüit* ; car il n'y a
point de doute qu'il faudroit dire *ses
honneurs, ses richesses & sa vertu s'évanoüirent*, & non pas *s'évanoüit*, quoique
vertu en cet exemple soit au singulier,
proche du verbe, comme en l'autre ;
mais cela procede, si je ne me trompe,
de deux raisons, l'une que l'adjectif *tout*,
comme c'est un mot collectif, & qui réduit les choses à l'unité, quand il est immédiatement devant le verbe au singulier, il demande nécessairement le singulier du verbe qui le suit, nonobstant
tous les pluriels qui le precédent ; &
pour le faire voir plus clairement, ser-
vons-nous du même exemple, & di-
sons, *tous ses honneurs, toutes ses richesses
& toute sa vertu s'évanouirent.* Il est cer-

tain que prefque tous ceux qui font
fçavans en notre Langue, condamnent
cette façon de parler , & foûtiennent
qu'il faut dire , *s'évanoüit*, quoiqu'ils
ne doutent point qu'en l'autre exemple
il ne faille dire , *fes honneurs , fes richef-*
fes & fa vertu s'évanouirent. Il n'y a
donc que l'adjectif *tout*, qui caufe cette
différence. La feconde raifon meilleure
encore que la premiere , eft que la particule *mais* , qui eft au premier exemple , fépare en quelque façon ce membre de celui qui le précéde, & rompant
la premiere conftruction des pluriels ,
en demande une particuliere pour elle,
qui eft le fingulier , ce *mais* fervant
comme d'une barriere entre deux , &
d'un obftacle pour empêcher la com-
munication & l'influence des pluriels
fur le verbe. Quoi qu'il en foit , & à
quelque caufe qu'on l'attribuë , l'Ufage le fait ainfi dire prefque à tout le
monde , & les femmes que j'ai conful-
tées là-deffus , à l'imitation de Ciceron , font toutes de cet avis , & ne
peuvent fouffrir , *non feulement toutes*
fes richeffes & tous fes honneurs , mais
toute fa vertu s'évanouirent. Que fi l'on

demande ce que deviendront ces pluriels , *tous ſes honneurs & toutes ſes ri-*
cheſſes , ſans aucun verbe qu'ils régiſſent , il faut répondre que l'on y ſous-
entend ce même verbe pluriel , *s'éva-*
nouirent , lequel néanmoins on n'exprime pas , pour n'être pas obligé de le
répéter deux fois , quand on le met
après *toute ſa vertu ;* car ſi l'on ne le
mettoit point à la fin , on diroit fort
bien , *non ſeulement tous ſes honneurs &*
toutes ſes richeſſes s'évanouirent , mais
toute ſa vertu , il faudroit ſous-entendre
s'évanouit. Mais il eſt beaucoup plus
élégant de le ſous - entendre en cet
exemple après les pluriels , qu'après le
ſingulier.

N O T E.

C'eſt aſſûrément à cauſe de *mais ,* qui
en commençant le ſecond membre de la
période fait ſous-entendre *s'évanouirent*
dans le premier , qu'il faut dire , *non-ſeu-*
lement tous ſes honneurs , & toutes ſes ri-
cheſſes , mais toute ſa vertu s'évanouit. Ce
n'eſt pas la même choſe quand on met
la conjonction *&* au lieu de *mais* , &
je ne croi pas qu'il fût permis de dire
tous ſes honneurs , toutes ſes richeſſes & toute
ſa vertu s'évanouit. Il me ſemble que l'ad-

jectif ne peut réduire affez les chofes à l'unité pour demander le fingulier du verbe qui le fuit, malgré les autres nominatifs pluriels qui le précédent. Diroit-on, *tout fon efprit, toute fa douceur & toute fa fermeté l'abandonna en cette occafion.* Il n'y a là que des finguliers qui veulent pourtant qu'on dife, *l'abandonnerent,* quoique *tout* foit employé dans cette phrafe comme il l'eft dans l'autre : & pourquoi des mots pluriels mis devant un mot collectif, ne regiroient-ils pas auffi le pluriel?

Monfieur de la Mothe le Vayer, qui ne dit rien contre, *non-feu'ement toutes fes richeffes & tous fes honneurs, mais toute fa vertu s'évanoüit,* ne fçauroit fouffrir, *tous fes honneurs, toutes fes richeffes & toute fa vertu s'évanoüit.* Voici comme il parle dans une de fes lettres des Remarques fur la Langue Françoife. *Tout cet article eft contre l'ufage auffi-bien que contre la raifon. Il n'eft pas vrai, comme l'affûre Monfieur de Vaugelas, que tous ceux qui font fçavans en notre Langue condamnent cette phrafe,* tous fes honneurs, toutes fes richeffes s'évanoüirent. *Il veut qu'on mette* s'évanoüit *au fingulier, ce qui feroit un parfait folécifme, à caufe que les pluriels* honneurs & richeffes *demeureroient fans conftruction & fans regime. L'oreille & l'efprit font fi fort bleffez quand on entend,* tous fes honneurs, toutes fes richeffes, & toute fa vertu s'évanoüit, *qu'en verité je n'ai*

pas trouvé un homme du métier d'écrire
& de bien parler, qui n'ait rejetté cette
élocution.

CCCLXI.

Trois substantifs, dont le premier
est masculin, & les deux autres
féminins, quel genre ils de-
mandent.

PArce que le genre masculin est le
plus noble, il prévaut tout seul
contre deux féminins, même quand ils
sont plus proches du régime. Par exemple, M. de Malherbe a dit,

L'air, la mer & la terre,
N'entretiennent-ils pas
Une secrette loi de se faire la guerre,
A qui de plus de mets fournira ses
repas ?

Il ne dit point, *n'entretiennent-elles pas.*
Et afin qu'on ne croye pas que ce
soit une licence poëtique, voici des
exemples en prose, *le travail, la con-*
duite & la fortune peuvent-ils pas élever
un homme ? Le travail, la conduite &,

la fortune joints enfemble, & non pas
jointes.

NOTE.

Il n'y a aucune conteftation dans les
exemples que Monfieur de Vaugelas rapporte. Ainfi le mafculin devant l'empor-
ter fur le féminin, parce que c'eft le
genre le plus noble, je dirois, *il trouva
l'étang & la riviere glacez.* Cela ne fait
aucune peine à l'oreille. Lorfque l'on entend *glacez* au pluriel, on connoît d'a-
bord que cet adjeftif ou participe prend
ce nombre à caufe qu'il fe rapporte à
deux finguliers qui le précédent, mais
il n'en va pas de même quand les fubftantifs font au pluriel. On ne s'attache
qu'au dernier des deux, lorfque l'adjectif n'en eft feparé par aucun mot, &
j'avoüe que je dirois, *il trouva les étangs
& les rivieres glacées*, & non pas, *les
étangs & les rivieres glacez.* La raifon eft,
que *glacez* étant auprès de *rivieres* qui
eft pluriel, on oublie en quelque forte,
que le mot *étangs* précéde *rivieres*, &
l'oreille fouffre à entendre dire *les rivieres glacez*, fans que *glacez* foit feparé de
rivieres par aucun mot, car quand il
fe trouve un ou plufieurs mots entre
le dernier fubftantif pluriel, féminin,
& l'adjeftif mafculin, l'oreille ne fouffre point, & l'on dit fort bien, *les étangs
& les rivieres qu'il trouva par tout glacez,
l'empêcherent de, &c.* Selon cette règle,

on parle fort bien en difant, *les honneurs & les graces qu'on me fit, furent enviez de beaucoup de monde.* C'eſt ce qui a été décidé depuis peu de jours dans une aſſemblée d'habiles gens où cet exemple fut propoſé. On demanda enſuite s'il falloit dire au prétérit défini dans ce même exemple, *les honneurs & les graces qu'on m'a faites,* ou bien *les honneurs & les graces qu'on m'a faits,* à cauſe que le participe *faits* qui eſt maſculin, eſt ſeparé par deux mots de *graces,* qui eſt le dernier adjectif féminin. Quelques-uns qui furent d'abord pour le participe maſculin, dirent enſuite qu'il falloit chercher un autre tour, mais ce n'étoit pas réſoudre la queſtion, c'étoit l'éluder. On tomba d'accord enfin qu'il falloit dire *les honneurs & les graces qu'on m'a faites,* & que *faites* n'étoit point cenſé être ſeparé de *graces,* parce que c'étoit la même choſe que ſi on diſoit, *les graces faites à moi.* On dit encore que l'adjectif n'étoit cenſé être ſeparé du ſubſtantif que quand le verbe auxiliaire *être* ou quelque autre, étoit entre deux, ce qu'on pouvoit remarquer dans ce même exemple où il falloit dire, *les honneurs & les graces qu'on m'a faites ont été fort enviez.* Il y a des conſtructions ſi particulieres dans notre langue, qu'on s'y trouve tous les jours embaraſſé, ſans qu'on en puiſſe donner de règles certaines.

CCCLXII.

Verbes qui doivent être mis au sub-
jonctif, & non à l'indicatif.

PAr exemple, *je ne crois pas que per-*
sonne puisse dire que je l'aye trompé,
il faut ainsi parler, & non pas, *que je*
l'ai trompé, en l'indicatif. La règle est
que quand il y a trois verbes dans une
période continuë, si le premier est accompagné d'une négative, les deux
autres qui suivent, doivent être mis au
subjonctif, comme sont en cet exemple, *puisse* & *je l'aye trompé*. Pour le
premier, je ne vois personne qui y
manque ; mais pour le second, plusieurs mettent l'indicatif pour le subjonctif, & disent, *je ne crois pas que*
personne puisse dire que je l'ai trompé, au
lieu de dire, *que je l'aye trompé*. C'est
une faute que fait d'ordinaire un de
nos meilleurs Ecrivains, & ce qui m'a
obligé de faire cette remarque, tant
pour empêcher qu'on ne l'imite en cela, que parce qu'il y a apparence que
puisqu'un si excellent Auteur y manque, d'autres y manqueront aussi.

NOTE.

N O T E.

Monſieur de Vaugelas n'a examiné que l'exemple propoſé dans cette remarque, lorſqu'il a donné pour règle que quand il y a trois verbes dans une période continuë, ſi le premier eſt accompagné d'une négative, les deux autres qui ſuivent doivent être mis au ſubjonctif. Si cette règle étoit vraie, il faudroit dire, *il ne ſçait pas qu'on diſe dans la ville qu'il ſoit un mal-honnête-homme*, ce qui ſeroit ridicule. Cependant voilà une période dans laquelle il ſe rencontre trois verbes, dont le premier eſt accompagné d'une négative, & il faut pourtant mettre les deux qui ſuivent à l'indicatif, & dire, *il ne ſçait pas qu'on dit dans la ville qu'il eſt un mal-honnête-homme*. Voici un autre exemple de trois verbes dans la même période, où quoique le premier ſoit ſans négative, les deux autres ne laiſſent pas d'être mis au ſubjonctif. *Il veut que je permette que mon fils faſſe le voyage d'Italie*. Cela fait voir que les verbes ne ſont mis au ſubjonctif que lorſqu'ils ſont précédez par d'autres verbes qui veulent qu'ils y ſoient mis. Ainſi comme *dire*, n'eſt point un de ceux qui demandent que le verbe qui les ſuit ſoit au ſubjonctif, il me ſemble qu'on parle bien en diſant, *je ne crois pas que perſonne puiſſe dire que je*

J'ai trompé, quoique l'on puisse aussi fort
bien dire, *que je l'aie trompé*. Il faut en
cela consulter l'usage. Le verbe *croire*
accompagné d'une négative gouverne le
subjonctif, *je ne croi pas que personne puisse
dire*, & sans négative il demande l'indicatif, *Je croi que tu ne peux m'accuser*,
&c. Dans la seconde & troisiéme personne il gouverne indifferemment l'indicatif ou le subjonctif, & l'on dit également bien, *tu crois, il croit que je suis
de ses amis*, &, *tu crois, il croit que je sois
de ses amis*. C'est la même chose dans
l'imparfait, *je croyois qu'il étoit de tes amis.
Je croyois qu'il fût de tes amis*. Au préterit défini ainsi qu'à l'indéfini, il ne gouverne que l'indicatif ; *J'ai crû, je crûs
qu'il étoit de tes amis*, & l'on ne peut
dire, *j'ai crû qu'il fût de tes amis*.

Après *il semble*, on peut mettre le verbe
à l'indicatif ou au subjonctif, & on dit
également bien, *il semble que tout soit fait
pour me nuire, il semble que tout est fait
pour me nuire*. Monsieur Menage qui
trouve la derniere expression plus naturelle & plus Françoise, fait remarquer
que quand on dit, *il me semble* au lieu
de *il semble*, il faut mettre necessairement le verbe qui suit à l'indicatif. On
dit, *il me semble que cette femme est belle*,
& on ne peut dire au subjonctif, *il me
semble que cette femme soit belle*. Cette difference est particuliere.

Le verbe doit être toujours mis au subjonctif après, *rien qui & personne qui. Il n'y a rienqui soit plus dégoûtant ; je ne connois personne qui fasse plus de cas des habiles gens.* Cela arrive en beaucoup de manières de parler, après les verbes qui sont accompagnez d'une négative. On met aussi le verbe au subjonctif plustôt qu'à l'indicatif, quand un comparatif le précéde, & il me semble qu'il est mieux de dire, *la meilleure raison que vous puissiez me donner,* que, *la meilleure raison que vous pouvez me donner.*

La plûpart des Parisiens en mettant le verbe à l'imparfait du subjonctif, retranchent la derniere syllabe de la premiere personne, ce qui est une faute. Ils disent par exemple, *il croyoit que je fûs d'intelligence avec lui, il vouloit que je fîs des choses qui me repugnoient ; il consentoit que je m'appuyas de son autorité.* Il faut dire, *il croyoit que je fusse, il vouloit que je fisse, il consentoit que je m'appuyasse.*

Le verbe *vouloir* qui fait au present du subjonctif, *que je veuille, que tu veuilles, qu'il veuille,* emprunte au pluriel les deux premieres personnes de l'imparfait de l'indicatif. On dit, *il ne peut croire que nous voulions lui resister,* & non pas *que nous veuillions. Si vous cherchez à vous corriger, & que vous vouliez vous mettre dans la bonne voye,* & non pas, *que vous veuilliez.* Plusieurs personnes donnent le même usage au verbe *faire,* & disent *pourvû que nous faisions, il veut que vous faisiez ce qu'il dit.* C'est mal parler ; il faut dire, *pourvû que nous fassions, il veut que vous fassiez, &c.*

Il me reste à parler d'une autre faute dont on ne s'apperçoit que dans ce qui est écrit, parce que la prononciation ne la fait pas remarquer. Par exemple quelques-uns écrivent, & je l'ai vû souvent imprimé, *quoiqu'il trouva fort mauvais qu'on lui tînt de tels discours, il ne voulut pas le faire connoître.* On doit écrire *il trouva*, quand on employe la troisiéme personne du prétérit indéfini, *il trouva tous ses amis assemblez* ; mais quand on le met à la troisiéme personne de l'imparfait du subjonctif, comme dans l'exemple que je viens de proposer, il faut écrire *trouvast* avec un *st, quoiqu'il trouvast fort mauvais.* Il en est de même de *tint* qui suit, il faut écrire *tinst* avec *st*, parce qu'il est au subjonctif, & que *tint* sans *s*, est la troisiéme personne du prétérit indéfini, *je tins, tu tins, il tint*, au lieu que dans *il trouva mauvais qu'on lui tinst de tels discours ; tinst* est la troisiéme personne de l'imparfait du subjonctif, où il faut toûjours une *s, que je tinsse, que tu tinsses, qu'il tinst.* On dit de même, *après qu'il eut fait*, sans *s*, parce que *eut* est la troisiéme personne de, *j'eus*, ces mots *après que* ne gouvernant point le subjonctif, & il faut dire, *quoiqu'il eust fait* avec une *s*, parce que *eust*, dans cette phrase, est la troisiéme personne de l'im-

parfait du subjonctif, *j'eusse*. Pour sçavoir quand il faut écrire *il eut* ou *il eust*,
comme en ces deux exemples où beau-
coup de gens se trompent, *si tôt qu'il eut dit*,
il en eût dit davantage si, &c. il faut mettre
le verbe à la premiere personne. S'il y a
j'eus, comme il se trouve dans, *si tôt que j'eus*
dit, il faut mettre *eut* sans *s* à la troisiéme
personne, *si-tôt qu'il eut dit*. S'il y a *j'eusse*
à la premiere personne, comme il se
trouve dans, *j'en eusse dit davantage*, il
faut mettre *eût* avec une *s*, à la troisiéme, *il en eût dit davantage*. On peut observer la même chose en quantité d'autres verbes, pour être assûré s'il faut
écrire, par exemple *il fut* ou *il fust*; *il*
vint ou *il vinst*. Cela dépend de la premiere personne selon qu'on y trouve,
je fus, ou *je fusse*; *je vins*, ou *je vinsse*.

Il n'y a qu'un verbe dans toute la
Langue qui se mette au subjonctif, sans
qu'aucun autre mot le précede. C'est
sçavoir, accompagné au present d'une
négative. On dit, *je ne sçache rien de plus*
fâcheux, *je ne sçache personne si peu avisé*
qui veuille, &c. Ce qu'il y a de particulier, c'est que cette manière de parler
n'a lieu que dans la premiere personne,
car on ne dit point, *tu ne sçaches rien*,
il ne sçache rien. Dans cette phrase, *je*
ne sçache est mis pour *je ne connois*, comme l'imparfait du subjonctif de ce même verbe se met pour le present de
pouvoir. *Je ne sçaurois m'empêcher de vous*

faire connoître, pour dire , *je ne puis m'empê-cher , &c.*

CCCLXIII.

Envoyer.

ON demande s'il faut dire , par exemple , *il envoya son fils au de-vant de lui pour l'assurer , &c.* ou bien , *il envoya son fils au-devant de lui l'assu-rer* , sans *pour.* On répond que l'un & l'autre est bon ; mais la question ayant été proposée à des gens capables de la résoudre , les autres ont crû qu'il étoit plus naturel de mettre *pour*, & les autres plus élégant de le supprimer.

NOTE.

Je ne sçai s'il y a de l'élégance à sup-primer *pour* dans l'exemple de Monsieur de Vaugelas. Il est certain que l'on dit fort bien , *il envoya son fils l'assûrer* , mais comme , *il envoya* ne s'accommode pas avec toutes sortes d'infinitifs , puis-qu'on ne peut dire , *il envoya son fils au-devant de lui l'empêcher de venir*, & qu'il faut dire necessairement *pour l'empêcher de venir*, je dirois aussi, *pour l'assûrer*. Il y en a qui font assez ordinairement une faute en faisant gouverner le datif de la personne au verbe *assûrer*. Ils disent par exemple , *il lui assûra que les en-nemis étoient au nombre de quinze mille hommes*. Il faut dire , *il l'assûra*. Ce qui les trompe , c'est que de même qu'on dit , *il m'a écrit* , *il lui a écrit* , *il m'a dit* , *il lui a dit* , ils croyent que parce qu'on dit , *il m'a assûré, que les ennemis, &c.* on peut aussi dire *il lui a assûré que, &c.* Mais ils ne prennent pas garde que dans *il m'a écrit* , *il m'a dit* , le pronom personnel *me* est au datif, *il a écrit à moi* , *il a dit à moi* , ce qui oblige à dire , *il lui a écrit* , *il a écrit à lui*, & que dans *il m'a assûré*, ce même pronom *me* est à l'accusatif , *il a assûré moi*, ce qui empêche qu'on ne puisse dire *il lui a assûré*, quoique l'on dise fort bien *il m'a assûré*.

CCCLXIV.

Après six mois de temps écoulez.

CEtte Remarque est presque sem-blable à celle qui a pour titre ; *Une partie du pain mangé*. La question est s'il faut dire , *Après six mois de temps écoulez* , ou *après six mois de temps écoulé*. On tient que l'un & l'au-tre est bon , mais que le premier est le plus grammatical , & le second plus élégant.

Mm iiij

N O T E.

Non-feulement je ne croi point qu'il foit plus élégant de dire, *après fix mois de temps écoulé*, mais je fuis perfuadé que c'eft une faute. La raifon eft que l'adjectif *écoulez*, fe rapporte uniquement à *fix mois*, fans avoir égard à *temps*, ce génitif étant inutile, & la phrafe fubfiftant quand on le fupprimeroit, *après fix mois écoulez*. Il n'en eft pas de même de cette autre phrafe, *une partie du pain mangé*. Voilà un génitif qu'on n'en peut ôter, & comme *le pain* eft l'unique fubftantif que l'on confidere en cette phrafe, puifqu'on ne peut dire, *une partie*, fans expliquer de quoi eft cette partie, l'adjectif doit fe rapporter à *pain*. On dira de même, *il y eut une partie des citrons mangez, il y eut une partie des liqueurs bûës*. Dans toutes ces phrafes, l'adjectif s'accommode en genre & en nombre avec les chofes qui y font marquées, & non pas avec *une partie*, qui eft un mot qu'on ne peut employer feul, ou du moins fans relatif. Je croi même que quand *une partie* eft avec un relatif, il faut faire rapporter l'adjectif qui fuit, à ce qui eft fignifié par ce relatif, & non pas à *une partie*, & qu'on doit dire, *On apporta un grand baffin de citrons, il y en eut une partie de mangez*, pluftôt que, *il y en eut une partie mangée* ou *de mangée*.

Ce qui me convainc qu'on ne sçauroit dire *après six mois de temps écoulé*, c'est qu'en d'autres phrases de cette nature où il y a un génitif que l'on pourroit supprimer, l'adjectif ne se rapporte jamais à ce génitif. Ainsi on ne peut dire, *après trois heures du jour employé à la promenade, après trois jours de la semaine passée en plaisirs*. Il faut dire, *trois heures du jour employées à la promenade, trois jours de la semaine passez en plaisirs*.

CCCXVI.

Accoûtumance.

CE mot commence à vieillir. Au lieu d'*accoûtumance*, on dit maintenant *coûtume*, quoique ce soit un mot équivoque, & qu'*accoûtumance* exprime bien mieux & uniquement ce qu'il signifie. Mais il n'y a point de raison contre l'Usage.

NOTE.

Monsieur de la Mothe le Vayer ne peut souffrir que Monsieur de Vaugelas préfére *coûtume* à *accoûtumance*, & qu'il dise qu'*accoûtumance* commence à vieillir, après avoir dit qu'il exprime mieux & uniquement ce qu'il signifie. Monsieur Chapelain prétend qu'on n'employe *coû-*

tume, au lieu d'*accoûtumance*, que selon l'application que l'on en fait, & que ces deux mots ne signifient pas toûjours la même chose. Il dit qu'*un amour d'accoûtumance* est une affection contractée avec une personne à force de la voir, & qu'*un amour de coûtume* est une affection, comme qui diroit à la mode, comme on a accoûtumé d'aimer, à la différence des amours qui ne se font pas à l'ordinaire. Il ajoûte que quand ils se prendroient pour une même chose, le vrai sens donné à l'amour d'accoûtumance est mieux, & plus proprement exprimé par *accoûtumance* que par *coûtume*.

Selon le Pere Bouhours *accoûtumance* qui commençoit à vieillir du temps de Monsieur de Vaugelas, s'est rétabli peu à peu. Je sçai que plusieurs bons Ecrivains s'en servent, mais *habitude* me paroît plus doux, & je dirois plustôt, *il fait cela par habitude*, *il a une mauvaise habitude*, que de dire, *il fait cela par accoûtumance*, *il a une mauvaise accoûtumance*.

Il y a une chose remarquable dans le verbe *accoûtumer*, selon qu'il est joint avec les verbes auxiliaires *avoir* ou *être*. Quand il est avec *avoir*, il demande que la particule *de* précede l'infinitif qui le suit, *j'ai accoûtumé de faire*, *ils ont accoûtumé d'aller tous les ans à la campagne*, & quand il est avec *être*, il demande la particule *à*, *je suis accoûtumé à souffrir*,

il eſt accoûtumé à vivre en retraite. Il eſt
vrai que l'on peut dire que ce ſont deux
verbes, differens en quelque ſorte; s'accoûtumer gouverne toujours à, je m'accoûtume à prendre les choſes comme elles viennent; il s'accoûtumoit à mener une vie plus
relâchée, & avoir accoûtumé gouverne toûjours de, il avoit accoûtumé de pouſſer à
bout les mauvais plaiſans. Ainſi Voiture n'a
pas bien parlé quand il a dit, il vous importe de vous accoûtumer de haïr l'injuſtice,
au lieu de dire, il vous importe de vous accoûtumer à haïr l'injuſtice. La cacophonie
que font les deux a qui ſe ſuivent dans
à haïr, n'eſt point ici à conſiderer.

C C C L X V I.

D'avanture.

AVanture eſt un fort bon mot
en divers ſens; mais l'adverbe
qui en eſt compoſé, d'avanture, pour
ſignifier par hazard, de fortune, n'eſt
plus gueres en uſage parmi les excellens Ecrivains. Par avanture pour
peut-être, commence auſſi à devenir
vieux, quoiqu'il y ait encore de fort
bons Auteurs qui s'en ſervent dans des
ouvrages d'éloquence. Je ne le voudrois pas faire, étant bien aſſuré qu'il

vieillit. On dit bien, *un mal d'avan-*
ture ; mais là il n'eſt pas adverbe, il
eſt nom.

N O T E.

Monſieur de la Mothe le Vayer ne
veut point bannir *d'avanture*. Monſieur
Chapelain obſerve qu'on dit encore *par*
cas d'avanture , pour *par rencontre* , *par*
un accident fortuit , *inopiné*, mais il le traite
de vieux. On a déja remarqué que *d'a-*
vanture pour ſignifier *par hazard* , ne ſe
dit plus du tout, ni *par avanture* pour
dire *peut-être*.

CCCLXVII.

Le peu d'affection qu'il m'a
témoigné.

ON diſputoit (1) s'il falloit dire,
le peu d'affection qu'il m'a témoigné,
ou *le peu d'affection qu'il m'a témoignée*.
Quelques-uns étoient de l'avis du ſecond , & de dire , *témoignée* , au féminin , le rapportant à *affection* ; mais la
pluſpart le condamnerent tout-à-fait,
ſoûtenant qu'il falloit dire *témoigné* au

_____

(1) *Le peu d'affection qu'il m'a témoignée.*]
Ce n'eſt pas une queſtion, & *témoignee* ne
vaut rien du tout.

mafculin, qui fe rapporte à *le peu*, &
certainement il n'y en a gueres à qui je
l'aye demandé depuis, qui n'ayent été
de cette opinion. Il en eſt de même de
tous les adverbes de quantité, *plus*,
moins, *beaucoup*, *autant*, *&c.* comme,
J'ai plus perdu de piſtoles en un jour,
que vous n'en avez gagné en toute votre
vie, & non pas *gagnées*, parce que
gagné, fe rapporte à *plus*, & non pas
à *piſtoles*. Il en eſt de même des autres, que j'ai marquez. Ceux même
qui croyent que *témoignée* ſoit bien
dit, demeurent d'accord, que l'autre
eſt bon auſſi ; c'eſt pourquoi on ne
peut manquer de dire *témoigné*, & ce
ne ſeroit pas fagement fait de riſquer
une choſe, quand on s'en peut aſſû-
rer. Il y a encore dans la prochaine
Remarque une raiſon convaincante,
par laquelle il faut dire *témoigné*,& non
pas *témoignée*.

N O T E.

Monſieur de la Mothe le Vayer prétend qu'on ne riſque rien en diſant *le*
peu d'affection qu'il m'a témoignée, quoiqu'on diſe fort bien *témoigné*. Pour moi,
je voudrois dire *témoigné*, *le peu de bonté*

qu'il a eu pour son ami, & non pas, *qu'il
a euë*, mais je ne voudrois pas établir
pour règle, que toutes les fois qu'il y a
un substantif joint avec *le peu*, le relatif
qui suit doit se rapporter à *le peu*, &
non au substantif. Il s'y rapporte à la
verité par un usage dont on ne peut
rendre raison, quand le substantif est au
singulier. *Le peu d'affection qu'il m'a témoigné ; le peu de bonté qu'il a eu pour moi*,
c'est comme si on disoit, *lequel peu d'affection*, *lequel peu de bonté*, mais il n'en
est pas de même quand le substantif
est au pluriel. Il faut dire *le peu d'amis
que j'ai trouvez, le peu de visites que j'ai
reçûës*, & non pas, *le peu d'amis que j'ai
trouvé, le peu de visites que j'ai reçû*. Si
l'on prétend qu'il le faille dire, & que
dans ces deux exemples le relatif *que*
doive se rapporter à *le peu*, & non pas
à *amis* & à *visites*, comme il se rapporte
à *le peu* dans les deux exemples où le
substantif est au singulier, il faudra que
l'on m'accorde que ce relatif *que* qui est
à l'accusatif & qu'on veut qui se rapporte à *le peu*, doit aussi s'y rapporter
quand il sera mis au nominatif. Ainsi
il faudra dire suivant cette règle, *le peu
d'amis qui m'a offert son service, le peu de
visites qui m'a été rendu*, ce qui seroit
ridiculë. Je suis surpris que pour faire
voir qu'il faut dire *le peu d'affection qu'il
m'a témoigné*, Monsieur de Vaugelas rapporte un exemple qui n'est point du

tout dans le même cas. Cet exemple est,
*j'ai perdu plus de piſtoles en un jour que vous
n'en avez gagné en toute votre vie.* Il n'y
a aucun doute qu'il faut dire *gagné*, &
non pas *gagnées*. Il faudroit dire *gagnées*,
ſi *que* relatif étoit l'accuſatif du verbe
qui le ſuivroit, comme en cet exemple,
*je viens de perdre toutes les piſtoles que
j'avois gagnées ce matin*, c'eſt-à-dire *leſquelles j'avois gagnées*, mais dans celui
de Monſieur de Vaugelas, non-ſeule-
ment *que* n'eſt point relatif, & par conſequent il ne peut être l'accuſatif du
verbe qui ſuit, mais ce verbe qui eſt
après *que*, a le relatif *en* pour accuſatif,
lequel relatif ne demande point que le
participe *gagné* s'accorde en genre & en
nomdre avec le ſubſtantif *piſtoles*, dont
il tient la place. Dans cette phraſe *j'ai
plus de piſtoles que vous n'en avez gagné*,
on veut dire *que vous n'avez gagné de
piſtoles*, & il ne s'y trouve point de *que*
relatif qui ſe puiſſe réſoudre, par *lequel*
ou *laquelle*, auquel cas, c'eſt-à-dire
quand il s'y réſout, le participe doit s'ac-
corder en genre & en nombre avec le
ſubſtantif, dont *que* relatif tient la place,
les piſtoles que j'ai gagnées.

CCCLXVIII.

L'article indéfini ne reçoit jamais
après soi le pronom relatif, ou
le pronom relatif ne se rapporte
jamais au nom qui n'a que l'ar-
ticle indéfini.

EXemple, *il a été blessé d'un coup*
de fléche, qui étoit empoisonnée. Ce
seroit mal parler, parce que *fléche*,
n'est regi que d'un article indéfini,
qui est *de*, & à cause de cela le pronom
relatif *qui*, ne sçauroit se rapporter à
fléche. Mais s'il y avoit, *il a été blessé*
de la fléche, qui étoit empoisonnée, alors
ce seroit fort bien dit, parce qu'en
cet exemple, *fléche*, a un article (1)
défini, qui est *de la*, auquel le pronom
qui, en tous les cas & en tous les
nombres se rapporte parfaitement bien.
A quoi il faut ajoûter que le pronom
un, ou *ce, cette, ces*, & autres sem-

[1] *Fléche a un art. défini.*] Voyez la
Grammaire générale c. 9. en l'examen de
cette regle p. 75. où elle est admirablement
éclaircie.

blables

blables avec l'article indéfini, valent
autant que l'article défini; comme,
il a été bleffé d'une flèche qui étoit empoi-
fonnée, fe dit tout de même que, *il a été*
bleffé de la flèche qui,&c. le pronom *une*,
équipolant l'article *la*. Donc fuivant
cette règle, qui ne fouffre jamais d'exception, on ne peut pas dire, *le peu d'af-*
feƈtion qu'il m'a témoignée, parce que
témoignée & *que* qui eft devant *il*, fe
rapporteroient néceffairement à *affec-*
tion, & *témoignée* ne s'y peut rapporter que par la liaifon & l'entremife du
pronom *que*, lequel ne fe peut rapporter à *affeƈtion*, à caufe que ce nom en
cet exemple n'a que l'article indéfini,
à fçavoir *de*. Il faut donc de néceffité
qu'il fe rapporte à ces mots *le peu*, où
il y a un nom accompagné d'un article
indéfini. La remarque fuivante forti-
fiera encore celle-ci.

N O T E.

Quoique Monfieur de la Mothe le
Vayer ait foûtenu que cette règle étoit
fauffe, Monfieur Menage a raifon de
dire que pour une plus grande perfection, elle a lieu en beaucoup d'endroits,
& qu'il eft mieux de dire, *il a été bleffé*

Tome II.   N n

d'un coup de fléche empoisonnée, que, *d'un coup de fléche qui étoit empoisonnée*, mais cette règle ne doit pas autoriser, *le peu d'affection qu'il m'a témoigné*, par la seule raison que si on disoit *témoignée*, ce participe, & le relatif *que* qui est devant *il*, se rapporteroient necessairement à *affection*, ce que Monsieur de Vaugelas prétend qui ne peut être, à cause que ce nom en cet exemple n'a que l'article indéfini, à sçavoir *de*. Quand je dis, *le peu d'amis qu'il trouva*, amis n'a que ce même article indéfini. Cependant par les deux exemples rapportez dans l'autre remarque, on voit clairement que le relatif *qui* se rapporte à des noms qui n'ont que l'article indéfini, puisqu'il faut dire, *le peu d'amis qui sont venus m'offrir leur service ; le peu de visites qui m'ont été renduës.* Ainsi on doit demeurer d'accord que ce n'est pas une necessité que dans ces sortes de phrases le *que* ou le *qui* relatifs se rapportent à ces mots *le peu*, où il y a un nom accompagné d'un article défini. On dit au singulier, *le peu de force qui m'est resté*, & alors *qui* se rapporte à *le peu*. On dit au pluriel *le peu de forces qui me sont restées*, & dans cette phrase *qui* se rapporte à *forces*. Ainsi quand on dit, *le peu d'affection qu'il m'a témoigné*, ce n'est point par la même raison qui fait qu'on parle mal, en disant, *il fut frappé d'un coup de fléche qui étoit empoisonnée*, à moins qu'on ne prétendît que *de* joint à un singulier fût un article indéfini, *le peu de force qui m'est resté*, qu'il devînt défini, quand il est joint à un pluriel, *le peu de forces qui me sont restées*.

CCCLXIX.

Le pronom relatif ne se peut rapporter à un nom qui n'a point d'article.

COmme nous venons de dire que le pronom relatif ne se rapporte jamais au nom, qui n'a qu'un article indéfini, de même nous ajoûtons qu'à plus forte raison il ne se rapporte point au nom qui n'a point d'article. On peut exprimer cela d'une façon, qui sera peut-être plus claire, & dire ainsi. Tout nom qui n'a point d'article, ne peut avoir après soi un pronom relatif qui se rapporte à ce nom-là. L'exemple le fera encore mieux entendre, comme si l'on dit, *il a fait cela par avarice, qui est capable de tout*, c'est mal parler, parce qu'*avarice* n'a point d'article, & ainsi ne se peut aider du pronom relatif, ou pour mieux dire, le pronom relatif ne lui peut être appliqué ou rap-

porté en aucun des six cas ni en aucun
nombre. Il en est de même du mot *dont,*
qui tient la place du pronom relatif ;
car on ne dira point , *il a fait cela par
avarice , dont la soif ne se peut éteindre.*

On pourroit objecter que cette règle est veritable en tous les cas de la
déclinaison des noms, excepté au vocatif ; car par exemple , on dira fort
bien par apostrophe , *avarice , qui cau-
ses tant de maux ; hommes , qui vivez en
bêtes , &c.* Et il est vrai que c'est en ce
seul cas où l'on trouvera un nom sans
article, avec un pronom qui se rapporte au nom ; mais il y a double ré-
ponse : la premiere , que cette exception n'empêcheroit pas que la règle ne
fût véritable en tout le reste ; la seconde , que même la règle subsiste encore
au vocatif, & n'y souffre point d'exception , parce que l'article du vocatif *ô*, y est sous-entendu ; mais l'article
n'est point sous-entendu aux autres
cas.

Que si l'on avoit la curiosité de demander pourquoi le nom qui n'a point
d'article, ou qui n'en a qu'un indéfini , ne peut avoir après soi un pronom

relatif, on pourroit se défaire de cette
queſtion par la réponſe commune, que
l'Uſage le veut ainſi. Ce ne ſeroit pas
mal répondu : mais quoique l'Uſage
faſſe tout en matière de Langue, &
qu'il faſſe beaucoup de choſes ſans raiſon, & même contre la raiſon, comme
nous ſommes obligez de dire ſouvent ;
ſi eſt-ce qu'il en fait beaucoup plus encore avec raiſon, & il me ſemble que
celle-ci eſt du nombre, bien que la
raiſon en ſoit aſſez cachée. Je crois
pour moi, que c'eſt à cauſe que le pronom relatif s'appellant ainſi pour la re-
lation ou le rapport qu'il a à quelque
choſe qui a été nommée, il faut que
les deux, & le nom & le pronom,
ſoient de même nature, & ayent une
correſpondance réciproque, qui faſſe
que l'un ſe puiſſe rapporter à l'autre.
Or eſt-il que cela ne peut arriver entre
deux termes, dont l'un eſt toûjours
défini, qui eſt le pronom relatif, &
l'autre défini, qui eſt le nom ſans article, ou ſans un article défini. Le pronom eſt comme une choſe fixe & adhé-
rente, & le nom ſans article, ou avec
un article indéfini, eſt comme une choſe

vague & en l'air , où rien ne se peut attacher. Je ne sçais si je me ferai entendre , ou quand on m'entendra , si l'on sera satisfait de ce petit raisonnement , & s'il ne sera point trouvé trop subtil & trop métaphysique ; mais l'exemple du grand Scaliger , qui a fait de si beaux raisonnemens sur la Grammaire Latine , m'a donné en la nôtre cette hardiesse , que le Lecteur prendra , s'il lui plaît , en bonne part.

N O T E.

Monsieur de la Mothe le Vayer ne peut convenir de la verité de cette règle, & prétend qu'on dit fort bien , *il a fait cela par amour qui est un dangereux Maître.* S'il n'a rien trouvé de vicieux à faire rapporter ce relatif à *amour* qui n'a point d'article , c'est peut-être parce qu'il a regardé *l'amour* comme une Divinité , & qu'on est accoûtumé à voir ce mot employé sans article , comme , *les maux qu'amour m'a faits* ; *le desespoir qu'amour me cause*, mais dans *il a fait cela par amour*, *amour* est pris pour la passion, & non pour le Dieu , & ainsi cette phrase n'est pas correcte. Dupleix qui est du sentiment de Monsieur de la Mothe le Vayer, allegue les exemples suivans , pour justifier que le pronom relatif *qui* se peut rapporter à un nom qui n'a point d'article. *Il a fait cela par charité, qui est une vertu très-digne d'un Chrétien. Je sçai cela par experience, qui ne s'acquiert que par une longue pratique.* Ces deux exemples sont à condamner, & il n'y a point d'oreille délicate qui n'en soit blessée. Il ajoûte. *Tu as été créé par élection, qui est une voye légitime pour parvenir aux dignitez, & lui par corruption qui est un moyen honteux & infâme.* C'est parler correctement, mais Monsieur Menage observe fort bien que cet exemple n'a rien de commun avec la remarque de Monsieur de Vaugelas, le pronom *qui* en ce lieu-là n'étant pas relatif à *élection*, mais à *être créé par élection*, & signifiant *laquelle chose*. Le même Dupleix apporte ces autres exemples. *On gouverne ainsi à Paris qui est la plus belle Ville de l'Europe. Aristote fut enrichi par Alexandre qui avoit été son Disciple.* Ceux qui parlent de la sorte, parlent fort bien, mais ces deux exemples ne peuvent rien conclure contre Monsieur de Vaugelas, puisque les noms propres & les noms de Villes sont considerez, comme s'ils avoient des articles. Monsieur Menage ajoûte ces deux endroits de Monsieur d'Ablancourt, *il demanda permission de parler qui lui fut accordée. On fit trêve pour trois mois, qui ne dura pourtant que trois jours*, & après avoir fait connoître son sentiment, en disant que malgré tous ces exemples & l'autorité

de ces Ecrivains, il avouë que la règle de
Monsieur de Vaugelas doit être obser-
vée dans la plûpart des endroits, il dit
qu'il y en a où le pronom relatif *qui*
peut être fort bien employé après des
noms qui n'ont point d'article, comme
en ces exemples, *ils venoient à nous en
gens qui vouloient combattre; le Roi ne souffre
point de Courtisans qui ne soient bons à quelque
chose.* Ces manières de parler sont aſſûrément Françoiſes, mais l'article y eſt
en quelque façon ſous-entendu, & dire,
ils venoient en gens qui, c'eſt autant que
dire, *ils venoient comme des gens qui, &c.
Le Roi ne souffre point de Courtisans qui,*
c'eſt la même choſe que, *le Roi ne souffre
aucun Courtisan qui &c.* Ne dit-on pas
tous les jours, *il n'y a point d'hommes qui,
il n'y a point d'animaux qui,* pour dire, *il
n'y a aucun homme, il n'y a aucun animal,*
car *aucun* tient lieu d'article, auſſi-bien
qu'*un.* Rien n'eſt plus commun que ces
façons de parler avec une négative. *Il
ne porte point d'habits qui ne soient magni-
fiques. Il ne reçoit point de nouvelles qui ne
soient funestes.* On dit encore fort bien,
*il est toûjours accompagné de gens qui ont
fort mauvaiſe mine.* C'eſt comme ſi on
diſoit; *il est accompagné de certaines gens,*
& ce mot ſous-entendu empêche que
l'article ne ſoit indéfini.

CCCLXX.

CCCLXX.

Au surplus.

IL n'eſt pas meilleur qu'*au demeurant*, dont il eſt parlé ailleurs, &
encore ce dernier a cet avantage ſur
l'autre, qu'au moins du temps du Cardinal du Perron & de M. Coëffeteau,
il étoit fort bon, & ce n'eſt que depuis
quinze ou ſeize ans que l'on commence
à le mettre au rang des termes bar-
bares, au lieu qu'*au surplus* n'étoit
point alors dans le bel uſage, & n'y eſt
pas encore aujourd'hui, bien qu'un de
nos plus excellens Ecrivains ne faſſe
pas difficulté de s'en ſervir en ſes derniers ouvrages, mais il n'eſt pas à imiter en cela, comme il l'eſt en tout le
reſte. Cependant nous avons grand
beſoin de ces ſortes de liaiſons pour
commencer nos périodes, & *au reſte* &
du reſte n'y peuvent pas toûjours fournir, il faut varier.

N O T E.

Monſieur de la Mothe le Vayer n'eſt
pas d'avis que l'on banniſſe *au surplus*,

& Monſieur Chapelain dit qu'il ne blâme pas l'Ecrivain qui s'en eſt ſervi. Cependant ce mot n'eſt plus du tout en uſage, & je ne voi pas qu'aucun de ceux qui écrivent bien, s'en ſerve aujourd'hui

CCCLXXI.

Amour.

IL eſt maſculin & féminin, mais non pas toûjours indifféremment ; car quand il ſignifie *Cupidon*, il ne peut être que maſculin ; & quand on parle de l'amour de Dieu, il eſt toûjours maſculin, & non ſeulement on dit, *l'amour divin*, & jamais *l'amour divine*, ni *la divine amour*, ſoit que nous l'entendions de l'amour que Dieu nous porte, ou de l'amour que nous avons pour Dieu ; mais on dit auſſi, *l'amour de Dieu doit être gravé dans nos cœurs*, & non pas *gravée* ; & *l'amour que Dieu a témoigné aux hommes*, & non pas *témoignée*. C'eſt l'opinion commune : néanmoins un excellent homme croit que l'on peut dire *gravée* & *témoignée* au féminin. Hors de ces deux exceptions, il eſt indifférent de le faire maſculin ou féminin ; car on dit fort bien,

l'amour qu'un Amant a pour sa maîtresse,
ou un avaricieux pour les biens du monde,
est si ardente & si violente, ou si ardent
& si violent ; & l'amour des peres & des
mers envers leurs enfans est si pleine de
tendresse, ou bien si plein de tendresse, &
ainsi de tous les autres. Il est vrai pourtant qu'ayant le choix libre, j'userois
pluftôt du féminin que du masculin,
selon l'inclination de notre Langue,
qui se porte d'ordinaire au féminin
pluftôt qu'à l'autre genre, & selon
l'exemple de nos plus élégans Ecrivains
qui ne s'en servent gueres autrement.
Certes du temps du Cardinal du Perron & de M. Coëffeteau, ç'eût été
une faute de le faire masculin, hors les
deux exceptions que j'ai marquées,

La petite amour parle, & la grande
est muette,

dit M. Bertault : mais depuis quelques
années, plusieurs de nos meilleurs
Ecrivains n'ont point fait de difficulté
de le faire masculin ; & même à la
Cour on a introduit cet usage, quoique la pluspart, & particulierement les
femmes, le fassent féminin.

N O T E.

Monſieur Chapelain condamne celuī qui croit qu'on peut dire *l'amour de Dieu doit être gravée*, & marque par-là qu'il veut qu'on diſe *l'amour divin*, & jamais *l'amour divine*. Monſieur Menage dit qu'aujourd'hui *amour* n'eſt plus que maſculin dans la proſe, ſoit qu'on parle de l'amour divin ou de l'amour prophane, & qu'en poëſie où il eſt toûjours douteux, on le fait pluſtôt maſculin que féminin. Il y a quelque diſtinction à faire en cela. Quand amour eſt au pluriel, & qu'il ſignifie des commerces de paſſion, il doit être féminin. Ainſi il faut dire en proſe, *on ne voit point d'amours éternelles*, & non pas *on ne voit point d'amours éternels. Vous ſurpaſſez les plus conſtantes amours*, & non pas *vous ſurpaſſez les plus plus conſtans amours*, mais au ſingulier il eſt mieux de dire, *un amour auſſi conſtant que le vôtre eſt fort eſtimable*, que *une amour auſſi conſtante que la vôtre*. Monſieur Menage dit encore que quand *Amour* eſt un Dieu, on dit indifferemment *Amour* & *l'Amour*, qu'on dit de même *Nature*, & *la Nature*, mais toujours *l'Aurore*, & jamais *Aurore*. J'ai vû ſi ſouvent *amour* & *Nature*, employez par de bons Poëtes, qu'on ne peut condamner ceux qui ne leur donnent point d'article. Cependant j'avoüe qu'il me paroît mieux de dire *l'amour* & *la nature*, que, *amour* & *nature* ſans article.

CCCLXXII.

De certains mots terminez en e
féminin & en es.

ON dit toûjours, *Charles, Jacques,*
Jules, & jamais, *Charle, Jacque,*
Jule ; c'eſt pourquoi Jules Scaliger en
l'une de ſes Exercitations contre Car-
dan, dit de bonne grace, *An tibi vi-*
detur pulchrum nomen Julius ? At Galli
cùm illud pronuntiant, quaſi ego non
unus, ſed plures homines ſim, in pluralis
flexus ſonum corrupere. Mais on le pourroit bien dire avec plus de raiſon de
cet autre *Jules,* qui agiſſant par tout
l'Univers pour la gloire de la France,
paroît tout ſeul pluſieurs hommes.
Quelques-uns attribuent cela à l'*s* du
mot Latin ; mais je ne puis être de cet
avis, à cauſe de la quantité des noms
propres tirez du Latin, où il y a une *s,*
qui néanmoins en François n'en ont
point. Mais on dit *Philippe & Philippes,*
Flandre & Flandres, avec cette différence néanmoins qui eſt aſſez bizarre,
que l'on dit, *en Flandres,* & non pas

en Flandre, & qu'il faut dire, *la Flan-dre*, & non pas *la Flandres*, comme l'a écrit nouvellement une des meilleures plumes de France. On dit, *juſqu'à, juſqu'aux*, & *juſques à*, & non pas *juſque* ſans éliſion & ſans *s*, mais on dit toûjours *avecque*, quand on le fait de trois ſyllabes, & jamais *avecques*, non pas même en vers ; au lieu que l'on dit toûjours *doncques*, & jamais *donc-que* ſans *s*, quand on le fait de deux ſyllabes, nonobſtant le *dunque* des Italiens, d'où quelques-uns croyent que vient notre *donques* : mais quand cela feroit, la conſéquence eſt mauvaiſe.

NOTE.

Je ſuis du ſentiment de Monſieur Menage, qui veut qu'on diſe auſſi-bien *Charle, Jacque* & *Jule* ſans *s*, que *Philippe Auguſte*, & non pas *Philippes, Auguſtes, Flandre* comme l'a toûjours dit Monſieur de Balzac, & non pas *en Flandres*, & *juſque* ſans *s* devant une conſone, *juſque dans la Ville, juſque-là*, comme on l'a déja marqué ailleurs. Pour *Athenes, Thebes, Mycenes*, que le même Monſieur Menage permet d'employer en Vers au ſingulier, quoiqu'en proſe il les veuille toûjours au pluriel, j'avoüe que je ferois beaucoup de fcrupule de dire *Athene*, *Thebe*, *Mycene*, & que je trouve en cela une licence poëtique qui ne devroit point être autorifée par l'exemple de ceux qui ont mis ces trois noms de Villes au fingulier.

Voici ce que Monfieur Chapelain a écrit fur cette remarque. *Monfieur le Maître dit* Charle *fans* s. *Nos anciens ont dit également* Philippes *&* Philippe, *& jamais* Charle. *Regnier l'a mis pour la rime.* Flandres *n'eft point tiré du Latin, mais on le fait Latin fur le nom de* Flandre *qui eft Flamand.*

CCCLXXIII.

Mille, milles.

CEs nombres, *vingt*, *cent*, *millier*, *million*, ont un pluriel, & l'on dit, *fix vingts*, *cinq cents*, *cinq milliers*, *cinq millions*; mais *mille* n'a point de pluriel, ou pour mieux dire, ne prend point d's au pluriel, & l'on dit par exemple, *deux mille*, & non pas *deux milles*, *cinquante mille écus*, & non pas, *cinquante milles écus*.

Mais quand *mille* fignifie *une étenduë de chemin, laquelle fait une partie d'une lieue Françoife*, alors il faut mettre une s au pluriel, & dire, *deux milles, trois*

O o iiij

milles, & non pas *deux mille, trois mille,*
quoiqu'il soit vrai que ce mot vienne
du nombre *mille* , qui est la mesure de
mille pas , dont cette étenduë de chemin qui fait une partie d'une lieuë , a
pris sa dénomination.

N O T E.

Monsieur Menage observe qu'on disoit anciennement *mil* & *mille* indifféremment , & même plus souvent *mil*
que *mille* , & qu'aujourd'hui il n'y a
plus que les Notaires & les Praticiens
qui écrivent *mil* , si ce n'est lorsqu'on
date les années du jour de la Nativité
de Notre-Seigneur, il faut dire *mil* , &
non *mille* , *l'an mil quatre cens cinquante* ;
mil six cens treize. Il fait remarquer une
faute ordinaire à beaucoup de femmes
qui disent tous les jours , *je lui ai milles*
obligations , il m'a fait milles amitiez. Comme *mille* est un mot indéclinable , c'est
une très-lourde faute , & il faut dire
mille obligations , mille amitiez. Il ajoute
que quand on parle d'une chose qu'on
sçait qui s'est passée depuis quelques
années on omet le mot de *mil* , & même
celui de *cens* quand elle s'est passée depuis peu, *cela arriva en six cens , en trente-*
six , au lieu de , *cela arriva en mil six cens ,*
en mil six cens trente-six.

Voici des remarques fort curieuses
du même Monsieur Menage , touchant

les mots de nombre. Il faut dire *quatre-vingts hommes*, *quatre-vingts écus*, & en comptant, quand il ne fuit rien après *vingt*, on prononce *quatre-vingt, fix-vingt*, & non pas *quatre-vingts, fix-vingts*. L'exemple de M. d'Ablancourt qui a dit dans fon Marmol, *il y a plus de cent vingts logis de blanchiffeurs*, ne doit point autorifer à dire *cent vingt* pour *fix vingt*. *Quatre, cinq, fix, fept &c.* n'ont point de pluriel, & on dit en joüant aux cartes, *j'ai deux quatre, deux cinq, deux fept*, & non pas, *deux quatres, deux cinqs, deux fepts*. On dit indifferemment *cinquante livres*, & *cinquante francs, cent livres*, & *cent francs*, à caufe que c'eft un compte rond, mais dans un compte rompu, on dit *quatre livres dix fous, cent cinquante livres, mille quatre cents livres*, & non pas *quatre-francs dix fous, cent cinquante francs, quatre cents francs*. On dit auffi, *il a dix mille livres de rente*, & non pas, *dix mille francs de rente*. Quelques-uns difent, *mille cent livres, mille deux cents livres, mille cinq cents livres*, il eft mieux de dire, *onze cents, douze cents livres, quinze cents livres*. On dit *vingt-&-un, trente-&-un, quarante-&-un*, & non pas *vingt-un, trente-un*: mais on dit *quatre-vingt-un, cent-un*, & non pas *quatre-vingt-&-un, cent-&-un*. On dit *trente-deux, trente-trois, quarante-quatre, quarante-cinq, cinquante-fix, cinquante-fept*, & non pas, *trente-&-deux, quarante-&-*

quatre , cinquante-&-six. Je dirois auſſi *vingt-deux , vingt-trois &c.* Monſieur Menage eſt pour *vingt-&-deux ,* & *vingt-&-trois ,* & dit que parce qu'on prononce à Paris *vinte-deux , vinte-trois ,* & non pas *vingt-&-deux vingt-&-trois ,* pour répreſenter la prononciation Pariſienne , il écriroit *vinte-deux , vinte-trois,* comme on écrit *trente-deux trente-trois.* On dit *midi & demi ,* pour dire *demi heure après midi ,* quoique *midi* voulant dire douze heures , il ſemble que *midi & demi* ſoit dix-huit heures. En matiere de monnoye on dit *vingt ſous , trente ſous , quarante ſous , un écu , quatre francs ,* & non pas *une livre , une livre & demie , deux livres , trois livres , quatre livres ,* mais en ajoûtant le mot de *ſous ,* on dira fort bien , *trois livres dix ſous , quatre livres dix ſous. Une livre , une livre & demie , trois livres & demie ,* eſt fort bien dit lorſque l'on parle de poids.

CCCLXXIV.

Avoir à la rencontre.

IL eſt traité ailleurs de cette phraſe , *aller à la rencontre.* Celle-ci , *avoir à la rencontre ,* pour dire , *rencontrer ,* eſt encore pire. Par exemple , *en revenant j'eus à la rencontre un vieil Hermite,* au lieu de dire, *en revenant je rencontrai un vieil Hermite.* Cette façon de parler est sans doute de quelque Province de France; car elle est inoüie à la Cour, & même il ne me souvient point de l'avoir oüi dire dans la Ville. Je n'en aurois point fait de remarque, comme ne croyant pas cette phrase fort usitée, si je ne l'avois trouvée souvent dans les ouvrages d'un de nos meilleurs Ecrivains. On diroit plustôt *faire rencontre*, comme, *en revenant je fis rencontre d'un vieil Hermite*, mais *je rencontrai un vieil Hermite*, est beaucoup meilleur.

N O T E.

Monsieur de la Mothe le Vayer trouve qu'on reprend à tort celui qui a dit *avoir à la rencontre*, pour *rencontrer.* Cette façon de parler n'est plus du tout en usage.

CCCLXXV.

Réciproque, mutuel.

R Eciproque se dit proprement de deux, & *mutuel* de plusieurs; comme, *le mari & la femme se doivent aimer d'une amour réciproque*, & *les Chrétiens*

se doivent aimer d'une affection mutuelle.
Il y a encore cette différence, que *réciproque* ne se dit jamais de plusieurs ; car pour bien parler on ne dira pas, *les Chrétiens se doivent aimer d'une affection réciproque*, mais *d'une affection mutuelle*; au lieu que *mutuelle*, quoiqu'il ne se die proprement que de plusieurs, ne laisse pas de se dire aussi de deux seulement, comme, *le mari & la femme se doivent aimer d'une amour mutuelle*, c'est fort bien dit ; mais *d'une amour réciproque* est beaucoup meilleur. On dit aussi *don mutuel*, d'une donation faite entre deux personnes.

NOTE.

Selon Monsieur Chapelain, *mutuel* se dit aussi proprement de deux que de plusieurs. Je voi son sentiment suivi de beaucoup de gens, qui ne mettent point de différence entre *mutuel* & *reciproque* ; c'est ce qui a fait dire à Monsieur de la Mothe le Vayer, que l'usage est contre tout ce que Monsieur de Vaugelas dit de ces deux mots.

CCCLXVI.

Afin, avec deux constructions différentes en une même période.

QUelques-uns de ceux qui sont les plus sçavans en notre Langue, & en la pureté ou netteté du stile, tiennent que cette conjonction *afin*, ne doit jamais régir deux constructions différentes en une même période. Par exemple, ils ne veulent pas qu'on écrive, *afin de faire voir mon innocence à mes Juges, & que l'imposture ne triomphe pas de la vérité*, parce qu'au premier membre, *afin* régit *de* avec un infinitif, & au second membre il régit un *que* avec le subjonctif. Ils ne nient pas que l'un & l'autre régime ne soit bon, & que la conjonction *afin* ne se serve de tous les deux, en disant, *afin de faire*, & *afin que l'on fasse*; mais ils ne veulent pas qu'en une même période on les employe tous deux, mais qu'au second membre on suive le même régime qu'on a pris au premier, & que l'on die, par exemple, *afin de faire voir mon innocence à mes Juges, & d'empêcher l'imposture de triompher de la vé-*

rité , ou bien , *afin que l’on voye mon
innocence , & que la vérité triomphe de
l’impoſture.* Certainement c’eſt un ſcrupule , pour ne pas dire une erreur ; car
outre que tout le monde parle ainſi , &
qu’il eſt preſque toûjours vrai de dire
qu’il faut écrire comme on parle , tous
nos Auteurs les plus célebres en notre
Langue , ſoit anciens ou modernes , ou
ceux d’entre deux , l’ont toûjours pra-
tiqué comme je dis , lorſqu’ils ont eu
beſoin de varier la conſtruction ; & tant
s’en faut que cette variété ſoit vicieuſe ,
qu’elle fait grace ſans pouvoir bleſſer
l’oreille , qui eſt toute accoûtumée à
cet uſage. La Remarque ſuivante ſer-
vira à confirmer davantage cette vérité.

N O T E.

Je ne voudrois pas traiter de faute
deux conſtructions differentes avec *afin* ,
telles que Monſieur de Vaugelas les pro-
poſe dans cette remarque , mais je ſuis
perſuadé que la pureté du ſtile demande
qu’on cherche à les éviter. Ce n’eſt pas
ſeulement avec *afin* que ces deux conſtructions differentes ſe rencontrent ; pluſieurs diſent , par exemple *il croyoit le
ramener par la douceur , & que ſes remontrances feroient impreſſion ſur ſon eſprit.*

Dans cette phrase le verbe *croire* regit
d'abord un infinitif , & ensuite *que*. Il
en est ainsi de beaucoup d'autres. Cela
me paroît moins net que si on disoit,
il croyoit le ramener en le traitant doucement ,
& faire impreſſion ſur ſon eſprit par ſes
remontrances.

CCCLXXVII.

Si , *avec deux conſtructions diffé-*
rentes en une même période.

LA conjonction *ſi* peut recevoir
une même conſtruction aux deux
membres d'une même période , comme
on dira fort bien , *ſi vous y retournez ,*
& ſi l'on s'en plaint à moi , vous verrez
ce qui en ſera. Mais la façon de parler
la plus ordinaire & la plus naturelle eſt
de dire , *ſi vous y retournez, & que l'on*
s'en plaigne à moi , &c. Et il eſt certain
que pour une fois que l'on répétera le
ſi , on dira mille fois *& que* au ſecond
membre de la période, par où l'on voit
clairement que cette variété n'eſt point
vicieuſe , mais naturelle & de notre
Langue. Les Auteurs Grecs & Latins
ſont pleins de ſemblables choſes , qui
ſont du génie de leurs Langues, & paſſent pour très-élégantes.

NOTE.

Il est certain que la varieté fait grace dans notre langue, & qu'ainsi l'oreille est plus satisfaite d'entendre, *Si vous y retournez & que l'on s'en plaigne à moi*, qu'elle ne l'est quand on dit, *si vous y retournez & si l'on s'en plaint*. Cela vient de ce qu'elle se trouve blessée de la répetition de *si*, car si on pouvoit se dispenser de le repeter, comme on ne repete point *afin*, ni *il croyoit* dans les deux exemples de l'autre remarque, peut-être que cette varieté ne plairoit pas tant. On dit, *afin de faire voir & d'empêcher ; il croyoit le ramener & faire impression*, & non pas *afin de faire, & afin d'empêcher, il croyoit le ramener, & croyoit faire impression*, ce qui seroit insupportable, & obligeroit à se servir de deux constructions differentes, comme on s'en sert pour ne pas repeter *si*, mais l'oreille est accoûtumée à la repetition des deux particules *de*, & *que* jointes par une conjonction, & elle l'est moins à entendre deux fois *si*, dans une même phrase, comme, *si vous persistez dans votre dessein, & si vous faites fond sur mon credit*, ce qui est cause que l'on varie la construction, *si vous persistez dans votre dessein, & que vous fassiez fond sur mon crédit*. La repetition de *si* est tellement à éviter, que le Pere Bouhours dans

son

son Livre des Doutes a eu raison de condamner ces deux phrases. *Je suis si fort
touché que si j'étois capable de &c. Si l'on veut
juger si l'on sera du nombre des bienheureux,*
& de vouloir qu'on ôte le premier *si* en
tournant ainsi la phrase, *Je suis tellement
touché que si j'étois capable; Pour juger si
l'on sera du nombre des bienheureux.*

CCCLXXVIII.

Sur les armes & sous les armes.

PAr exemple, on dit, *l'armée demeura toute la nuit sur les armes,* &
demeura toute la nuit sous les armes. Tous
deux sont bons, & également usitez,
pour dire que *l'armée fut toute la nuit en
armes* ; car c'est ainsi que l'on parloit
autrefois. On ne laisse pas de le dire
encore, & il n'y a pas long-temps qu'on
a introduit ces nouveaux termes avec
une infinité d'autres, que la pratique
& l'exercice des armes a mis en usage
depuis ces dernieres guerres. Il y a de
nos meilleurs Ecrivains qui affectent de
ne le dire jamais que d'une façon, les
uns écrivant toûjours *sur les armes,* &
les autres *sous les armes* : mais puisque
tous deux sont récens, il faut user tantôt de l'un & tantôt de l'autre, afin

qu'il ne femble pas que l'on condamne
celui dont on ne fe fert jamais, en quoi
l'on auroit tort ; & pour conferver
d'ailleurs tout ce qui contribuë à la richeffe de notre Langue ; comme eft de
pouvoir dire une même chofe de deux
façons pluftôt que d'une feule.

N O T E.

Le Pere Bouhours dit , qu'on ne dit
plus guere que *fous les armes.* Je croi
qu'il pouvoit ajoûter que *fur les armes*
ne fe dit plus du tout. Monfieur Menage obferve fur le mot d'armes, qu'on
dit *quelles font vos armes ? Gentilhomme
de nom & d'armes. Blafonner des armes ,
les armes de France ,* & non pas, *quelles
font vos armoiries ? blafonner des armoiries ;*
mais qu'on dit , *un livre , un traité d'armoiries.*

CCCLXXIX.

*Certaines conftructions & façons
de parler irrégulieres.*

UN de nos meilleurs Auteurs , &
de la premiere claffe, a écrit que
quelqu'un avoit fait rompre un pont
pour s'empêcher d'être fuivi. Si l'on
veut examiner cette expreffion , fans

doute on la trouvera bien étrange; car ou il faut que celui qui a fait rompre le pont *empêche ses ennemis de le suivre,* ou *qu'il s'empêche par ce moyen de tomber entre leurs mains ;* mais de dire, *pour s'empêcher d'être suivi,* il y a je ne sçais quoi dans cette façon de parler , à la prendre au pied de la lettre , que je ne puis concevoir , & qui semble à plusieurs aussi-bien qu'à moi , n'être gueres conforme à la raison ; car ce sont les autres qu'il empêche de le suivre, & il ne s'empêche pas soi-même. Cependant l'expression non seulement en est bonne , mais élégante , selon le sentiment de la pluspart de nos meilleurs Ecrivains que j'ai consultez là-dessus.

En voici encore une autre du même Auteur , mais d'un autre genre , qui choque plustôt la Grammaire que le sens, au lieu que la précédente choque plustôt le sens & la raison que la Grammaire. Il dit que quelqu'un s'étoit sauvé d'une déroute , *laissant sa mere avec sa femme & ses enfans prisonniers.* Selon la construction ordinaire , cette clause ne peut subsister ; car tout ce qui est régi de la préposition *avec* , doit être

compté pour rien , comme s'il n'y étoit
pas , & ainsi *prisonniers* au pluriel & au
masculin ne peut convenir à *mere* , qui
est singulier & féminin. Il eût fallu dire,
*laissant sa mere , sa femme & ses enfans
prisonniers*, pour le dire régulierement;
car si l'on disoit *laissant sa mere prisonniere avec sa femme & ses enfans* , outre
que cette expression seroit languissante
& de mauvaise grace , elle seroit de
plus équivoque, parce qu'il pouvoit
laisser sa mere prisonniere , sans que sa
femme ni ses enfans fussent prisonniers.
Ayant donc dit , *laissant sa mere avec
sa femme & ses enfans prisonniers* , il a
failli sans doute contre la construction
réguliere & grammaticale ; mais c'est
une de ces fautes qui dans toutes les
Langues passent plustôt pour une vertu que pour un vice , comme je l'ai remarqué ailleurs , & que l'on compte
entre les ornemens & les graces du langage. Tant s'en faut donc que ceux
qui en sont Juges capables , la condamnent , qu'au contraire ils la louënt
& la préferent de beaucoup à la réguliere, qui seroit de dire, *laissant sa mere,
sa femme & ses enfans prisonniers.* Quand

il s'en préfentera d'autres de cette nature , je les remarquerai comme des
chofes rares & curieufes.

N O T E.

Monfieur Chapelain dit que *fi s'empé-
cher d'être fuivi* , eſt une expreſſion élégante felon le fentiment de nos meilleurs Ecrivains , ce n'eſt pas de tous ,
par où il fait voir qu'il eût fait difficulté de s'en fervir. Il ajoûte fur cette
autre conſtruction , *laiſſant fa mere avec
fa femme & fes enfans priſonniers* , que
ceux qui la loüent lui font grace , &
que pour l'autorifer il faudroit que quelque Auteur de la premiere claſſe l'eût
employée de la même forte , fans quoi
l'approbation peut être defapprouvée.

Monfieur de la Mothe le Vayer dit ,
que *s'empêcher d'être fuivi* , eſt une phrafe
qu'il ne blâme pas , mais que beaucoup
de perfonnes veulent éviter , & que l'autre que Monfieur de Vaugelas trouve
bonne avec raifon , *laiſſant fa mere avec
fa femme & fes enfans priſonniers* , n'eſt
pas une faute dans la Grammaire , comme il croit , parce que la prépofition
avec n'a pas toûjours l'effet qu'il dit ,
joignant au contraire , & entaffant di-
verfes chofes pour faire une pluralité.

Si j'ofe mêler mon fentiment à celui
de ces deux grands Hommes , j'avoüe-
rai que la premiere de ces phrafes me

semble un peu trop hardie, & que je trouve de la beauté & de l'élégance dans l'autre.

CCCLXXX.

La conjonction & , répétée deux fois aux deux membres d'une même période.

PAr exemple, *je leur ai fait voir le pouvoir que vous m'avez donné , & me suis acquitté de tous les chefs de ma commission , & leur ai fait connoître la passion que vous aviez de les servir.* Je dis que cette façon d'écrire péche contre le bon stile , & que l'on ne doit pas répéter deux fois la conjonction *&* , au commencement des deux membres d'une période, comme l'on fait en cet exemple , si ce n'est qu'on ajoûte au second *&* , quelque terme d'enchérissement. Il faudroit donc mettre ainsi : *Je leur ai fait voir le pouvoir que vous m'aviez donné , & me suis acquitté de tous les chefs de ma commission , & même leur ai fait connoître la passion que vous aviez de les servir.* Tantôt on peut mettre *même* , comme ici, tantôt *non seu-*

lement ou *tant s'en faut* , ou d'autres
termes femblables , qui par cet enché-
riffement apportent de la variété à la
période,& couvrent le défaut de cette
double répétition. Mais il faut noter
que cette règle n'a lieu qu'au commencement des deux membres d'une
même période , & qui font dans un
même régime , comme en l'exemple
que nous avons donné , les deux *&*
font au commencement du fecond &
du troifiéme membre d'une même période , & dans un même régime , qui
eft *je*, par où la période commence ;
car fi vous mettez un ou plufieurs *&* ,
hors de ces deux cas,ils ne feront point
vicieux. Par exemple , on écrira fort
bien , *je leur ai fait voir le pouvoir &*
l'autorité abfolue que vous m'avez don-
née , & me fuis acquitté de tous les chefs
& de toutes les circonftances de ma com-
miffion , & même leur ai fait connoître la
paffion & les raifons que vous aviez de
les fervir. Toutes ces répétitions de la
conjonction *&*, de la façon que celles-
ci font faites , ne font point mauvaifes,
parce qu'elles font hors des deux cas
que j'ai marquez. Il eft vrai qu'il n'y a

rien qui gâte tant la beauté du ftile &
des périodes , que de mettre plufieurs
& en tous leurs membres, comme il fe
voit en l'exemple que nous venons de
donner. Au refte , on peut fort bien
commencer une période par la conjonction & , je dis même lorfqu'il y a un
point qui ferme la période précédente.
Je n'en rapporterai pas d'exemples ;
parce que tous nos bons Auteurs en
font pleins. Nous avons fi peu de liai-
fons pour les périodes , qu'il ne faut
pas encore nous ôter celle-ci.

Fin du Tome fecond.

SUITE
DES NOUVELLES
REMARQUES.

24. *Traiter mal* ou *maltraiter.*

CE n'étoit pas les traiter mal, dit
M. de Malherbe. Je ne sçai s'il
ne faut point dire, *Ce n'étoit pas les
maltraiter*, & si *traiter mal* ne s'entend pas de la table, quoiqu'en ce sens
on dise, *priez Dieu pour les mal traitez.*
Je croi cependant que *mal traiter* se
peut dire de tout ; mais que *traiter
mal* ne se doit dire que de la table.

25. *Continence.*

MOnsieur de Gombaud & M. Patru n'approuvent point que les
Ambassadeurs de Darius disent à A-
léxandre, *votre justice & votre continence,* comme vouloit M. de Mézeray :
mais *votre vertu,* comme je l'ai mis dans

mon Quinte-Curce : & M. Patru en
rend une fort bonne raiſon , qui eſt
qu'outre que *vertu* veut dire *continence* dans cette endroit-là , comme
le Lecteur le comprend aiſément par
les choſes qui ont précédé ; d'ailleurs
cela eſt niais en parlant à un homme
de loüer ſa *continence* & ſa *chaſteté* ,
c'eſt-à-dire ſelon le monde , qu'il faut
conſidérer dans la traduction d'un Ancien. Car c'eſt toute autre choſe ſelon
Dieu.

26. *Garroté.*

JE n'ai pas fait difficulté de mettre
lié & *garroté* , dans ma traduction
de Quinte-Curce : & Meſſieurs de
l'Académie ont trouvé ce mot bon , &
ne l'ont noté ni de vieux ni de bas, *Garroté* veut dire proprement lié avec des
cordes & un bâton : mais il ſe peut dire
de tout criminel qui eſt lié. On dit encore figurément *lié & garroté* , quand
on s'eſt obligé corps & biens , & fort
étroitement. C'eſt de cette maniére
que M. de Giry de l'Académie s'en eſt
ſervi.

27. *Ains.*

A*Ins* n'eſt plus en uſage parmi les bons Auteurs : auſſi ne le dit-on jamais à la Cour , ſi ce n'eſt en raillant , & avec cette queuë , *ains au contraire.* J'étois préſent quand M. de Malherbe en avertit M. Coëffeteau qui en uſoit au commencement de ſes Oeuvres : mais à la vie de Tibére , ſi je ne me trompe , ou environ , il commence à ne s'en plus ſervir. Je ſçai combien l'uſage en eſt néceſſaire , & le beſoin qu'on en a à tous propos , pour n'être pas obligé de répéter toûjours *mais* , dont il faut ſe ſervir ſi ſouvent. Je ſçai auſſi que *mais* n'exprime pas toûjours bien la ſignification d'*ains* , qui a toute autre force à dénoter les choſes oppoſées , en quoi *mais* ſe trouve foible. Mais il n'y a reméde , l'uſage l'a banni , on ne le dit jamais à la Cour , & la régle eſt générale & ſans exception , *que ce qui ne ſe dit jamais en parlant , ne ſe dit jamais en écrivant.*

28. *Plaindre.*

J'Ai demandé à l'Académie si le Verbe *plaindre* vouloit toûjours après foi le régime *de ce que* : Comme, *je me plains de ce que vous m'avez fait tort.* Et elle a réfolu, qu'à la vérité ce régime lui étoit naturel & comme ordinaire ; mais qu'on pouvoit non feulement fans faute, mais élégamment, le fupprimer, comme, *je me plains que vous m'ayez fait tort.* Je dis en profe, car en vers il n'y a point de difficulté qu'il le faut toûjours fupprimer. Par exemple, *je me plains qu'il aille où je lui ai défendu d'aller.* Et alors on a fort bien remarqué qu'il régit le Subjonctif.

29. *Accorder.*

J'Ai mis dans le feptiéme livre de mon Quinte-Curce : *Ce qui lui fut accordé & à fon frére.* Meffieurs de l'Académie difent qu'il eft mieux de mettre, *Ce qui fut accordé à lui & à fon frére* : ou bien, *Ce qu'on accorda à lui & à fon frére.*

30. *Porter.*

SE porter *héritier*, & *pour héritier*, font tous deux bons. Il faut feulement prendre garde à ufer plûtôt de l'un que de l'autre fuivant qu'il fonnera mieux à l'oreille. *Il fe porta pour héritier* me fembleroit meilleur que *Il fe porta héritier.*

31. *Infinitifs.*

QUand l'Infinitif précéde le Verbe fubftantif avec le Pronom démonftratif *ce*, il faut mettre l'article *de* devant l'Infinitif : autrement c'eft une faute. Exemple : *Il me femble qu'être confolé de cette façon, c'eft prefque gagner autant que l'on a perdu.* Je maintiens qu'il faut dire, *Il me femble que d'être confolé*, & que d'omettre le *de* ce n'eft pas parler François. Tellement que cette Remarque eft effentielle pour la pureté de notre Langue, & non pas un fimple raffinement dont on fe puiffe paffer.

32. *Vrai-semblance.*

IL faut écrire & prononcer *vrai-semblance* , & non pas *vraie sem-blance.* Car c'est une maxime , qu'en ces mots qui sont ainsi composez d'un Adjectif & d'un Substantif, quand le mot est féminin , comme est *vrai-sem-blance* , on mange l'*e* qui dénote le féminin , afin que la prononciation en soit plus douce & plus courte : parce que la régle ordinaire de la conjonc-tion du Substantif & de l'Adjectif n'a lieu que lors qu'ils sont séparez , & non pas en cet endroit où ils ne font tous deux qu'un seul mot. Ainsi l'on dit *demi-lune , demi-livre , demi-aulne ,* & non pas *demie-lune , demie-livre , ni demie aulne.* Il y a bien plus. C'est que même aux mots simples , quand l'*e* se rencontre sur le milieu après l'*i* , on mange l'*e*. Ainsi on dit fort bien *manîment* , & non pas *maniement.*

33. *Et.*

ET dans une période & parmi plu-sieurs Noms, soit substantifs , soit adjectifs , qui ont un même régime , ne se met d'ordinaire qu'au dernier : mais quand on laisse les substantifs pour prendre un adjectif , & qu'ainsi l'on vient à changer la tissure de la période, il faut répéter *&* au dernier substantif. Cela est fort obscur : mais l'exemple le va éclaircir : *Il a des paroles toutes pleines de force , de majesté , & telles qu'il ose les prêter à la République Romaine.* Je dis qu'il faut dire *pleines de force & de majesté* , parce qu'il ne suit plus du substantif , & qu'il change de termes , & prend un adjectif *telles.* Que si au lieu de *telles* il y eût eu par exemple *douceur* , alors il n'eût fallu qu'un *&* , & l'on eût dit ainsi , *pleines de force , de majesté & de douceur.*

34. Construction.

LE second membre d'une période joint au précédent par la conjonction *&* , ne souffre pas une quantité de paroles entre deux , comme en cet exemple : *Je fermerai la bouche à ceux qui le blâment , quand je leur aurai montré que sa façon d'écrire est excellente , quoiqu'elle s'éloigne un peu de celle de nos anciens Poëtes , qu'ils louent*

Qq iiij

plûtôt par un dégoût des choses présentes,
que par les sentimens d'une véritable esti-
me, & qu'il mérite le nom de Poëte. Je
dis que ce dernier membre, *& qu'il*
mérite le nom de Poëte, est trop éloigné de celui avec lequel il est lié, à
sçavoir *que sa façon d'écrire est excel-*
lente, & que le grand nombre de paroles qu'il y a entre deux, fait oublier leur liaison; si bien que je ne croi
pas qu'il y ait personne qui puisse lire
cette période, qui ne soit surpris en
cette derniére partie, comme en une
chose à laquelle il ne s'attendoit plus,
& qu'il n'entendra point d'abord s'il
ne relit la période toute entiére. Il
n'y a point d'oreille si rude qui ne s'en
apperçoive, & qui n'en soit offensée.
Et ce qui rend cette construction encore plus vicieuse, c'est que ces paroles *quoiqu'elle s'éloigne,* &c. jusques
à celle-ci *& qu'il mérite,* ne peuvent
pas se prendre pour une parenthése,
à cause que les mots qui les précédent
font un sens complet. Car le sens est
parfait de dire, *Je fermerai la bouche*
à ceux qui le blâment quand je leur au-
rai montré que sa façon d'écrire est excel-

lente : enforte que l'efprit qui n'attend plus rien de ce côté-là , fe trouve furpris quand à la fin & hors de faifon on y ajoûte encore quelque chofe. Au lieu que les conjonctions ayant accoûtumé d'être mifes après des paroles qui ne font point un fens complet , l'efprit n'eft pas trompé à la fin de la période , parce qu'il attend toûjours la perfection du fens. Je ne fçai fi je me fais bien entendre. Encore une fois, le vice que je reprens ici eft beaucoup plus grand en ce que ces mots, *& qu'il mérite* , fe peuvent conftruire non pas quant au fens, mais quant aux paroles, avec celui-ci *quoiqu'elle s'éloigne.* Ce qui apporte encore plus d'obfcurité , & une des premiéres chofes qu'il faut obferver pour bien écrire , c'eft d'avoir la conftruction nette ; parce qu'il n'eft pas croyable combien cela eft rare même parmi plufieurs de ceux qui paffent pour excellens Ecrivains.

35. *Voir* pour *tâcher.*

MOnfieur de Malherbe dit , *Je conseille à ces pauvres gens, ou qu'ils aillent plus vîte en befogne, ou qu'ils* voyent *d'obtenir un surfoi de la fin du monde pour achever leur deſſein plus à leur aiſe.* J'ai de la peine à croire que cette façon de parler ſoit bonne : je ſçai bien qu'on la dit ; mais il la faut mettre au nombre des mots qui ſe diſent & qui ne s'écrivent pas.

36. *Un.*

JE ne ſçai s'il eſt bien dit : *Ils ſont pluſieurs Officiers : qui en touche l'un, a quant & quant toute la Compagnie ſur les bras.* C'eſt ainſi que s'exprime M. de Malherbe. Ou s'il faut dire , *qui en touche un.* Je ſçai bien que quand il n'eſt queſtion que de deux perſonnes , il faut dire , <u>Qui</u> *touche l'un touche l'autre.* Mais quand il y en a pluſieurs, l'uſage eſt un peu plus douteux.

37. *Verbes actifs.*

QUand pluſieurs Verbes actifs ſont employez de ſuite d'une façon abſoluë & indéfinie, c'eſt-à-dire , ſans qu'on leur faſſe régir aucun cas, il neſt pas permis de faire régir un cas au dernier Verbe que l'on employe, parce qu'il en arrive un grand inconvénient, comme l'on verra par cet exemple,

sans lequel il seroit fort mal-aisé de
comprendre ce que je viens de dire ,
quoique j'aye tâché de m'expliquer
le plus clairement que j'aye pû : *Au
contraire. , en matiére de livres , le plus
impertinent est le plus hardi Critique :
le Lecteur ne se fait point prier pour dire
son avis : il condamne : il approuve : il
admire non pas ce qui est de meilleur ,
mais ce qui se trouve de plus proportionné
à la foiblesse de son jugement.* Je dis
que ces Verbes actifs , *il condamne,
il approuve* , sont employez ici d'une
façon absoluë & indéfinie sans régir
aucun cas ; & que par conséquent *il
admire* , qui suit , devoit aussi être employé de même façon , comme il l'eût
été si immédiatement après on eût ajoûté , *sans sçavoir pourquoi il le fait :* Au
lieu qu'ayant fait régir un cas à ce
Verbe *il admire* , & n'en ayant point
fait régir aux autres , il en arrive ce
grand inconvénient , que par la loi
d'une bonne construction le Lecteur
ou l'Auditeur rapporte ce même cas
à tous les Verbes précédens , à sçavoir à celui-ci , *il condamne , il approuve* , auxquels néanmoins le sens fait

bien voir qu'il ne se peut rapporter.
On n'a qu'à lire toute la période pour
en être assuré. Et en effet j'ai vû un
de mes amis, fort sçavant d'ailleurs,
mais qui n'entend guére la pureté de
notre Langue, s'être arrêté tout court
en lisant cette période, & y trouvant
le défaut que je viens de remarquer.
Tant que l'on peut, il faut parler clairement & nettement, qui est la premiére obligation à quoi celui qui parle
ou qui écrit, doit satisfaire.

38. *Nuë & nuée.*

Nuë & *nuée*, selon l'opinion de
quelques-uns, sont différens, en
ce que *nuée* ne se dit que lorsqu'elle
est grosse de pluye & chargée d'orage ; & *nue*, lorsqu'elle est claire &
lumineuse, & qu'en un mot elle ne
nous menace ni d'orage ni de pluye.
Je croi qu'il est ainsi , & que l'usage
nous le fait voir.

39. *Car.*

IL y en a qui ont voulu retrancher ce mot , quoiqu'il soit fort
nécessaire en notre langue. Qui ne

s'étonnera de cette bizarrerie ? & qui
se seroit jamais douté qu'on en pût
vouloir à ce terme, qui n'est pas
moins nécessaire au discours que le
feu & l'eau le sont à la vie ? Je ne
veux pas dire qu'il y ait quelque
apparence que l'on ne se sert guéres
de la raison quand on condamne un
mot sans lequel on ne peut raisonner.
Chacun a ses infirmitez, & tel n'a
pas raison en cela, qu'il l'a en toute
autre chose. Mais quoiqu'il en soit,
on accusoit le bon-homme M... d'ê-
tre auteur du meurtre de *car* : dequoi
il avoit conçû une telle colére qu'il
s'en plaignoit à tout le monde, &
m'a dit à moi plusieurs fois, que pour
se justifier pleinement de cette calom-
nie, il étoit résolu de faire un Sonnet qui commenceroit par *Car*. Ce
n'est pas que quand il l'eut banni de
ses Ecrits, il l'eût pour cela banni de
notre langue. Car, comme nous avons
dit en quelqu'autre lieu, quand un homme seroit déclaré par les Etats Géné-
raux du Royaume, le pere de la langue & de l'éloquence Françoise, il
n'auroit pourtant pas le pouvoir d'ô-

ter ni de donner l'ufage à un feul
mot. Certes j'ai lû un jufte volume
tout entier d'un des plus excellens
Efprits de ce temps, où je n'ai trouvé
car employé qu'une miferable fois,
qui fans doute lui étoit encore écha-
pée ; vû qu'il fait bien paroître par-
tout ailleurs qu'il affecte de ne s'en
point fervir. Il eft certain qu'il l'é-
vite dextrement en beaucoup de rencontres , où j'avoue qu'il m'eût été
impoffible de m'en paffer : mais néanmoins avec toute cette adreffe, qui
eft plus à admirer qu'à imiter , il n'a
fçû fi bien faire, que pour l'avoir fui
en un endroit, il ne foit tombé dans
une grande obfcurité, laquelle ayant
été attribuée d'abord à quelque faute
de l'Imprimeur , parce ce n'eft nullement la coûtume de cet Auteur-là
d'être obfcur (car fon ftyle brille de
toutes fortes de lumieres) j'ai enfin
trouvé, après en avoir bien examiné
la caufe, qu'elle ne procédoit d'autre chofe que de la *reticence* qu'ils
appellent, ou pour mieux dire, de
la fuppreffion de *car*. Ce qui m'a
paru tout vifible , lorfque l'ayant mis

au lieu où je voyois qu'il manquoit,
il m'a femblé que c'étoit un flambeau
que je venois d'allumer, qui' chaffoit
ces ténébres & éclairoit toute la page.
Mais il faut croire qu'il ne s'eft abf-
tenu de ce mot que pour fe jouer
& fe donner le plaifir d'effayer s'il
fe fauroit bien paffer d'une chofe fi
neceffaire, ou bien pour montrer la
foupleffe & la dextérité de fa plume
qu'il manie comme il veut : & cela
peut-être fur une gageure qu'il en avoit
faite contre quelqu'un qui lui avoit
maintenu qu'il étoit impoffible de
s'en abftenir, comme d'un des principaux liens du difcours & du raifonnement. Car il s'en eft fervi depuis,
comme fait le refte du genre humain
(chacun en fa langue) aux autres
volumes qu'il a fait imprimer enfuite
fur le même fujet du premier où il
l'avoit évité. Que s'il fe trouvoit
encore quelqu'un qui demeurât opiniâtre dans cette erreur & dans l'inimitié qu'il auroit conçûë injuftement
contre ce pauvre mot, de qui l'on
tire de fi grands fervices, & qui ne
fait mal à perfonne; qu'il fe corrige

par l'exemple & par les raisons que
j'ai alleguées, & qu'il se reconcilie au
plustôt avec lui, ou bien qu'il se
résolve d'avoir affaire au plus grand
Prince des Poëtes de l'Empire Romain, qui s'en vient armé le combattre & le foudroyer avec un *nam-
que fatebor enim*, où *car* est employé
deux fois en trois mots, se servant de
l'un sans doute par necessité, & de
l'autre pour l'ornement, tant s'en faut
qu'il crût que ce fût un mot de mauvaise grace.

Il reste à dire surquoi se peuvent
être fondez, ou plustôt quel prétexte
peuvent avoir pris ceux qui l'ont
condamné les premiers. C'est qu'il
est passé en proverbe de raillerie dans
la Cour de dire, *La raison en est car*,
sans la sçavoir déduire ni en sortir à
son honneur, comme aura fait sans
doute autrefois quelqu'un de la Cour
qui aura donné lieu à cette raillerie :
si bien que ce mot étant devenu ridicule dans ce proverbe, ils se sont
imaginez qu'il en falloit aussi-bien
fuir l'usage que de *face* & de *poitrine* :
parce que tout de même qu'on ne

peut

peut pas nommer ces deux Noms qu'à même temps vous ne peigniez à la mémoire & n'expofiez à l'imagination deux fales objets ; auffi l'on ne fçauroit dire *car*, que vous ne vous attiriez par une certaine vertu fympathique ce qu'il y a de ridicule dans le proverbe. Mais tout ce rafinement n'eft qu'une chimere & une pure rêverie. Et voilà trop de difcours pour défendre une innocence reconnue de tout le monde. J'ai peur qu'on ne dife que les autres ont tort de rejetter cette particule , & moi de m'y trop amufer.

40. *An & année.*

AN & *année* ne s'employent pas indifféremment. On dit toujours *an* avec le nombre. Par exemple; on dit, *un an, deux ans, vingt ans, mille ans* & non *mille années, cent années*, &c. Il eft vrai que lors qu'après *ans*, il y a quelque chofe qui fuit, non feulement ce n'eft pas une faute de dire *années*, mais il eft mieux dit qu'*ans*. Par exemple, *Vint années de fervice m'ont acquis les bonnes graces de mon maître*, eft mieux dit que *vingt ans de service*, &c. De même *deux années*, *vingt années*, *cent années de suite*, est mieux dit que *deux ans de suite*.

Quand il y a un article devant le nombre, il faut encore dire *années*, & non pas *ans*. Exemple : *Les vingt années que j'ai été absent*, & non pas *les vingt ans*, &c.

Quand il y a aussi une épithéte après, il faut dire *années*, & non pas *ans*, comme *Voilà deux années fort pluvieuses*, est mieux dit que *Voilà deux ans fort pluvieux*, &c.

On pourra donc faire ainsi la règle, qu'il faut toûjours dire *an*, avec le nombre quand le sens finit après *ans*, en sorte qu'on y puisse mettre un point, ou du moins une virgule. Par exemple, on demande, Combien y-a-t'il que vous ne l'avez vû ? On répond, *Deux ans*. Il y a là un point après *ans*, parce que le sens est parfait. Et si on disoit *deux années*, on ne parleroit pas François. Aussi quand je dirai, *Il y a vingt ans que je n'ai été en mon pays*, je parlerai bien, parce qu'il y a une virgule après *ans* : & si je disois, *il y a vingt ans nées que je n'ai été*, &c. il ne vaudroit rien : de même , *il y a trente ans , depuis une telle chose jusques-à une telle*, & non *trente années.* Mais quand *an* ou *ans* a une suite qui ne souffre point de virgule entre-deux, comme *vingt ans de service, deux ans de suite , deux ans d'abondance* , alors il faut dire, *vingt années de service, deux années de suite , deux années d'abondance.*

Que si l'on se sert du nombre adjectif, & qu'on le fasse précéder , il faut toûjours dire *années* , & jamais *an.* Par exemple , *la prémiére année, la vingtiéme année , la centiéme année* , & non *an.*

Quand il y a quelque épithéte devant ou après , ou quelque Pronom quel qu'il soit , il faut aussi toûjours dire *année* , & non pas *an. Nous avons eu une bonne année* , & non *un bon an. O que ces années sont longues* , & non *que ces ans sont longs. C'est mon année* , & non, *c'est mon an ; cette année* , & non *cet an ; plusieurs années* , & non *plusieurs ans* , & ainsi de tous les autres.

Il y a seulement une exception quant à l'épithéte , en certaines façons de

Rr ij

parler que l'usage a introduites : comme par exemple, de dire *le bon an*, au commencement de l'année, & *le bout-de-l'an malheureux*, ou *bienheureux*, parce que l'on a accoûtumé de dire *le bout-de-l'an*, & *le premier jour de l'an arrivé*. Car l'on dit d'ordinaire *le premier jour de l'an*. Mais cette exception n'a lieu qu'en trois ou quatre endroits seulement, qui sont ceux que je viens de noter. Ce qui n'empêche pas que la régle que j'ai dite, ne subsiste dans la vaste étenduë des Adjectifs & de toutes sortes de Pronoms.

41. En *Rélatif*.

CEtte particule est merveilleusement commode parmi nous; & comme chaque Langue a ses avantages & ses défauts, on peut mettre ce petit mot au nombre des façons de parler, en quoi notre Langue surpasse les autres; & non seulement les vulgaires, comme l'Espagnole & l'Allemande; (excepté l'Italienne qui se sert de *ne* au même sens) mais aussi la Gréque & la Latine. Par exemple, *L'argent est un instrument nécessaire pour faire de grandes choses ceux qui* en *ont*, &c. Je ne fçai de quelle partie de l'Oraifon elle eft ; mais elle approche plus de l'Adverbe que d'aucune autre.

Les Latins font contraints d'employer deux ou trois mots pour cela, ou de laiffer la chofe indéterminée, qui eft un grand défaut, auquel tombent auffi les Efpagnols : car ce n'eft que quelquefois qu'ils expriment la vertu de cette particule par l'article rélatif qui fe rapporte au même mot auquel fe rapporte nôtre *un*, mais imparfaitement ; parce que l'article fpecifie trop une chofe qui de foi eft générale : Comme fi je dis, *Teneis dineros* ; on me répond *No los tengo*. Qui ne voit que ce *los* eft un article ou un Pronom défini qui emporte la fignification d'une chofe déterminée, définie & fpéciale, & que lorfqu'on dit *Teneis dineros*, le mot de *dineros* eft indéfini, & eft employé dans une étenduë fort générale : Au lieu que cela n'arrive pas à notre *en* : car fi je demande, *Avez-vous de l'argent* ? Et que l'on me réponde, *Je n'en ai point* ; la réponfe fe trouve conforme à la demande ; en ce que l'une &

l'autre font indéterminées, indéfinies, &
ne fpécifient rien : au lieu qu'en Efpa-
gnol *los* rend une réponfe définie & fpé-
cifiée à une demande qui ne l'eft point.

42. *Remarque fur* Son, fa, fes.

SOn Pronom poffeffif en tout genre
& en tout nombre, s'employe quelquefois vicieufement par d'excéllens
Ecrivains qui n'y prennent pas bien
garde, s'en fervans au lieu du rélatif
lui & *leur*, & de l'article joint au Nom
qui fuit le Verbe. Quoique je penfe
avoir bien exprimé la chofe, elle ne
fe peut néanmoins bien entendre fans
exemple. Le voici : *Un loup enleva un
enfant fans entamer fa peau.* Je dis que
c'eft mal parler, & qu'il faut dire, *Un
loup enleva un enfant fans lui entamer la
peau.* En quoi vous voyez l'ufage de
la Remarque que je viens de faire : car
au lieu de *fa* Pronom poffeffif, il faut
mettre *lui* Pronom rélatif devant le
Verbe *entamer*, & mettre après le Verbe l'article du Nom qui fuit, comme
eft ici *la peau.* La raifon en eft toute
claire : c'eft que le Pronom poffeffif *fa*
fait un équivoque, & fe peut auffi-

tôt entendre du *loup* que de l'*enfant*, &, qui plus eſt, ſe doit entendre du *loup*, puiſqu'il eſt vrai que ſi on entendoit parler de la peau du loup, on ne le diroit pas autrement : Au lieu que ſi on entendoit parler de celle de l'enfant, on diroit *ſans lui entamer la peau.*

Il eſt vrai que cela n'a lieu que lorſque le Subſtantif qui ſuit le Verbe peut convenir à l'agent & au patient, comme *peau* convient ici au *loup* & à l'*enfant.* Car ſi ce Subſtantif qui ſuit le Verbe ne convient qu'à un, alors, parce qu'il n'y a point d'équivoque, il faut uſer du Pronom poſſeſſif. Pas exemple : *Un loup enleva un enfant ſans lui entamer la peau & ſans dechirer ſes habits,* & non pas *ſans lui déchirer les habits*; parce qu'*habits* n'eſt point équivoque, & qu'il ne convient qu'à *enfant* : & pour le faire mieux juger, au-lieu de ces mots, *ſans déchirer ſes habits,* mettons *ſans lui crever les yeux,* vous verrez qu'il faut dire ainſi, & non-pas *ſans crever ſes yeux* ou *ſans lui crever ſes yeux,* parce que ce mot *yeux* eſt équivoque, & convient également au *loup* & à l'*enfant.*

Au reste, cette régle qui me semble assez facile à observer en notre langue, (quoiqu'une des plus excellentes plumes de la France y ait quelquefois manqué) a sa pratique si mal-aisée en la Langue Latine, que ses meilleurs Auteurs y ont failli, & ont mis souvent *suum* pour *ipsius* , & *ipsius* pour *suum*. Ce qui est plus encore à remarquer & à admirer, c'est qu'Aulugelle, si je ne me trompe, Macrobe & Laurentius Valla , excellens Grammairiens, sont tombez dans la même faute aux mêmes endroits où ils la reprenoient en autrui : comme je ne doute pas aussi que dans ces Remarques je ne péche aussi contre mes propres régles : tant il est naturel à l'homme, & sur-tout à moi, de faillir.

Fin des Nouvelles Remarques du Tome II.